Bewerbung und Einstellungstest im Rettungsdienst

Auswahlverfahren erfolgreich meistern

Bewerbung und Einstellungstest im Rettungsdienst

Auswahlverfahren erfolgreich meistern

Hans-Peter Hündorf
Luisa Hündorf
unter Mitarbeit von Justin Bender

S+K

Verlagsgesellschaft Stumpf + Kossendey mbH, Edewecht 2019

Anmerkungen des Verlags
Die Autoren und der Verlag haben höchste Sorgfalt hinsichtlich der Angaben von Richtlinien, Verordnungen und Empfehlungen aufgewendet. Für versehentliche falsche Angaben übernehmen sie keine Haftung. Da die gesetzlichen Bestimmungen und wissenschaftlich begründeten Empfehlungen einer ständigen Veränderung unterworfen sind, ist der Benutzer aufgefordert, die aktuell gültigen Richtlinien anhand der Literatur zu überprüfen und sich entsprechend zu verhalten.

Die Angaben von Handelsnamen, Warenbezeichnungen etc. ohne die besondere Kennzeichnung ®/™/© bedeuten keinesfalls, dass diese im Sinne des Gesetzgebers als frei anzusehen wären und entsprechend benutzt werden könnten. Der Text und/oder das Literaturverzeichnis enthalten Links zu externen Webseiten Dritter, auf deren Inhalt der Verlag keinen Einfluss hat. Deshalb kann er für diese fremden Inhalte auch keine Gewähr übernehmen. Für die Inhalte der verlinkten Seiten ist stets der jeweilige Anbieter oder Betreiber der Seite verantwortlich.

Aus Gründen der Lesbarkeit ist in diesem Buch meist die männliche Sprachform gewählt worden. Alle personenbezogenen Aussagen gelten jedoch stets für Personen beliebigen Geschlechts gleichermaßen.

Bibliografische Information der Deutschen Nationalbibliothek
Die Deutsche Nationalbibliothek verzeichnet diese Publikation in der Deutschen Nationalbibliografie; detaillierte bibliografische Daten sind im Internet über http://dnb.dnb.de abrufbar.

Satz: Bürger Verlag GmbH & Co. KG, Edewecht
Umschlagbild: BRK, Adobe Stock
Druck: Print Group Sp. z o.o., ul. Cukrowa 22, 71-004 Szczecin (Polen)

ISBN 978-3-943174-98-4

Inhaltsverzeichnis

Abkürzungsverzeichnis

Abb.	Abbildung
Abs.	Absatz
AC	Assessment-Center
AED	automatisierter externer Defibrillator
AGG	Allgemeines Gleichbehandlungsgesetz
Aids	acquired immune deficiency syndrome
ArbZG	Arbeitszeitgesetz
Art.	Artikel
ASB	Arbeiter-Samariter-Bund e. V.
ASS	Acetylsalicylsäure
Aufl.	Auflage
Az.	Aktenzeichen
AZR	Aktenzeichenregister
B. Sc.	Bachelor of Science
BAG	Bundesarbeitsgericht
BAuA	Bundesanstalt für Arbeitsschutz und Arbeitsmedizin
BDSG	Bundesdatenschutzgesetz
BetrVG	Betriebsverfassungsgesetz
BFD	Bundesfreiwilligendienst
BGB	Bürgerliches Gesetzbuch
BMI	Body-Mass-Index
BWL	Betriebswirtschaftslehre
BZRG	Bundeszentralregistergesetz
bzw.	beziehungsweise
ca.	circa
CD	Compact Disc
cm	Zentimeter
CO_2	Kohlenstoffdioxid
CR	Clinical Reasoning
d. h.	das heißt
DAK	Deutsche Angestellten-Krankenkasse
DGleiG	Gleichstellungsdurchsetzungsgesetz
DGN	Deutsche Gesellschaft für Neurologie e. V.
DGU	Deutsche Gesellschaft für Unfallchirurgie e. V.
DGUV	Deutsche Gesetzliche Unfallversicherung e. V.
DIN	Deutsches Institut für Normung e. V.
DNA	deoxyribonucleic acid
DNS	Desoxyribonukleinsäure
DRK	Deutsches Rotes Kreuz e. V.
DSG	Deutsche Schlaganfall-Gesellschaft
ebd.	ebenda

ECTS	European Credit Transfer System
EDV	elektronische Datenverarbeitung
EH	Erste Hilfe
EKG	Elektrokardiogramm
ERC	European Resuscitation Council
et al.	et alii / et aliae / et alia (und andere)
etc.	et cetera (und so weiter)
f. / ff.	(und) die folgende(n) (Dokumentenseiten)
FFM	Fünf-Faktoren-Modell
FSJ	Freiwilliges Soziales Jahr
G	Grundwert
GG	Grundgesetz
ggf.	gegebenenfalls
griech.	griechisch
HIV	human immunodeficiency virus
HRDG	Hessisches Rettungsdienstgesetz
Hrsg.	Herausgeber
i. d. R.	in der Regel
inkl.	inklusive
IT	Informationstechnologie
ITW	Intensivtransportwagen
JArbSchG	Jugendarbeitsschutzgesetz
JUH	Johanniter-Unfall-Hilfe e. V.
K. o.	Knockout
Kap.	Kapitel
kg	Kilogramm
km	Kilometer
KTW	Krankentransportwagen
l	Liter
LAG	Landesarbeitsgericht
LASI	Länderausschuss für Arbeitsschutz und Sicherheitstechnik
LRA	Lehrrettungsassistent
m	Männer
m / m^2	Meter / Quadratmeter
MANV	Massenanfall von Verletzten
max.	maximal
MB	Megabyte
mg	Milligramm
MHD	Malteser Hilfsdienst e. V.
ml	Milliliter
MPG	Medizinproduktegesetz
MZF	Mehrzweckfahrzeug
NASA	National Aeronautics and Space Administration

NEF	Notarzteinsatzfahrzeug
NotSan	Notfallsanitäter
NotSan-APrV	Ausbildungs- und Prüfungsverordnung für Notfallsanitäterinnen und Notfallsanitäter
NotSanG	Notfallsanitätergesetz
o. Ä.	oder Ähnliches
o. A.	ohne Autor
o. g.	oben genannt
o. J.	ohne Veröffentlichungsjahr
p	Prozentzahl
p%	Prozentsatz
PA	Praxisanleiter
PC	Personal Computer
PDF	Portable Document Format
PIT®	Psychologischer Integritätstest
RDL	Rettungsdienstleiter
RettAss	Rettungsassistent
RettAssG	Rettungsassistentengesetz
RettH	Rettungshelfer
RettSan	Rettungssanitäter
RR	Blutdruck (Messmethode nach Riva Rocci)
RTH	Rettungshubschrauber
RTW	Rettungswagen
S.	Seite
s. / s. a. / s. o. / s. u.	siehe / siehe auch / siehe oben / siehe unten
SGB	Sozialgesetzbuch
sog.	sogenannt
SOP	Standard Operating Procedure
t	Tonnen
Tab.	Tabelle
TV	Tarifvertrag
u. a.	unter anderem
u. U.	unter Umständen
u. v. a. / u. v. a. m.	und viele andere / und viele andere mehr
USA	United States of America
USB	Universal Serial Bus
usw.	und so weiter
vfdb	Vereinigung zur Förderung des Deutschen Brandschutzes e. V.
vgl.	vergleiche
w	Frauen
W	Prozentwert
WHO	World Health Organization
z. B.	zum Beispiel

Einleitung

Herzlich willkommen!

Beginnen wir mit einer Diagnose: Wenn Sie dieses Buch in Händen halten, haben Sie vorab eine Entscheidung getroffen, zu der wir Ihnen gratulieren möchten – die Entscheidung, einen der schönsten und spannendsten Berufe zu ergreifen, die es gibt.

Sicher haben Sie sich bereits intensiv mit der Frage auseinandergesetzt *„Warum möchte ich eigentlich gerade im Rettungsdienst arbeiten?“* Viele von Ihnen – vor allem diejenigen, die bisher noch keinen intensiven Kontakt zur (Arbeits-)Welt des Rettungsdienstes hatten, z. B. durch ein Schnupperpraktikum o. Ä. – sehen vielleicht zunächst einmal nur die positiven Seiten dieses Berufs. Möglicherweise haben Sie dabei ein glorifiziertes Bild gewonnen, das der Realität nicht lange standhalten wird: Retter – egal ob bei der Feuerwehr, der Bundeswehr oder dem „normalen“ Rettungsdienst – sind in der öffentlichen Wahrnehmung oft die „Heroes“, ganz besonders in den USA.

Was Ihnen vorab klar sein sollte

Aber wie alle anderen Berufe hat natürlich auch die Arbeit als Notfall- oder Rettungssanitäter ihre Schattenseiten, die Sie sich von Anfang an bewusstmachen müssen, damit Sie nicht nach kurzer Zeit frustriert oder ausgebrannt sind. Sie müssen sich darüber im Klaren sein, dass ein Großteil Ihrer Arbeit aus Krankentransporten und unspektakulären Routineeinsätzen bestehen wird, aber auch, dass es Einsätze geben kann, bei denen Sie nicht erfolgreich werden helfen können, bei denen Sie mit ansteckenden oder ekelerregenden Krankheitsbildern konfrontiert werden oder bei denen Sie vielleicht bedroht oder sogar angegriffen werden.

Abb. 1: Die Ausbildung zum Notfallsanitäter bietet jede Menge spannende Inhalte und ein gehöriges Maß an Abwechslung – kein Tag ist wie der andere.

Hinzu kommt die Tatsache, dass Sie oft mit langen Arbeitszeiten (auch an Sonn- und Feiertagen) und Schichtdienst rechnen müssen. Zudem stellt sich im Einsatz nicht selten die Frage, welche Maßnahmen Sie als Notfallsanitäter überhaupt durchführen dürfen. Hier sind die Rahmenbedingungen der Arbeit im Rettungsdienst, z. B. die rechtliche Absicherung bei der Durchführung sogenannter invasiver und erweiterter Maßnahmen, noch nicht ausreichend geklärt – dies kann gerade bei Berufsanfängern zu Verunsicherung führen. Allerdings wird im Rahmen der Ausbildung ausführlich auf diese Sachverhalte sowie die regionalen Unterschiede eingegangen.

Warum man Retter wird

Aber das ist nur die eine Seite! Es gibt noch eine andere, und die lässt einen nicht vergessen, warum man sich für diesen Beruf entschieden hat. So ist es beispielsweise ein wunderbares und unvergessliches Erlebnis, wenn Sie dabei geholfen haben, ein Baby im Rettungswagen auf die Welt zu bringen, wenn Sie ein Kind oder einen älteren Menschen erfolgreich reanimieren konnten oder wenn Sie die Dankbarkeit von Patienten und Angehörigen erfahren, denen Sie in Situationen größter Not und Verzweiflung erfolgreich zur Seite gestanden haben.

Auch wenn dies vergleichsweise seltene Erlebnisse sind, wirken Einsätze dieser Art nach! Sie tragen im oft stressigen Arbeitsalltag und erinnern einen immer wieder daran, warum man diesen Beruf ergriffen hat.

Berufsperspektiven

Hinzu kommt, dass die Arbeit im Rettungsdienst, auch durch das Berufsbild des Notfallsanitäters, längst keine Sackgasse mehr ist. Das Berufsbild ist noch ein junges und unterliegt derzeit einer sehr dynamischen Entwicklung, die durch-

Abb. 2: Neben den vielen Entwicklungsmöglichkeiten, die der Beruf des Notfallsanitäters bietet, handelt es sich jedoch um eine Tätigkeit, die auch ihre Schattenseiten hat, z. B. in Form belastender Einsätze.

aus spannend ist und große Hoffnungen macht auf eine positive Entwicklung von Kompetenzen, die Absicherung rechtlicher Rahmenbedingungen sowie interessante, anspruchsvolle Arbeitsbedingungen und -aufgaben. Hier ist u. a. auch die derzeit modellhaft beginnende Akademisierung des Berufsbildes zu nennen (s. Kap. 1.2.4). Es gibt viele interessante spezielle Tätigkeitsbereiche, die ebenfalls einer sehr positiven Entwicklung unterliegen und eine spannende Herausforderung für all diejenigen von Ihnen darstellen, die sich in diesem Beruf gern weiterentwickeln möchten. Zu nennen wären hier zum Beispiel die Bereiche Ausbildung und Praxisanleitung sowie Aufstiegsmöglichkeiten zum Rettungswachen- und Rettungsdienstleiter oder auch Tätigkeiten in besonderen Bereichen wie Intensivtransport, an Bord eines Rettungshubschraubers und vieles andere mehr.

Also: Wie so oft liegt die Wahrheit in der Mitte. Im Rettungsdienst zu arbeiten, heißt natürlich auch, sich Herausforderungen zu stellen und Schwierigkeiten meistern zu müssen. Aber wenn Sie sich eine positive Grundeinstellung zum Beruf erhalten, es Ihr Wunsch ist, Menschen professionell zu helfen, und Sie wissen, an welchen Seiten Ihrer Arbeit Sie sich erfreuen und aus welchen Sie Kraft schöpfen können, ist der Beruf des Notfallsanitäters einer der schönsten, den man sich vorstellen und wünschen kann.

Für wen ist dieses Buch?

Allein schon der Weg zur Ausbildung kann ein steiniger sein. Daher erklären wir Ihnen in diesem Buch, was die Grundlagen von Auswahl- und Bewerbungsverfahren im Rettungsdienst sind, wie diese durchgeführt werden bzw. aufgebaut sind und wie Sie sich auf diese vorbereiten können – mit dem Ziel, zu bestehen und den ersehnten Ausbildungsplatz zu erhalten. Dazu werden wir Ihnen exemplarisch unterschiedliche Testverfahren vorstellen, die bei der Personalauswahl im Rettungsdienst eingesetzt werden können und mit denen Sie als Bewerber zu rechnen haben.

Die Zielgruppe dieses Buches sind also in erster Linie Bewerber auf einen Ausbildungsplatz zum Notfallsanitäter. Aber auch wenn Sie bereits ausgebildeter Notfallsanitäter sind und sich auf eine Stelle bei einem bestimmten Unternehmen bewerben, erhalten Sie hier nützliche Hinweise und Tipps.

Auswahlverfahren im Rettungsdienst

HINWEIS

Die Tests und Verfahren, die wir Ihnen in diesem Buch vorstellen, werden heute mehrheitlich von den Rettungsdiensten angewendet, allerdings werden diese in meist unterschiedlicher Zusammensetzung und unterschiedlichem Umfang eingesetzt. Ein einheitliches Verfahren über alle Rettungsdienste hinweg gibt es nicht. Alle möglichen Varianten und Abwandlungen von Testverfahren in einem Buch abzubilden, ist nicht möglich, jedoch erläutern wir die derzeit am häufigsten angewendeten Verfahren. Damit stellt der Inhalt dieses Buches einen Leitfaden dar, auf dessen Grundlage Sie sich bestmöglich auf ein Auswahlverfahren vorbereiten können.

Die ausgewählten Testverfahren werden vorrangig von Hilfsorganisationen wie dem Deutschen Roten Kreuz (DRK), dem Arbeiter-Samariter-Bund (ASB), der Johanniter-Unfall-Hilfe (JUH) und dem Malteser Hilfsdienst (MHD) sowie von privaten Rettungsdiensten angewendet. Dieses Buch richtet sich damit vorrangig an Bewerber, die bei diesen Rettungsdienstträgern eine Ausbildung zum Notfallsanitäter absolvieren möchten. Bei Bewerbungsverfahren von Rettungsdiensten, die von den Berufsfeuerwehren durchgeführt werden, kommen häufig zusätzlich Testverfahren zu laufbahnrelevanten Bereichen wie Logik, Abstraktionsfähigkeit, räumliches Vorstellungsvermögen usw. zum Einsatz, die in diesem Buch allerdings nicht dargestellt werden. Damit Sie auch hier einen Einblick gewinnen können, haben wir Ihnen einige Links im Anhang bereitgestellt.

Für Arbeitgeber

TIPP

Aber auch Arbeitgebern im Rettungsdienst, die möglicherweise noch über wenig Erfahrung bei der Gestaltung von Auswahlverfahren verfügen und auf der Suche nach Anregungen sind, kann dieses Buch wertvolle Hilfestellung sein. Sie erhalten eine Übersicht, welche Auswahlverfahren für den Rettungsdienst sinnvoll sind und in welcher Kombination diese am zweckmäßigsten eingesetzt werden können. Auch ein bereits bestehendes System lässt sich immer noch verbessern, wobei dieses Buch Unterstützung leisten will.

Zum Verständnis der Zusammenhänge von Bewerbungs- und Auswahlverfahren ist es jedoch notwendig, Ihnen als Bewerber in angemessenem Umfang auch einige Hintergründe aus der Sicht von Arbeitgebern zu erläutern. So dient die Personalauswahl der qualitativen und quantitativen Bereitstellung bzw. (Ersatz-) Beschaffung der benötigten Ressource „Arbeitsleistung" und ist ein Selektionsinstrument, mit dem die für eine bestimmte Aufgabe geeignetste Person bestimmt werden soll. So theoretisch dies zunächst auch klingt, im Wesentlichen entspringt dieser Ansatz der Evolutionstheorie Darwins: Es handelt sich – auf den Punkt gebracht – um „Survival of the Fittest" (Huxley 1860). Das heißt in unserem Fall: Derjenige, der am besten für eine Stelle geeignet ist, setzt sich durch.

Dieser Selektionsprozess unterliegt nicht nur bestimmten Regeln, die in diesem Buch ausführlich besprochen und dargestellt werden, sondern er sollte auch so präzise wie möglich auf die jeweilige zu erbringende Arbeit abgestimmt sein. Hierbei sollten hauptsächlich Kompetenzmodelle berücksichtigt werden, da diese die Spezifik von benötigten Eigenschaften und Fähigkeiten am besten wiedergeben.

Sie sollten also damit rechnen, dass Arbeitgeber ihre Auswahlverfahren und Auswahlkriterien an die jeweiligen Erfordernisse der zu besetzenden Stelle anpassen und diese ständig aktualisieren. Insofern hilft es Ihnen, wenn Sie sich vor der Abgabe einer Bewerbung und der Teilnahme an einem Auswahlverfahren nicht nur über mögliche Inhalte und Testverfahren informieren, sondern sich so intensiv wie möglich mit den jeweils aktuellen Anforderungen der angestreb-

Abb. 3: Survival of the Fittest: Nicht nur im Tierreich, auch bei Bewerbungsverfahrungen setzt sich der Bessere durch.

ten Stelle auseinandersetzen. Auch hierzu stellt Ihnen dieses Buch in den entsprechenden Kapiteln hilfreiche Hinweise zur Verfügung.

Zum Aufbau dieses Buches

Einige kurze Worte zum Aufbau dieses Buches: Kapitel 1 informiert über die jüngsten Entwicklungen und Anforderungen von Bewerbungs- und Auswahlverfahren im Rettungsdienst angesichts des neuen Berufsbildes des Notfallsanitäters.

In den Kapiteln 2 bis 4 geben wir Ihnen in kompakter Form wissens- und beachtenswerte Informationen über die Erstellung von Bewerbungsunterlagen, die weiteren eigenen Vorbereitungen auf ein Auswahlverfahren und den Ablauf von Vorstellungsgesprächen.

Den Schwerpunkt dieses Buches bildet Kapitel 5, das einen Überblick über die Vielzahl der im Rettungsdienst angewendeten Testverfahren gibt und Ihnen die Möglichkeit bietet, das eigene Wissen auf Gebieten wie u. a. Deutsch, Englisch, Mathematik oder Erste Hilfe zu testen und zu erweitern. Die Lösungen zu den exemplarischen theoretischen Tests finden Sie im Anhang. Daneben besprechen wir in Kapitel 5 weitere häufig angewendete Verfahren wie Sporttests, Gruppenübungen sowie Tests zur Merkfähigkeit und dem Orientierungsvermögen. Zudem werfen wir einen Blick auf die Möglichkeiten eines Praktikums und auf die Bedingungen in der Probezeit.

Abschließend wünschen wir Ihnen an dieser Stelle viel Erfolg bei Ihrer Bewerbung und den Auswahlverfahren. Wir hoffen, Sie mit diesem Buch gut und im besten Sinne darauf vorbereitet zu haben.

Hans-Peter & Luisa Hündorf

1 Bewerbungs- und Auswahlverfahren im Rettungsdienst

Um aktuelle Entwicklungen und ihre Zusammenhänge besser verstehen zu können, ist oft ein Blick in die Vergangenheit hilfreich. Ein solcher soll Ihnen auch im folgenden Abschnitt – auf der Grundlage persönlicher Erfahrungen als Rettungsdienstleiter und Leiter von Rettungsdienstschulen sowie aus zahlreichen Expertengesprächen mit Führungspersönlichkeiten (nicht nur) des Rettungsdienstes – gegeben werden.

1.1 Ein Blick in die Vergangenheit

Die dokumentierte Geschichte der Personalauswahl reicht bis ins Altertum zurück, jedoch hat sie erst im 19. Jahrhundert eine wissenschaftliche Auseinandersetzung erfahren. Diese begann um 1835, als die damals neue Wissenschaft der Psychologie ihre ersten Gehversuche unternahm (vgl. Schwarb 1996: 35). Auch wenn es interessant und spannend wäre, sich mit dieser historischen Entwicklung zu befassen, wird in diesem Buch ganz bewusst auf eine nähere Darstellung und ausführliche Abhandlung der geschichtlichen Entwicklung der Personalauswahl verzichtet und lediglich ein kurzer Blick in die jüngere Vergangenheit im Rettungsdienst gewagt.

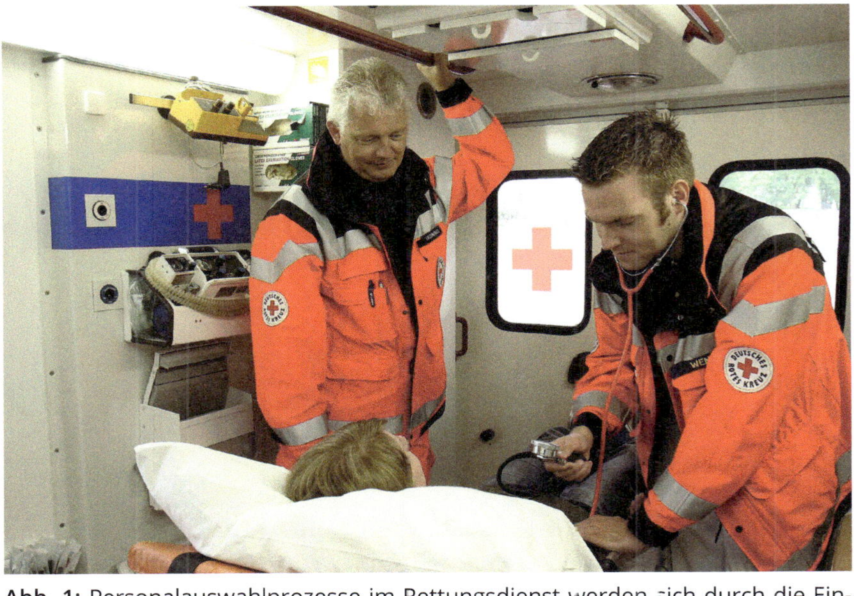

Abb. 1: Personalauswahlprozesse im Rettungsdienst werden sich durch die Einführung des Berufsbildes des Notfallsanitäters immer stärker professionalisieren.

INFO

Personalauswahlprozesse und -verfahren sind eine Teildisziplin der Betriebswirtschaftslehre (BWL). Diese beschäftigt sich mit dem Aufbau und der Gestaltung aller betrieblichen Abläufe. Dazu gehören auch alle Personalprozesse wie die Personalplanung, -beschaffung, -auswahl, -entwicklung usw.

Viele Prozesse und Abläufe laufen häufig nach der Methode „Versuch und Irrtum" ab – gerade in kleinen und mittelständischen Unternehmen (so auch im Rettungsdienst), denen häufig die Mittel fehlen für eine komplexe, wissenschaftlich fundierte Auseinandersetzung mit solchen Themen bzw. deren Entwicklung.

Schwarb (1996: 14) sieht das folgendermaßen: *„Bildlich gesprochen wird versucht, ein Schloss zu öffnen, indem verschiedene Schlüssel ausprobiert werden oder irgendwo beobachtet wird, welcher Schlüssel ein Schloss öffnet. Dieses Vorgehen zeichnet sich durch eine große Praxisnähe aus, was im Rahmen betriebswirtschaftlicher Fragestellungen in der Regel mit Relevanz gleichgesetzt wird. Tatsächlich sind die so gewonnenen Erkenntnisse sehr praxistauglich, denn sie passen zwangsläufig in den gegenwärtigen betrieblichen Kontext."*

Abb. 2: Sympathie ist auch heute noch ein entscheidender Faktor bei der Besetzung von Stellen – zwischen Bewerber und Arbeitgeber muss es passen.

Insofern ist die folgende Betrachtung zur bisherigen Praxis der Personalauswahl im Rettungsdienst keineswegs abwertend zu verstehen, sondern als neutrale und wertfreie Beschreibung des Zustandes in der jüngeren Vergangenheit.

Noch vor nicht allzu langer Zeit reichte es für eine förmliche Bewerbung im Rettungsdienst völlig aus, wenn Sie Ihre Bewerbungsunterlagen beim betreffenden Rettungsdienstunternehmen einreichten und nach der Vorsichtung der Unterlagen sämtlicher Bewerber gegebenenfalls ein persönliches – jedoch wenig strukturiertes – Vorstellungsgespräch beim Geschäftsführer oder Rettungsdienstleiter absolvierten, der dann über Ihre Einstellung oder Ablehnung entschied.

Bisherige Praxis im Rettungsdienst

Strukturierte Einstellungs- und Eignungstests bzw. -verfahren sind im Rettungsdienst noch nicht lange üblich. Das Vorstellungsgespräch diente eher dem Kennenlernen und bot dem Arbeitgeber die Möglichkeit, sich ein Bild von Ihnen zu machen, als dass es sich um eine an festgelegte Kriterien gebundene Entscheidungsgrundlage gehandelt hätte. Doch ganz gleich, was man davon hält: Arbeitsbeziehungen sind immer auch soziale Beziehungen, in denen Gefühle und Emotionen eine große Rolle spielen.

INFO

Forschungsergebnisse (Jungermann, Pfister und Fischer 2005) haben gezeigt, dass emotionale Prozesse auch bei scheinbar rationalen Entscheidungen eine wichtige Rolle spielen. Emotionen unterstützen den Verstand laufend bei der Suche nach der richtigen Entscheidung. Insofern ist der Sympathiefaktor auch heute noch ein entscheidendes Kriterium bei der Stellenbesetzung, das teilweise bewusst, nicht selten aber auch völlig unbewusst das Auswahlergebnis beeinflusst.

Um diese subjektiven Faktoren zu minimieren und die Entscheidung mehr an objektiven, messbaren und nachvollziehbaren Faktoren festzumachen, entscheidet man sich heute mehr und mehr für die Anwendung strukturierter Auswahlverfahren, wie sie in diesem Buch vorgestellt werden.

Aus den althergebrachten Denk- und Vorgehensweisen ergab sich ein manchmal doch recht sorgloser Umgang bei der Auswahl neuer Mitarbeiter. Oft lag der Verzicht, ein strukturiertes Auswahlverfahren durchzuführen, schlicht und ergreifend an der Tatsache, dass das Stammpersonal im Rettungsdienst über Jahre und Jahrzehnte hinweg keine nennenswerte Fluktuation aufwies und daher nur vergleichsweise wenige Stellen neu zu besetzen waren. Außerdem waren die Betriebsgrößen – und somit auch die Zahl der Mitarbeiter – sehr klein (15 – 50 Mitarbeiter, außer in Ballungsgebieten). Diese Betriebsgrößen entsprachen eher Familienunternehmen, in denen jeder jeden kennt. In solch kleinen Unternehmen mit sehr übersichtlichen Strukturen ticken die Uhren ganz anders: Leistungs- und/oder Persönlichkeitsschwächen treten sehr schnell zutage und führen auf kurzem und direktem Weg zur Konfrontation mit den Kollegen oder dem Chef und zu entsprechenden (Korrektur-)Maßnahmen bzw. Konsequenzen.

Aufgrund dieser über Jahrzehnte gelebten Gewissheit konnte man auf die Durchführung aufwändiger Auswahlverfahren verzichten. Zur Nachbesetzung frei gewordener Stellen sichtete man die vorliegenden Bewerbungsunterlagen, prüfte diese formal auf Qualifikation (Noten, gesundheitliche Eignung, Führungszeugnis usw.) und entschied dann – mehr oder weniger nach dem Bauchgefühl –, welche Bewerber zum Vorstellungsgespräch eingeladen werden sollten. Wenn sie dann im Vorstellungsgespräch die meisten Sympathiepunkte ergattern und mit etwas Fachkompetenz „brillieren" konnten, hatten sie die Stelle schon so gut wie in der Tasche. Wesentliches zeigte dann erst die Probezeit.

Der Puffer „Probezeit" ist im Übrigen auch eines der wichtigsten Argumente für den bewussten Verzicht auf die Durchführung eines umfänglichen Auswahlverfahrens. Bei formeller Erfüllung der Einstellungskriterien und positivem, sympathischem Ersteindruck sowie dem Sicherheitspuffer Probezeit kann man durchaus – so die weitverbreitete Meinung im Rettungsdienst – auf die Durchführung eines personell aufwendigen, zeit- und damit auch kostenintensiven Auswahlverfahrens verzichten. Nur in wenigen Ausnahmefällen mussten die auf dieser Grundlage getroffenen Entscheidungen noch einmal revidiert werden. Insofern legitimierte sich diese Vorgehensweise faktisch von selbst, und allen Unkenrufen zum Trotz hatte man damit bei der Besetzung freier Stellen im Einsatzdienst unterm Strich sogar noch Zeit und Geld gespart.

Selbst bei der Besetzung von Leitungsfunktionen (Rettungsdienstleitern, Rettungswachenleitern, Lehrrettungsassistenten, Praxisanleitern usw.) wurden in den letzten Jahrzehnten so gut wie nie strukturierte oder gar wissenschaftlich fundierte Auswahlverfahren durchgeführt. Die Besetzung dieser Stellen erfolgte ohnehin in den meisten Fällen intern durch Ernennung oder Beförderung bewährter und verdienter Mitarbeiter, von denen man bereits wusste, dass sie engagiert waren und man sich auf sie verlassen konnte. Bei ausnahmsweiser und damals sehr seltener externer Besetzung solcher Stellen wurde neben der formalen Unterlagenprüfung und dem obligatorischen Vorstellungsgespräch noch zusätzlich ein Telefonat mit dem vorherigen Chef des Bewerbers geführt, um dessen persönliche Meinung über Eignung, Charakter, Fachkompetenz usw. zu erfahren. Strukturierte Auswahlverfahren und Tests gab es auch für diese Zielgruppe häufig nicht.

Die Besetzung nicht hauptamtlicher Stellen im Rettungsdienst mit Zivildienstleistenden, FSJlern, BFDlern, Ehrenamtlichen, geringfügig Beschäftigten, Auszubildenden oder Praktikanten wurde in der Regel ebenfalls nach rein formeller Prüfung der notwendigen Mindestvoraussetzungen und einem ergänzenden Vorstellungsgespräch vorgenommen. Leider standen in diesen Fällen sehr oft eher die geringen Lohnkosten im Fokus der Betrachtungen als die tatsächliche Eignung.

INFO

Rettungsdienste, die von Berufsfeuerwehren oder den Trägern selbst (Landkreise, Städte) betrieben werden, führen hingegen bereits seit vielen Jahren strukturierte Auswahlverfahren durch, die inhaltlich und umfänglich vergleichbar sind mit den Auswahlverfahren von Feuerwehr, Bundeswehr und Polizei. Obwohl das Hauptaugenmerk dieses Buches nicht auf den Auswahlverfahren von Berufsfeuerwehren usw. liegt, da bei diesen Kriterien und Maßstäbe angelegt werden, die nicht speziell auf den Rettungsdienst zugeschnitten sind, sondern eher auf die künftige Beamtenlaufbahnentwicklung abzielen, wird dennoch in den Kapiteln 5.10 und 5.13 auch auf den Umfang und die Inhalte dieser Verfahren kurz eingegangen, soweit sie für den Rettungsdienst relevant sind.

1.2 Bewerbungs- und Auswahlverfahren heute

1.2.1 Grundsätzliches zur aktuellen Situation im Rettungsdienst

Notwendigkeit professioneller Auswahlverfahren

Auswahlverfahren werden heute in fast allen Bereichen, d. h. Branchen und Fachrichtungen, bei der Besetzung von Ausbildungsstellen und bei der Vergabe von Studienplätzen durchgeführt. Meist hat dies damit zu tun, dass (zu) viele Bewerber einer nur geringen Anzahl von Arbeits-, Ausbildungs- oder Studienplätzen gegenüberstehen. Um aus der Masse der Bewerber diejenigen auszuwählen, die mit hoher Wahrscheinlichkeit am besten geeignet für die Arbeitsstellen bzw. die Ausbildungs- oder Studienplätze sind, wurden in den letzten Jahrzehnten immer mehr spezifische Auswahlverfahren konzipiert und eingeführt, deren Qualität allerdings sehr unterschiedlich ausfällt. Einige Verfahren sind tatsächlich evident und wissenschaftlich evaluiert, andere hingegen bleiben den Beweis ihres Nutzens und der Verlässlichkeit ihrer Aussagekraft bis heute schuldig.

Das Wissen um diese Mängel nutzt jedoch recht wenig, wenn sich Ihr potenzieller zukünftiger Arbeitgeber dazu entschlossen hat, ein strukturiertes Auswahlverfahren durchzuführen. Sie können diesem Entschluss nur Rechnung tragen und die Aussicht auf den positiven Ausgang des Verfahrens erhöhen, indem Sie sich auf alle infrage kommenden Elemente gut und intensiv vorbereiten, nicht aber indem Sie die Sinnhaftigkeit des Verfahrens infrage stellen.

INFO

Inhalte und Umfänge der Auswahlverfahren im Rettungsdienst sind zurzeit noch völlig unterschiedlich, lehnen sich aber durchaus erkennbar an die von Feuerwehr, Polizei und Bundeswehr an, wobei bereichs-/laufbahnspezifische Elemente in der Regel ausgeklammert und dafür Elemente mit rettungsdienstlicher Relevanz hinzugenommen werden.

HINWEIS

Die Aussagen des folgenden Abschnittes treffen nicht pauschal für alle Rettungsdienste und Rettungsdienstschulen zu, sie geben allerdings die in der Vergangenheit mehrheitlich angewendete Praxis wieder.

Veränderungen durch das NotSanG

Eine relativ neue Situation für den Rettungsdienst ist, dass Sie sich als Auszubildender seit dem Jahr 2014 mit dem Inkrafttreten des Notfallsanitätergesetzes (NotSanG) direkt bei den Rettungsdienstunternehmen bewerben können. Als angehender Rettungssanitäter oder -assistent bewarb man sich zuvor stattdessen meist an einer staatlich genehmigten Rettungsdienstschule, zahlte Schulgeld, bekam dafür eine theoretische Ausbildung und absolvierte Praktika auf Lehrrettungswachen und in Kliniken – das Ganze oft genug ohne eine Ausbildungsvergütung. Die Durchführung von Auswahlverfahren an den Schulen selbst war obsolet und teilweise sogar von den Aufsichtsbehörden untersagt, da die reine Erfüllung der im Rettungsassistentengesetz (RettAssG) geforderten Zugangsvoraussetzungen zur Ausbildung (Vollendung des 18. Lebensjahres, die gesundheitliche Eignung zur Ausübung des Berufs, der Hauptschulabschluss bzw. eine gleichwertige Schulbildung oder eine abgeschlossene Berufsausbildung) ausreichte, um einen Rechtsanspruch auf einen Ausbildungsplatz zu begründen, unabhängig von schulischen oder anderen Leistungen. Zudem verzichteten viele Rettungsdienst-

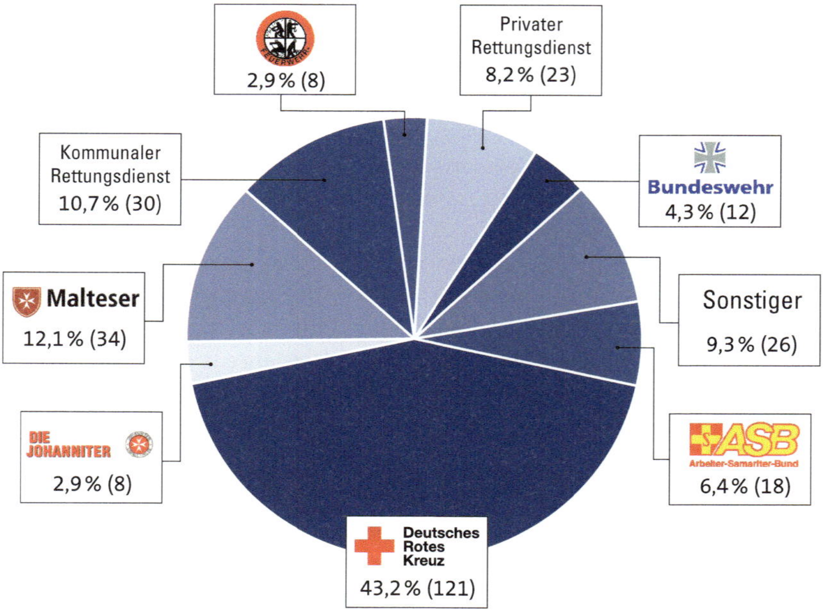

Abb. 3: Bei welchem Arbeitgeber sind die Auszubildenden zum Notfallsanitäter beschäftigt? (aus: Runggaldier und Lippay 2016; 280 Umfrageteilnehmer)

schulen aus rein finanziellen Interessen auf die Durchführung von Auswahlverfahren, da jeder Auszubildende eben auch ein zahlender Auszubildender war.

Dies war in der Mehrzahl der Fälle so – nicht jedoch in jedem Fall! Es gab auch eine Reihe positiver Beispiele, bei denen die Auszubildenden direkt beim Arbeitgeber/Ausbildungsbetrieb angestellt waren und eine Ausbildungsvergütung erhielten. Die Spanne des individuellen gestalterischen Umgangs mit der unklaren Finanzierungssituation der Ausbildung von Rettungsassistenten war enorm. Es gab eine Vielzahl von Umsetzungsmodellen in allen erdenklichen Ausprägungen. Es gab sowohl das „Rundum-Sorglos-Paket" mit ordentlichem Ausbildungsvertrag, Ausbildungsvergütung, Erstattung des Schulgeldes usw. als auch das „Ausbeutermodell", in dem vom angehenden Rettungsassistenten sogar Geld für die erforderlichen Praktika auf der Rettungswache und in der Klinik gefordert wurde.

Auswirkungen für Arbeitgeber

Mit dem NotSanG hat sich dies mittlerweile drastisch geändert, da im Gesetz die Ausbildungsvergütung explizit geregelt ist und allein aus diesem Grund „echte" Ausbildungsplätze bei den Leistungserbringern des Rettungsdienstes geschaffen werden müssen. Insofern zahlt der Arbeitgeber auch alle entstehenden Kosten wie die Ausbildungsvergütung, das Schulgeld, Gebühren für Praktika und sonstige ausbildungsbezogene Aufwendungen.

In der Vergangenheit wurden die Ausbildungskosten für Rettungssanitäter und -assistenten nur in wenigen Ausnahmefällen von den Arbeitgebern getragen. Die Vergütung der Notfallsanitäterausbildung ist per Gesetz (NotSanG § 15) und durch Tarifverträge (TV) geregelt. Dadurch entstehen einem Ausbildungsbetrieb erhebliche Kosten, die sich allerdings nicht allein auf die oben genannten Punkte beziehen. Vielmehr hat der Ausbildungsbetrieb erhebliche zusätzliche Kosten durch ...

- die Bereitstellung der innerbetrieblichen Struktur, die für die Durchführung der Ausbildung nötig ist,
- die Betreuung und Anleitung der Auszubildenden während der Ausbildung auf der Lehrrettungswache sowie durch
- die damit verbundene geforderte Qualifizierung von Praxisanleitern und deren Freistellung vom Einsatzdienst zum Zweck der Praxisanleitung und der Vor- und Nachbereitung der praktischen Ausbildung. Hierbei entstehen vor allem erhebliche Personalkosten, die im Moment nicht vollumfänglich von den Kostenträgern refinanziert werden.

Die Einführung des neuen Berufsbildes Notfallsanitäter hat dazu geführt, dass die Rettungsdienste begonnen haben, erstmals systematische Auswahlverfahren zu entwickeln, einzuführen und anzuwenden. In den meisten Rettungsdiensten hat sich dies heute vollständig durchgesetzt, sodass Auswahlverfahren für auszubildende Notfallsanitäter von nahezu allen Rettungsdiensten angewendet werden. Auch haben sich die Struktur und die Qualität von Auswahlverfahren im Rettungsdienst innerhalb kürzester Zeit sehr stark professionalisiert. Vor allem größere Rettungsdienste sind hier Vorreiter.

Fachkräfte-mangel

Diesen zusätzlichen Aufwand betreibt ein Arbeitgeber bzw. ein Ausbildungsbetrieb nur, wenn er sich sicher sein kann, dass diese Investition auch Früchte trägt – Früchte in der Hinsicht, dass Sie die Ausbildung auch zu Ende bringen und nicht vorzeitig abbrechen oder gar die Prüfungen nicht bestehen. Auch will sich der Ausbildungsbetrieb möglichst sicher sein, dass Sie nach erfolgreich abgeschlossener Ausbildung im Betrieb bleiben und nicht abwandern, z. B. zu einem anderen Arbeitgeber, ins Studium usw., denn oft dient die Ausbildung als Überbrückung der Wartesemester auf einen Studienplatz, etwa in der Medizin. Letzteres zu verhindern, ist aufgrund des zunehmenden Fachkräftemangels ein besonderes Anliegen der Ausbildungsbetriebe. Eine Umfrage von Runggaldier und Lippay (2016) zeigt, dass 37 % aller befragten Notfallsanitäterauszubildenden unmittelbar nach der Ausbildung einen anderen beruflichen Weg, wie zum Beispiel ein Studium, einschlagen wollen.

Der Fachkräftemangel hat wiederum sehr unterschiedliche Ursachen. Zu nennen ist hier u. a. der Umstand, dass im Moment die Anzahl der Notfallsanitäterabsolventen nicht ausreicht, um den aktuellen Personalbedarf zu decken. Statistisch ist auch erwiesen, dass zwischen 15 und 20 % der Auszubildenden entweder die Ausbildung abbrechen oder die Prüfung nicht bestehen. Dies ist im Übrigen nicht allein im Rettungsdienst so, sondern in fast allen Berufsausbildungen und auch im Studium.

Der Personalbedarf ist in den letzten Jahren wiederum aufgrund von Vorhalteerhöhungen drastisch angestiegen, sodass die Schere zwischen der Anzahl der verfügbaren und der benötigten Fachkräfte immer weiter auseinandergeht.

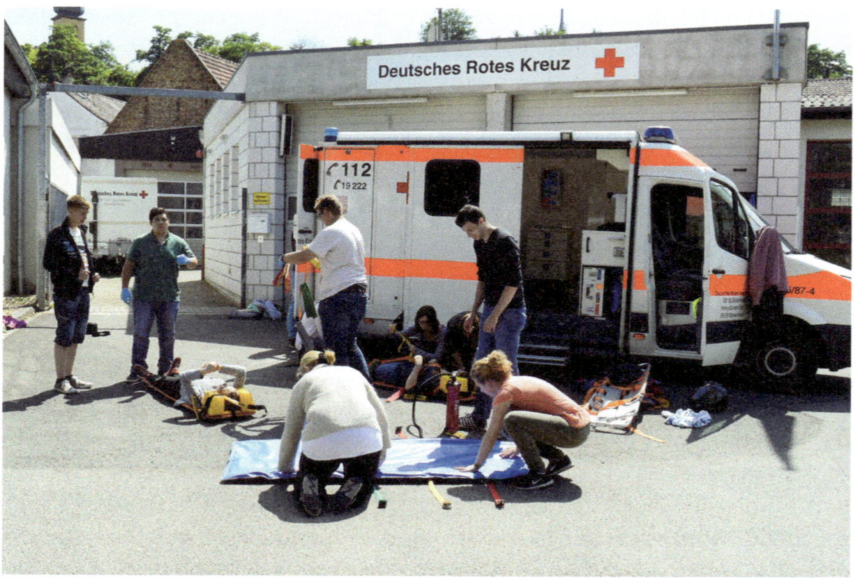

Abb. 4: Das Berufsbild des Notfallsanitäters hat zur Entwicklung und Anwendung systematischer Auswahlverfahren im Rettungsdienst geführt.

Die Gesamtheit dieser Umstände ist der Grund, weshalb Auswahlverfahren für Auszubildende im Rettungsdienst durchgeführt und immer weiter verfeinert werden. Künftig werden wir im Rettungsdienst weiterhin auch zwischen verschiedenen Auswahlverfahren differenzieren müssen, je nachdem, welche Stelle konkret zu besetzen ist. Im Einzelnen wird es sich dabei handeln um:

- Ausbildungsplätze zum Notfallsanitäter,
- hauptamtliche Stellen als Notfallsanitäter für Position 1 (verantwortliche Position/Schichtführer zur Betreuung des Patienten) auf Rettungswagen (RTW), Mehrzweckfahrzeugen (MZF), Notarzteinsatzfahrzeugen (NEF), Intensivtransportwagen (ITW),
- hauptamtliche Stellen als Rettungshelfer oder Rettungssanitäter für Position 2 (Fahrer des Fahrzeugs und Assistenz für Position 1) auf RTW, MZF, NEF, ITW,
- Führungskräfte/Funktionsträger (Rettungsdienstleiter, Rettungswachenleiter, Lehrrettungsassistenten, Praxisanleiter, Desinfektoren, Beauftragter für Medizinproduktesicherheit usw.).

INFO

Ungeachtet dessen verfolgen alle Auswahl- und Eignungstests stets das gleiche Ziel: Es soll aus einer Gruppe von Menschen durch die Anwendung verschiedener Test- und Analyseverfahren die geeignetste Person für die zu besetzende Stelle ermittelt werden.

Wie genau sehen nun aber die Verfahren für diese Zielgruppen aus? Was sind die Inhalte der unterschiedlichen Verfahren, und welche Struktur haben Sie? Neben den unterschiedlichen Testverfahren, die in Kapitel 5 näher beschrieben sind, erklären wir Ihnen auf den folgenden Seiten notwendige Grundlagen und Hintergründe von Bewerbungs- und Auswahlverfahren.

1.2.2 Ablauf eines Auswahlverfahrens / Assessment-Centers

Der Ablauf eines Auswahlverfahrens oder Assessment-Centers (AC) kann in keine konkrete Form gepresst werden. Jeder Geschäftsführer oder Personalverantwortliche eines Unternehmens hat, so auch im Rettungsdienst, andere Vorstellungen davon, wie die Eignung von Bewerbern zu prüfen ist bzw. welche Voraussetzungen von den Bewerbern zu verlangen sind. Dementsprechend unterschiedlich sind auch die Strukturen und Inhalte von Auswahlverfahren. Die Bandbreite reicht von der Prüfung der formalen Voraussetzungen, d. h. der Bewerbungsunterlagen, gepaart mit einem einfachen Vorstellungsgespräch bis hin zu umfangreichen und mehrtägigen Prüfungen.

Wie informiere ich mich über Inhalte des AC?

In welcher Form und in welchem Umfang das Auswahlverfahren bei dem Arbeitgeber oder Ausbildungsbetrieb, bei dem Sie sich beworben haben, genau abläuft,

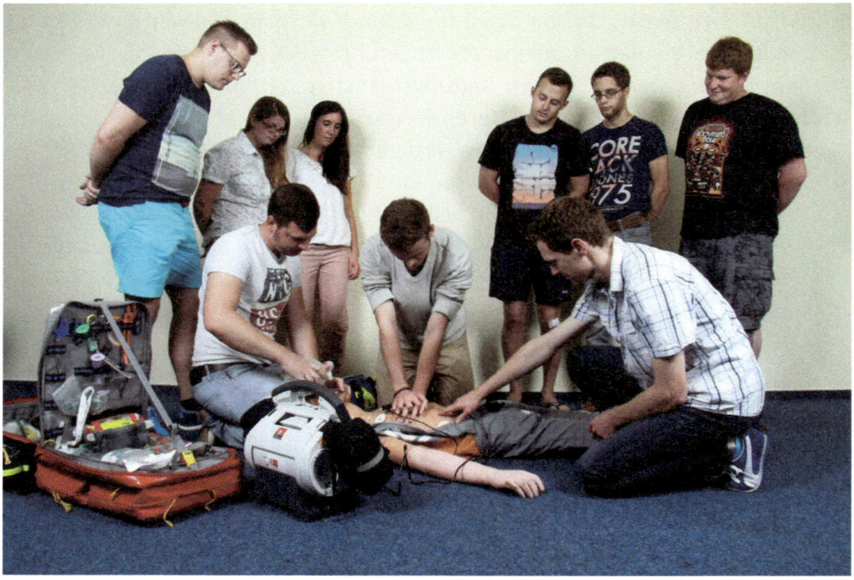

Abb. 5: Die Bandbreite an möglichen Inhalten eines Assessment-Centers ist groß. Nutzen Sie z. B. das Internetangebot Ihres potenziellen zukünftigen Arbeitgebers, um sich zu informieren, worauf Sie sich einzustellen haben.

müssen Sie möglicherweise mit einem ausreichend großen Zeitfenster vorab selbst in Erfahrung bringen. Wenn Sie diese Informationen nicht vom Arbeitgeber oder Ausbildungsbetrieb bei der Einladung zum Auswahlverfahren mitgeteilt bekommen, müssen Sie also selbst aktiv werden. Sie können dazu Kontakt mit dem Personalbüro aufnehmen, Sie können aber auch auf der Internetseite des Betriebs oder der Ausbildungsstätte recherchieren. Meist finden Sie dort zumindest einige Hinweise darüber, was Sie bei einer Bewerbung beachten sollten und was bei einem Auswahlverfahren auf Sie zukommt. Doch auch hier ist die Bandbreite sehr groß, was die Qualität der zur Verfügung gestellten Informationen angeht. Bei manchen Unternehmen werden Sie gar keine, bei anderen wiederum umfassende und ausführliche Informationen zum Auswahlverfahren finden.

Wenn Sie auf diesem Weg an keine zufriedenstellenden Informationen kommen, sollten Sie versuchen, Kontakt zu Mitarbeitern oder Auszubildenden des Betriebs aufzunehmen, am besten zu solchen, die noch nicht lange dort beschäftigt sind und bei denen das Auswahlverfahren noch nicht allzu weit zurückliegt. Von diesen können Sie in der Regel die meisten und stichhaltigsten Informationen zu Abläufen und Inhalten des AC erhalten.

Unabhängig davon, ob Sie lediglich zu einem Vorstellungsgespräch eingeladen werden oder zu einem umfangreichen AC, sollten Sie sich so intensiv wie möglich vorbereiten. Auch ein Vorstellungsgespräch kann durchaus Prüfungscharakter besitzen und sehr schnell zu einem Fachkompetenz- (s. Kap. 5.9) oder Persönlichkeitstest (s. Kap. 5.11) werden. Gehen Sie daher vom „Schlimmsten" aus.

Grundlegende Inhalte des AC

INFO

Ein strukturiertes Auswahlverfahren im Rettungsdienst beinhaltet in der Regel folgende (Grund-)Elemente:

- Begrüßung und Information über den Ablauf,
- Vorstellungsgespräch/Interview (s. Kap. 4),
- Allgemeinwissenstest (s. Kap. 5.1 – 5.7),
- Erste-Hilfe-Test (s. Kap. 5.8) oder Fachkompetenztests (s. Kap. 5.9),
- Sozialverhaltens-/Persönlichkeitstests (s. Kap. 5.11),
- Rollenspiele und Gruppendiskussionen (s. Kap. 5.12),
- Sport-/Fitnesstests (s. Kap. 5.13),
- Verabschiedung/Abschlussgespräch (ggf. mit Bekanntgabe der Ergebnisse, sofern die Auswertung der Tests bereits vollständig vorliegt).

Diese Elemente müssen jedoch nicht alle zwingend in einem Auswahlverfahren enthalten sein. Ebenso ist die Reihenfolge der verschiedenen Elemente meist sehr unterschiedlich.

Zu den angeführten Testverfahren finden Sie in Kapitel 5 dieses Buches weitere Informationen mit Beispielaufgaben, die dazugehörigen Lösungen finden Sie im Lösungsteil ab S. 225.

1.2.3 Personalauswahl(-verfahren) und Entscheidungsgrundlagen

Ziel der einzelnen Testverfahren ist es, sich ein möglichst objektives Bild von Ihnen als Mensch – d. h. von Ihren Charaktereigenschaften, Ihren Fähigkeiten und Fertigkeiten, Ihren Stärken und Schwächen sowie Ihren Vorlieben und Neigungen – zu machen. Im Fokus stehen dabei meist

Mögliche Testverfahren

- Allgemeinwissenstests,
- Intelligenztests,
- Fachkompetenztests,
- Tests zum räumlichen Vorstellungsvermögen/zur Orientierung (s. Kap. 5.10.1),
- Tests zur Merkfähigkeit (s. Kap. 5.10.2),
- Konzentrations-/Reaktionsfähigkeitstests (s. Kap. 5.10.4),
- Tests zur Motivation,
- Tests zur Sozialkompetenz,
- Tests zur körperlichen Ausdauer, Fitness und Leistungsfähigkeit.

Fast alle Testverfahren können entweder als Einzeltests oder als Gruppenaufgaben durchgeführt werden. Bei vielen Testverfahren sind sowohl PC-gestützte, schriftliche, mündliche oder praktische Formen der Umsetzung möglich. Die infrage kommenden Instrumente des Personalauswahlverfahrens werden in Kapitel 5 näher vorgestellt.

Die Dauer von Auswahlverfahren im Rettungsdienst liegt in der Regel zwischen einigen Stunden und einem Tag. In wenigen Fällen können die Auswahlverfahren auch mehrere Tage andauern. Für gewöhnlich ist die konkrete Dauer der Verfahren von der Größe des Betriebs, der Anzahl der Bewerber und/oder der Anzahl der zu besetzenden Stellen abhängig.

Bewerberauswahl

Die Frage, ob die arbeitgeberseitige Entscheidung über die Vergabe der Stelle oder eine Absage an Sie unmittelbar nach dem Abschluss und der Auswertung des Verfahrens getroffen wird, kann nicht pauschal beantwortet werden. Wann genau die Entscheidung getroffen werden kann, ist von gewissen Notwendigkeiten und damit verbundenen zeitlichen Abläufen abhängig. Wenn Sie viele Mitbewerber haben, kann allein die Auswertung der Testverfahren und die Zusammenführung aller Teilergebnisse bis zur Entscheidungsreife mehrere Tage in Anspruch nehmen. Wichtig ist in jedem Fall, dass es einen verbindlichen zeitlichen Horizont für eine Entscheidung gibt, der Ihnen auch zuvor kommuniziert wurde. Die Einhaltung des gesetzten zeitlichen Limits sollte für das Unternehmen eine Selbstverständlichkeit sein, und Sie als Bewerber sollten spätestens bei Ablauf dieser Frist eine Nachricht bezüglich Ihrer beruflichen Zukunft erhalten haben.

Wie die Entscheidung inhaltlich zustande kommt, ist davon abhängig, welche (Mindest-)Parameter für die einzelnen Elemente und Tests festgelegt worden sind. Nehmen wir einmal an, Ihr Auswahlverfahren besteht aus fünf Elementen:

1. strukturiertes Interview (persönliches Gespräch mit konkreten Fragestellungen zur Person, zum Grund der Berufswahl, zum bisherigen Werdegang, zu Interessen/Neigungen, zu Vorstellungen vom Berufsbild, s. Kap. 4),

Abb. 6: Testverfahren können entweder als Einzeltests oder als Gruppenaufgaben durchgeführt werden.

2. schriftlicher Test (z. B. Deutsch, Kopf- und Fachrechnen, s. Kap. 5.2 und Kap. 5.4),
3. Bewertung der sozialen Kompetenz (meist in Form von Gruppenaufgaben, s. Kap. 5.12),
4. Fachkompetenztest (nur bei Bewerbungen mit bereits abgeschlossener Berufsausbildung bzw. mit Qualifikation; bei Bewerbungen auf einen Ausbildungsplatz kommen in der Regel nur Fragen zur Ersten Hilfe in Betracht, s. Kap. 5.8 und Kap. 5.9),
5. Sport-/Fitnesstest (s. Kap. 5.13).

Mindest-anforderungen & K.-o.-Kriterien

Nehmen wir weiter an, für diese fünf Elemente sind Mindestanforderungen (zeitlich, inhaltlich) festgelegt worden, die in jedem Fall erfüllt werden müssen. Werden diese von Ihnen in einem der Tests nicht erfüllt, gilt dies als K.-o.-Kriterium, und Sie fallen automatisch aus der Wertung. K.-o.-Kriterien müssen allerdings vorher genau festgelegt worden sein, sie werden Ihnen in der Regel aber vorab nicht mitgeteilt. Bei schlechter Bewerberlage, Stellen ohne größere Verantwortung oder Stellen, die keine besonderen Fähigkeiten erfordern usw. können K.-o.-Kriterien auch ausgeschlossen werden. Die Vergabe der Stelle erfolgt dann in der Regel an den Bewerber mit dem besten Endergebnis, auch wenn dieser möglicherweise in einem der Tests die Mindestpunktzahl nicht erreicht hat.

In fast allen Fällen wird es am Ende der Auswertung mehrere Bewerber geben, die alle Tests bestanden haben. Hier kann nach dem Motto „Survival of the Fittest" – der Ausdruck bedeutet im Sinne der Darwin'schen Evolutionstheorie das Überleben der am besten angepassten Individuen – der Bewerber mit

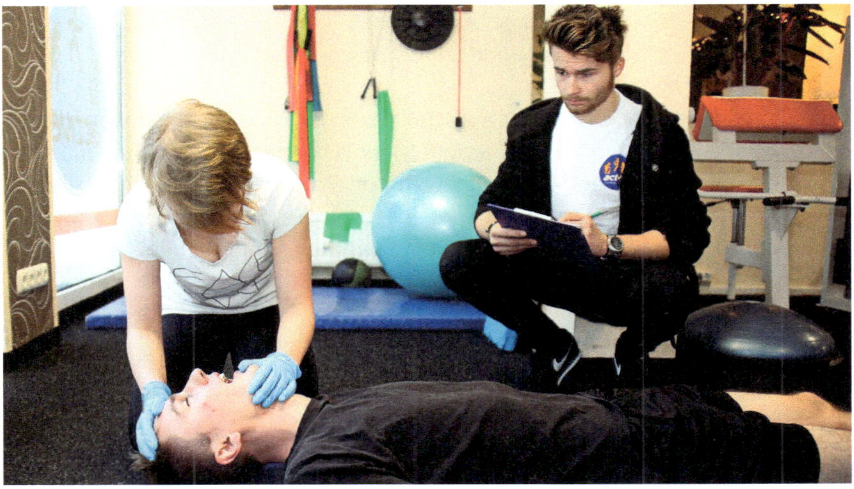

Abb. 7: Das Nichtbestehen z. B. des Erste-Hilfe-Tests kann bereits dazu führen, dass Sie beim weiteren Auswahlprozess aus dem Rennen sind, da dieser für den angestrebten Beruf/Ausbildungsplatz eine besondere Bedeutung hat.

den durchschnittlich besten Ergebnissen/der besten Gesamtnote auch derjenige sein, der die Stelle erhält.

Es kann aber auch sein, dass man sich aus bestimmten Gründen bewusst für einen anderen Bewerber mit im Durchschnitt schlechteren Einzelergebnissen entscheidet. Dieser Fall kann zum Beispiel dann eintreten, wenn dieser Bewerber – nennen wir ihn den Zweitplatzierten – in einem der Tests besonders hervorragende Leistungen erbracht hat (z. B. exzellente Sozialkompetenz) und gerade dies für das Unternehmen besonders wichtig ist. In diesen Fällen sprechen wir von einem Ranking oder einer Gewichtung der einzelnen Testverfahren.

Möglich ist ebenfalls, dass der Zweitplatzierte über Zusatzqualifikationen verfügt, die besonders wertvoll für den Betrieb sind und die der Erstplatzierte nicht vorweisen kann. An dieser Stelle wird deutlich, dass nicht allein die Testergebnisse für die Entscheidung über die Vergabe der Stelle eine Rolle spielen, sondern viele andere Einflussfaktoren auch außerhalb des eigentlichen Testverfahrens. Die Summe aller Einflussfaktoren führt schließlich zu einer Entscheidung, welcher Bewerber die Stelle erhält.

Verfahren aus Sicht des Bewerbers

Die Entscheidung, ob Sie nach absolviertem Auswahlverfahren die Bewerbung aufrechterhalten oder nicht, ist in erster Linie davon abhängig, wie Sie als Bewerber das Auswahlverfahren wahrgenommen haben. Hier spielen Ihre Eindrücke und Wahrnehmungen eine Rolle, wie zum Beispiel:

- *„Wie ernst genommen habe ich mich gefühlt?"*
- *„Wie habe ich das Auswahlverfahren erlebt?"*
- *„Waren die Beteiligten höflich, aufgeschlossen und freundlich?"*
- *„Wurde ich wertschätzend behandelt?"*
- *„Hat mir der Betrieb/das Ambiente gefallen?"*
- *„Hat man mich unnötig lange warten lassen?"*
- *„Habe ich mich ungerecht und/oder herablassend behandelt gefühlt?"*

Diese Fragen sind nur ein kleiner Ausschnitt aus der Fülle der Gedanken, die Sie nach einem absolvierten Auswahlverfahren möglicherweise beschäftigen. Sehen Sie keinen unmittelbaren Handlungszwang oder haben Sie gar eine Auswahl, etwa aufgrund anderer Stellenangebote, werden Sie sich gegebenenfalls trotz bestandener Tests für die Rücknahme der Bewerbung entscheiden.

Wichtig für Arbeitgeber!

TIPP

Die Wahrnehmung durch den Bewerber zu berücksichtigen, ist heute arbeitgeberseitig unerlässlich für die Konzeption, die Vorbereitung, Durchführung und Nachbereitung von Auswahlverfahren.

1.2.4 Sonderfall: Studium / akademische Ausbildung zum Notfallsanitäter

Das Notfallsanitätergesetz räumt in § 7 die Ausbildung zum Notfallsanitäter an einer Hochschule im Rahmen von Modellvorhaben ein. Seit 2017 werden die ersten Studiengänge angeboten (z. B. an der DIU Dresden, der Ernst-Abbe-Hochschule Jena oder der IB Hochschule Berlin).

Warum ein Studium zum Notfallsanitäter?

Nach Meinung der Verfasser werden sich der Rettungsdienst und dessen Struktur in den nächsten zehn Jahren sehr verändern und weiter professionalisieren. Leitungspositionen wie z. B. der Leiter Rettungsdienst werden bereits heute fast ausschließlich mit Hochschulabsolventen besetzt. Die Stellen von Funktionsträgern, u. a. Leiter von Rettungswachen, Dienstplaner, Hygienebeauftragter, Beauftragter für Medizinproduktesicherheit und Verantwortlicher für die Aus- und Weiterbildung (Praxisanleiter), werden im Rahmen des Veränderungs- und Professionalisierungsprozesses in den kommenden Jahren mit großer Sicherheit ebenfalls ausschließlich mit akademisierten Notfallsanitätern besetzt werden.

Wenn Sie sich für eine akademische Ausbildung zum Notfallsanitäter interessieren, sollten Sie Folgendes beachten:

Wie bewerbe ich mich?

Ähnlich wie bei einer klassischen Ausbildung bewerben Sie sich bei einem dualen Studiengang zunächst um einen Ausbildungsplatz zum Notfallsanitäter bei einem Rettungsdienstunternehmen. Dabei ist entscheidend, dass der jeweilige Rettungsdienst überhaupt eine akademische Ausbildung zum Notfallsani-

Abb. 8: Der Rettungsdienst wird sich in naher Zukunft noch mehr professionalisieren. Bereits jetzt finden regelmäßig Symposien statt, die den Austausch untereinander erlauben und die Möglichkeit zur Weiterbildung bieten.

täter anbietet. Das Unternehmen schließt mit Ihnen als geeignetem Bewerber einen Ausbildungsvertrag ab, anschließend bewerben Sie sich um einen dualen Studienplatz an der Hochschule. In der Regel unterstützt Ihr Ausbildungsbetrieb Sie dabei, da in diesem Fall meist konkrete Kooperationsverträge mit der Hochschule existieren. Zu beachten ist jedoch, dass bisher nur sehr wenige Rettungsdienste eine akademische Ausbildung anbieten.

INFO

Der Ausbildungsvertrag gehört demnach zu den Zugangsvoraussetzungen für den Studiengang – Sie können sich (bisher) also nicht direkt an einer Hochschule bewerben, sondern Sie benötigen immer zunächst einen Ausbildungsvertrag bei einem Ausbildungsbetrieb im Rettungsdienst.

Voraussetzungen für die akademische Ausbildung

Für die Bewerbung an der Hochschule benötigen Sie in der Regel folgende Unterlagen bzw. müssen Sie folgende Voraussetzungen erfüllen:

- Hochschulzugangsberechtigung, z. B. die allgemeine oder fachgebundene Hochschulreife (i. d. R. Abitur) bzw. Fachhochschulreife oder eine erfolgreich abgeschlossene Berufsausbildung in einem dem angestrebten Studiengang entsprechenden oder fachlich ähnlichen Beruf mit mindestens dreijähriger Berufserfahrung,
- Ausbildungsvertrag zum Notfallsanitäter mit einem Rettungsdienstunternehmen,
- eintragsfreies polizeiliches Führungszeugnis (s. Kap. 2.8),
- Ärztliches Attest über die Eignung für den Beruf des Notfallsanitäters (s. Kap. 5.13).

Außerdem müssen Sie in den meisten Fällen ein Aufnahmegespräch an der Hochschule absolvieren. Da die Verfahren von Hochschule zu Hochschule sehr unterschiedlich sind, müssen Sie sich jedoch über die genaueren Inhalte direkt bei der jeweiligen Einrichtung informieren. Grundsätzlich gelten für ein solches Aufnahmegespräch die gleichen allgemeinen Hinweise wie für das Vorstellungsgespräch (s. Kap. 4). Häufig wird von Ihnen auch das Einreichen eines Motivationsschreibens verlangt, in dem Sie über Ihre Beweggründe zur Aufnahme einer akademischen Ausbildung zum Notfallsanitäter und die damit verbundenen Ziele Auskunft geben (s. a. Kap. 2.3).

Dauer & Abschluss des Studiums

In der Regel beträgt die Studiendauer acht Semester (= vier Jahre) und schließt bei einem Studienleistungsumfang von 180 bis 240 ECTS-Punkten (European Credit Transfer System) mit dem akademischen Grad Bachelor of Science (B. Sc.) ab. Es handelt sich hier um primärqualifizierende Studiengänge, das heißt, Sie qualifizieren sich für einen bestimmten Beruf – in diesem Fall für den des Notfallsanitäters – mit einem zusätzlichen akademischen Grad.

Inhalte von Studium & Ausbildung

Im Grundstudium werden alle Inhalte der Ausbildung vermittelt, die im Notfallsanitätergesetz (NotSanG), der Ausbildungs- und Prüfungsverordnung für Notfallsanitäterinnen und Notfallsanitäter (NotSan-APrV) sowie den länderspezifischen Umsetzungsverordnungen (Rahmenlehrpläne) unabdingbar verankert sind. Darüber hinaus werden aber auch wissenschaftliche Grundlagen sowie die Regeln des wissenschaftlichen Arbeitens vermittelt. Neben wissenschaftlichen Grundlagen der Pädagogik/Andragogik (Erwachsenenbildung) in der Aus- und Weiterbildung zählen dazu u. a.:

- Evidenzbasierte Medizin und wissenschaftliche Handlungskompetenz in der notfallmedizinischen Versorgung: Hierbei geht es darum, die Behandlungsmethoden an wissenschaftlich nachgewiesenen Fakten auszurichten und diese kontinuierlich zu überprüfen und zu aktualisieren.
- Clinical Reasoning (CR): Unter CR sind alle Denk-, Handlungs- und Entscheidungsprozesse (im Einsatz) zu verstehen, die klinisch tätige Personen allein oder mit Berufskollegen zusammen durchlaufen, um eine optimale Versorgung des Patienten zu gewährleisten bzw. diese zu verbessern. Diese kann nur durch ein professionelles und aufeinander eingespieltes Team erreicht werden, welches kontinuierlich an der Verbesserung des Fachwissens, des Fehlermanagements und der Prozesse arbeitet und sich dabei selbst regelmäßig reflektiert.
- Current Issues in Health Sciences: Dies bedeutet die wissenschaftliche Auseinandersetzung mit aktuellen Problemen der Pflege bzw. des Rettungsdienstes. Hier sind nicht nur medizinische Themen relevant, sondern vor allem auch Probleme der Ablauforganisation und der Beseitigung von Problemen/Störungen.

Kosten

Die Finanzierung der Hochschulen sowie der einzelnen Studiengänge ist sehr unterschiedlich geregelt – und damit variieren auch mögliche Studiengebühren und Semesterbeiträge. In den meisten Fällen findet eine sogenannte staatliche Querfinanzierung statt. Die Studiengebühren können je nach Hochschule (Jena, Dresden, Berlin) zwischen ca. 150 und 600 Euro pro Semester variieren. In der Regel werden die Studiengebühren jedoch vom Ausbildungsbetrieb – also dem Rettungsdienst, mit dem Sie den Ausbildungsvertrag geschlossen haben – übernommen.

Berufliche Perspektiven

Im Moment lässt sich nur schwer einschätzen, welche Richtung die Akademisierung des Berufs Notfallsanitäter nehmen wird. Folgende Ziele werden derzeit diskutiert:

- Qualifizierung zur Erlangung abgesicherter Regelkompetenzen im Bereich der Patientenversorgung/-behandlung: Auch das neue Berufsbild hat bis dato nicht genügend Rechtssicherheit hinsichtlich der Maßnahmen geschaffen, die im Einsatz zur Versorgung des Patienten angewendet werden dürfen. Durch die Akademisierung wäre es u. U. möglich, hier mittelfristig eine nachhaltige Klärung herbeizuführen, welche (Behandlungs-) Maßnahmen Notfallsanitäter regelhaft ausüben dürfen.

- Qualifizierung zur Übernahme bestimmter Funktionen in der Aufbau- und Ablauforganisation des Rettungsdienstes, z. B. Beauftragter für Medizinproduktesicherheit, Hygienefachkraft, Aus- und Weiterbildungsbeauftragter, Qualitätsmanagementbeauftragter usw.: Das Problem hierbei ist, dass für die Ausübung dieser Funktionen noch immer zusätzliche Qualifikationen, z. B. Desinfektor, Pädagoge, Qualitätsmanager, erforderlich sind. Diese müssten trotz allem zusätzlich zum akademisierten Notfallsanitäterabschluss erworben werden.
- Die Qualifizierung zur Übernahme von mittleren oder gehobenen Führungspositionen, z. B. Leiter Rettungsdienst, Leiter von Rettungswachen und Geschäftsführer: Hier stellt sich das gleiche Problem. So müssen auch für die Besetzung dieser Positionen meist zusätzliche Abschlüsse, wie z. B. im Bereich Betriebswirtschaft, erlangt werden.

Fazit

Es lässt sich als Fazit ziehen, dass bisher noch nicht klar ist, wohin die Reise bei der akademischen Ausbildung zum Notfallsanitäter geht – auch da es sich laut NotSanG um ein Modellvorhaben handelt. Aus diesem werden in den nächsten Jahren entsprechende Analysen resultieren, die weitere Konkretisierungen der Studiengänge sowie des späteren Einsatzgebietes bzw. der Aufgabenbereiche der akademisierten Notfallsanitäter nach sich ziehen werden.

Sicher jedoch ist, dass sich dadurch ein deutlicher Wandel und eine stärkere Professionalisierung des Gesamtsystems Rettungsdienst ergeben werden. So werden mit der akademisierten Notfallsanitäterausbildung die Grundlagen des wissenschaftlichen Arbeitens in dieses Berufsfeld eingeführt. Dies wird zur Folge haben, dass man sich viel systematischer als bisher mit Fragestellungen und Problemen im Rettungsdienst auseinandersetzen und deutlich substanzieller und strukturierter an deren Lösung herangehen wird. Die Akademisierung bietet zukünftigen Notfallsanitätern damit die Chance, mit dem notwendigen Rüstzeug versehen mehr Verantwortung für das System Rettungsdienst in unserem Land zu übernehmen.

1.3 Rechtliche Bestimmungen für Testverfahren

Grundsatz der Gleichbehandlung

Es gibt viele Rechtsvorschriften, die die Nachvollziehbarkeit von Entscheidungen erforderlich machen. Beispielhaft sei hier das Gesetz zur Durchsetzung der Gleichstellung von Frauen und Männern (Gleichstellungsdurchsetzungsgesetz, DGleiG) genannt. So könnte es zum Beispiel vorkommen, dass ein Rettungsdienst bevorzugt Männer als Frauen einstellt, weil diese nicht schwanger werden können und damit seltener ausfallen. Dies wäre eine Ungleichbehandlung – und eine Anstellung damit durchaus einklagbar, sofern es keine transparenten, nachvollziehbaren und messbaren Entscheidungsgrundlagen gibt, mit denen die Ablehnung einer Bewerberin eindeutig begründet bzw. belegt werden kann.

Arbeitgeber sind nach dem Allgemeinen Gleichbehandlungsgesetz (AGG) zur besonderen Beachtung der Chancengleichheit von Bewerbern während des gesamten Rekrutierungsverfahrens verpflichtet. Des Weiteren muss darauf geachtet werden, dass die Persönlichkeitsrechte der Bewerber bei den Auswahlverfahren gewahrt werden. Um dies zu gewährleisten, sieht das Betriebsverfassungsgesetz (BetrVG) die Mitbestimmung der Personalvertretung bei bestimmten Verfahren der Personalauswahl vor (§ 92 „Personalplanung").

Bewerberrechte

MERKE

Werden psychologische Testverfahren eingesetzt, so ist Ihre Einwilligung dazu zwingend erforderlich (Art. 1 Abs. 1 GG und Art. 2 Abs. 1 GG; § 4 BDSG „Zulässigkeit der Datenerhebung, -verarbeitung und -nutzung"; §§ 182, 183 und 823 BGB). Diplompsychologen, die derartige Tests durchführen, unterliegen der Schweigepflicht und dürfen den Arbeitgeber lediglich über die Ergebnisse des Tests in Bezug auf die Anforderungen der Position informieren.

Daneben haben Sie als Bewerber einen Anspruch auf Einsicht in die Testergebnisse und auf deren Vernichtung bei Nichteinstellung. Die Personalvertretung hat eine Mitbestimmungspflicht bei Entscheidungen bezüglich des Einsatzes standardisierter Verfahren bei der Personalauswahl. Zu den standardisierten Verfahren zählen strukturierte Interviews, Assessment-Center, Personalfragebögen (auch biografische), IT-gestützte Verfahren sowie psychologische Testverfahren.

Wichtig für Arbeitgeber!

MERKE

Arbeitgeberseitig muss daran gedacht werden, weitere Stellen in den Prozess der Bewerberauswahl einzubinden, soweit dies notwendig oder vorgeschrieben ist. Dies bezieht sich z. B. auf die Beteiligung von Schwerbehindertenbeauftragten bei bestimmten Eignungstests oder die Beteiligung eines Gleichstellungsbeauftragten bzw. eines Frauenbeauftragten.

Bewerbungsverfahren werden im allgemeinen Verständnis der Bevölkerung gleichgesetzt mit undurchschaubaren und unkalkulierbaren Intelligenztests, bei denen man nie weiß, was auf einen zukommt. Vor ein paar Jahren war das auch durchaus noch so. Heute haben sich allerdings die arbeitgeberseitige Sicht der Dinge und der Umgang mit der Sache an sich sowie mit dem (zukünftigen) Mitarbeiter deutlich gewandelt. Die Verfahren sind nicht mehr geheim und intransparent, und jeder gute Arbeitgeber wird Ihnen im Vorfeld Informationen an die Hand geben, die über Art, Umfang, Dauer und Inhalte des Auswahlverfahrens angemessen Auskunft geben. Dennoch bleibt oft ein ungutes Gefühl zurück, schließlich geht es um die eigene, persönliche Zukunft. Außerdem bestehen, abgesehen von den typischen Versagensängsten, teilweise erhebliche Bedenken, dass im Auswahlverfahren Fragen gestellt werden könnten, die mit Fug und Recht zumindest als fragwürdig bezeichnet werden könnten. Zu dieser Kategorie zählen zum Beispiel Fragen zu Themen wie

Auf welche Fragen muss ich nicht antworten ...

- Schwangerschaft,
- Familienplanung,
- Parteizugehörigkeit,
- Religionszugehörigkeit,
- Gewerkschaftszugehörigkeit,
- Vermögensverhältnisse/Schulden,
- Privatleben (inkl. sexuelle Neigungen).

Im Grunde genommen muss man auf derlei Fragen nicht antworten, sofern sie keinen direkten Bezug zur Arbeitstätigkeit haben. Man kann die Beantwortung verweigern. Das könnte man zum Beispiel mit Worten wie *„Das geht Sie nichts an!"*

Abb. 9: Die rechtlichen Bestimmungen zu Auswahlverfahren sind nicht ganz einfach zu durchschauen, gerade Arbeitgeber müssen sich hier aber gut auskennen. Für Bewerber ist es hingegen gut zu wissen, welche Rechte man hat.

oder *„So etwas dürfen Sie nicht fragen!"* tun. Inhaltlich wäre eine solche Antwort natürlich richtig, allerdings kann es auch sein, dass die Arbeitgeberseite Sie mit solchen Fragen nur auf die Probe stellen wollte, um zu sehen, wie Sie auf unangenehme Fragen und Situationen reagieren (s. Kap. 5.10.5).

TIPP

Rechnen Sie durchaus mit der Möglichkeit, dass Ihnen eine unangemessene Frage gestellt wird, und legen Sie sich eine vielleicht witzige, in jedem Fall aber freundliche Antwortmöglichkeit zurecht. Notieren Sie sich mögliche Antworten auf „außerordentliche" Fragen und gehen Sie diese kurz vor dem Auswahltermin noch einmal durch.

Werden Sie beispielsweise nach Ihrer politischen Gesinnung, Weltanschauung, Gewerkschafts- oder Religionszugehörigkeit gefragt, könnten Sie eloquent antworten: *„Wie Barack Obama sagte: Wir sollten alles dafür tun, damit dieses Land den Erwartungen unserer Kinder gerecht wird."*

Es ist hilfreich zu wissen, dass man auf unzulässige Fragen nicht wahrheitsgemäß antworten dürfte – sprich: man darf mit einer Lüge antworten –, ohne dass man dadurch Nachteile zu erwarten hat, selbst wenn die Lüge auffliegen sollte. Dies trifft allerdings nur auf solche Fragen zu, die nicht in einer direkten Beziehung zur angestrebten Tätigkeit stehen. Koch (2011) urteilt dazu:

„Nach der Rechtsprechung [z. B. § 32 BDSG oder im Urteil des BAG vom 6.2.2003, 2 AZR 621/01] [...] *gilt daher der Grundsatz, dass ein Arbeitnehmer in einem Bewerbungsgespräch nur diejenigen Fragen wahrheitsgemäß beantworten muss, an denen der Arbeitgeber ein berechtigtes Interesse hat. Dies ist* [...] *der Fall, wenn die Frage einen Umstand betrifft, der für den Vertragsschluss wesentlich ist. Hat der Arbeitgeber kein berechtigtes Interesse im Hinblick auf den erfragten Umstand, so darf der Arbeitnehmer die Frage vorsätzlich falsch beantworten, der Bewerber hat dann ein Recht zur Lüge."*

Allgemeines Gleichbehandlungsgesetz

Das Allgemeine Gleichbehandlungsgesetz (AGG) formuliert in § 1: *„Ziel des Gesetzes ist,* ***Benachteiligungen aus Gründen der Rasse oder wegen der ethnischen Herkunft, des Geschlechts, der Religion oder Weltanschauung, einer Behinderung, des Alters oder der sexuellen Identität*** *zu verhindern oder zu beseitigen"* (Hervorhebung durch die Autoren).

Demzufolge sind auch Fragen zu diesen Merkmalen grundsätzlich unzulässig. Dies wird im § 2 des AGG dahingehend konkretisiert, dass der Gesetzgeber explizit eine mögliche Benachteiligung durch etwaige Auswahlkriterien und Einstellungsbedingungen ausgeschlossen hat.

Eine Ausnahme hierbei stellt sicherlich das Vorliegen einer Behinderung dar, da die Ausübung des Berufs als Notfallsanitäter wiederum an eine uneingeschränkte körperliche und geistige Gesundheit geknüpft ist (s. u.).

Abb. 10: Wenn Ihnen im Bewerbungsgespräch unzulässige Fragen gestellt werden, haben Sie auch das Recht, auf diese nicht wahrheitsgemäß zu antworten.

... und worüber muss ich Auskunft geben?

Anders als bei unangemessenen oder gar unzulässigen Fragen haben Sie bei bestimmten Sachverhalten sogar die Pflicht, Auskünfte zu geben, auch wenn Sie nicht unmittelbar danach gefragt werden sollten. Insbesondere handelt es sich hierbei um Einschränkungen Ihrer körperlichen und geistigen Gesundheit, die wiederum absehbar dazu führen können, dass Sie Ihren arbeits- bzw. ausbildungsvertraglich geschuldeten Leistungen nicht in ausreichendem Maße nachkommen können (vgl. Koch 2011).

Gesundheitliche Einschränkungen

Die Tätigkeit im Rettungsdienst erfordert eine uneingeschränkte körperliche Leistungsfähigkeit mit ausreichender Kondition und Ausdauer. Zusätzlich muss der Bewerber über eine unauffällige psychische Konstitution mit einer ausreichenden Belastbarkeit verfügen.

Für den Rettungsdienst gibt es hierzu spezielle Regelungen. Diese sind im Notfallsanitätergesetz (NotSanG), aber auch in den Rettungsdienstgesetzen der Länder sowie den entsprechenden Durchführungsbestimmungen festgelegt. In der Regel wird in diesen Gesetzen darauf abgestellt, dass für die Zulassung zur Ausbildung sowie für die Ausübung des Berufs (Berufszulassung) ein Ärztliches Attest erforderlich ist, welches Ihre gesundheitliche Eignung bescheinigt. Darüber hinaus werden zusätzliche betriebsärztliche Untersuchungen oder Untersuchungen durch das Gesundheitsamt (arbeitsmedizinische Untersuchungen) gefordert. Diese Untersuchungen sind standardisiert (vgl. DGUV 2014), wohingegen es für Untersuchungen für ein Ärztliches Attest keine definierten Inhalte oder Parameter gibt.

Schwangerschaft

Sollten Sie zum Zeitpunkt des Bewerbungsgesprächs oder des Auswahlverfahrens schwanger sein, so müssen Sie dies dem Arbeitgeber bzw. dem Ausbildungsbetrieb mitteilen, da Schwangere aufgrund der hohen Belastungen nicht im aktiven Rettungsdienst und Krankentransport eingesetzt werden dürfen (vgl. Mutterschutzgesetz).

Da Sie während der Ausbildung zur Notfallsanitäterin nicht nur auf der Schulbank sitzen werden, sondern auch Praktika in der Klinik und im aktiven Rettungsdienst absolvieren müssen, sind Sie während dieser Zeit natürlich auch den gleichen Belastungen ausgesetzt, wie sie im täglichen Einsatz vorkommen (z. B. Zeitdruck, Heben und Tragen von Patienten bzw. Ausrüstungsgegenständen, Arbeiten im Freien bei „Wind und Wetter" u. v. a.).

Hinzu kommt ein deutlich erhöhtes Infektionsrisiko, da bestehende Infektionskrankheiten bei Patienten nicht immer im Vorfeld bekannt sind und Sie sich demzufolge nicht immer rechtzeitig vor dem Kontakt durch das Anlegen von Infektionsschutzkleidung schützen können. Zu Ihrem eigenen Schutz und zum Schutz Ihres Kindes ist es also dringend erforderlich, eine Schwangerschaft dem Arbeitgeber mitzuteilen.

Vorstrafen und laufende Ermittlungen

Da Sie für den Abschluss eines Arbeits- bzw. Ausbildungsvertrags, für die Zulassung zur Ausbildung durch die zuständige Behörde (Regierungspräsidium, Landesverwaltungsamt oder Ministerium) sowie später für die Berufszulassung in jedem Fall ein Führungszeugnis vorlegen müssen, erübrigt sich die Frage, ob Sie

Abb. 11: Die Tätigkeit im Rettungsdienst erfordert eine uneingeschränkte körperliche Leistungsfähigkeit mit ausreichender Kondition und Ausdauer.

über bestehende Vorstrafen im Vorstellungsgespräch Auskunft geben sollten oder nicht, da dies im Führungszeugnis vermerkt ist.

Bei laufenden Ermittlungen ist dies nur eingeschränkt der Fall. Hier gibt es besondere Führungszeugnisse, die zum Beispiel nur Behörden ausgehändigt werden und die Sie selbst zwar einsehen können, jedoch nicht „in die Hand" – also nach Hause geschickt – bekommen.

In manchen Fällen verlangt der Arbeitgeber bzw. der Ausbildungsbetrieb sogar ein erweitertes Führungszeugnis. Dies liegt vor allem daran, dass Sie im Rettungsdienst und Krankentransport oft in häusliche Umgebungen (Wohnungen) von hilflosen oder hilfsbedürftigen Menschen gelangen und häufig auch mit Minderjährigen zu tun haben. Aus diesen Gründen wird von vielen Rettungsdiensten inzwischen ein besonderer bzw. höherwertiger Nachweis der Zuverlässigkeit in Form des erweiterten Führungszeugnisses verlangt.

Ausnahmen

Ob Sie einer Gewerkschaft, einem Berufsverband, einer Partei oder Ähnlichem angehören, müssen Sie dem Arbeitgeber im Vorstellungsgespräch nicht mitteilen. Hierzu müssen Sie auch keinerlei inhaltlichen Fragen beantworten, es sei denn, eine Gruppierung, der Sie angehören, ist eine verbotene Organisation oder eine kriminelle Vereinigung. Dies würde dann aber wiederum aus Ihrem Führungszeugnis (s. o.) hervorgehen.

Zur Berechnung von Abgaben, Steuern oder Mitgliedsbeiträgen kann es in manchen Fällen dennoch erforderlich sein, eine Zugehörigkeit dem Arbeitgeber oder Ausbildungsbetrieb konkret mitzuteilen. So werden zum Beispiel Kirchensteuern meist direkt vom Gehalt abgezogen und an die entsprechende Institution überwiesen. Dies kann auch bei Gewerkschaftsbeiträgen oder Ähnlichem der Fall sein. Die Erhebung dieser Daten erfolgt allerdings nicht in einem Vorstellungsgespräch oder Auswahlverfahren, sondern durch das sogenannte Personalstammdatenblatt. Dieses (und andere Unterlagen) händigt Ihnen Ihr zukünftiger Arbeitgeber nach erfolgreicher Absolvierung des Auswahlverfahrens mit der Bitte um vollständiges Ausfüllen und zeitnahe Rückgabe aus.

TIPP

Eine empfehlenswerte, für jedermann zugängliche Internetseite, auf der eine ausführliche und offizielle Sammlung zur Rechtsprechung von 2001 bis heute und eine umfangreiche Übersicht von Gesetzen zum Thema Arbeitsrecht hinterlegt sind, ist:
http://www.hensche.de

2 Bewerbungsunterlagen

Sie wissen, bei welchem Unternehmen Sie gerne Ihre Ausbildung machen wollen, aber wie geht das jetzt konkret mit der Bewerbung? *„Was muss ich beachten, und welche Fehler sollte ich möglichst vermeiden?“* Wir wollen Sie dabei unterstützen, von Anfang an bei Ihrem potenziellen späteren Arbeitgeber den bestmöglichen Eindruck zu hinterlassen, daher geben wir Ihnen im Folgenden in kompakter Form Tipps und Hinweise zu den formalen Standards, die Sie bei der Erstellung Ihrer Bewerbungsunterlagen beachten sollten.

2.1 Formale Standards in Bewerbungsunterlagen

Sorgfalt muss sein

Im modernen Rettungsdienst geht es nicht nur darum, Patienten zu behandeln, zu betreuen und zu transportieren. Im Arbeitsalltag gibt es auch sehr viele Formalien, wie z. B. das Führen der Einsatzprotokolle, das Arbeiten nach Checklisten und vieles andere mehr. Bereits in der Ausbildung zum Notfallsanitäter werden Sie mit zahlreichen Dokumentationsanforderungen konfrontiert. Auch hier müssen Sie während der Ausbildungsabschnitte in Klinik und Lehrrettungswache Protokolle führen, Einsatzberichte anfertigen oder komplexe Sachverhalte in einer Hausarbeit oder Ähnlichem schriftlich ausarbeiten. Bei all diesen Dingen ist höchste Sorgfalt erforderlich. Dass Sie in der Lage sind, sorgfältig und gewissenhaft zu arbeiten, sollte sich bereits in Ihren Bewerbungsunterlagen wider-

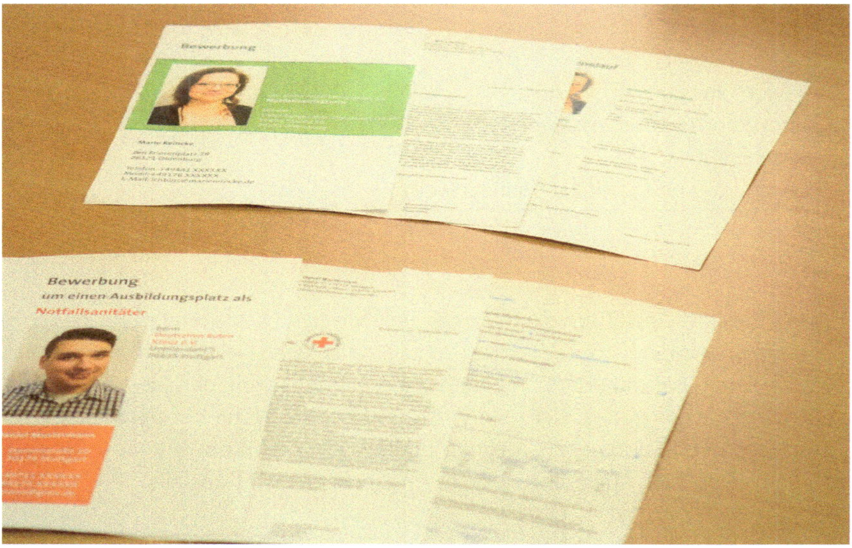

Abb. 1: Das Erstellen einer gelungenen Bewerbung ist alles andere als einfach. Auf dem Weg zu überzeugenden Bewerbungsunterlagen gilt es, einige Fallstricke zu beachten.

spiegeln. Kanning (2015b: 67 ff.) urteilt, dass die Erfüllung rein formeller Anforderungen einer Bewerbung bereits einen hohen Stellenwert in der Vorauswahl von Bewerbern besitze. Konkret heißt das, dass Fehler und Mängel in den Bewerbungsunterlagen dafür sorgen können, dass ein Bewerber bereits bei der Sichtung der Bewerbungen „aussortiert" wird. Zu den gravierendsten Mängeln in Bewerbungsunterlagen gehören nach Kanning (ebd.) Flecken, Tipp- und Grammatikfehler sowie mangelnde Übersichtlichkeit und Lücken im Lebenslauf.

Generell sollten Sie darauf achten, dass Ihre Bewerbungsunterlagen insgesamt einen strukturierten, ordentlichen, gewissenhaften und seriösen Eindruck machen.

Formale Anforderungen

Umfang und Gliederung der Bewerbungsunterlagen sollten folgende Anforderungen erfüllen. Eine vollständige Bewerbung enthält mindestens ein Bewerbungsanschreiben (s. Kap. 2.2) – oft zusätzlich auch ein Motivationsschreiben (Letter of Intent) (s. Kap. 2.3) –, einen lückenlosen Lebenslauf (s. Kap. 2.6) sowie Zeugnisse und Qualifikationsnachweise (s. Kap. 2.7) (vgl. Peus et al. 2015: 84 ff.).

MERKE

Checkliste: Bewerbungsunterlagen sollten mindestens folgenden formellen Anforderungen genügen:
- keine Mängel im Erscheinungsbild wie z. B. Flecken,
- keine Rechtschreib- und Grammatikfehler,
- übersichtlicher und lückenloser Lebenslauf.

Ihre Bewerbung sollte aus folgenden Teilen bestehen bzw. folgende Gliederung aufweisen:
- Bewerbungsanschreiben
- Motivationsschreiben (wenn gefordert)
- Lebenslauf
- Zeugnisse und Qualifikationsnachweise.

TIPP

Wenn Sie Ihre Bewerbungsunterlagen vollständig zusammengestellt haben, empfehlen wir Ihnen, dass Sie diese noch einmal lesen lassen – z. B. von Ihren Eltern, einem Freund oder von einem anderen Menschen, den Sie als kompetent einschätzen und zu dem Sie Vertrauen haben. Wenn man etwas selbst geschrieben hat, erkennt man Fehler häufig nicht mehr, obwohl diese einem anderen sofort ins Auge fallen. Dieses Phänomen betrifft uns alle.

Bewerbungsunterlagen einreichen

Inzwischen ist es üblich, dass Bewerbungsunterlagen online (z. B. als E-Mail-Anhang) verschickt werden. Es gibt aber durchaus auch noch andere Möglichkeiten, in welcher Form Bewerbungsunterlagen verlangt werden können. Die „alte"

Abb. 2: Ihre Bewerbungsunterlagen müssen formellen Anforderungen genügen. Es sollte selbstverständlich sein, dass sie in ordentlichem Zustand eingereicht werden und z. B. keine Flecken aufweisen.

Bewerbungsmappe ist noch nicht ganz aus der Mode gekommen, es kann aber auch sein, dass die Einreichung der Bewerbungsunterlagen explizit auf einem Datenträger (USB-Stick, CD o. Ä.) gewünscht wird. In einigen wenigen Fällen kann es sogar vorkommen, dass eine persönliche Abgabe (z. B. im Personalbüro) vorgesehen ist.

MERKE

Beachten Sie in jedem Fall die in der Ausschreibung verlangte Form der Bewerbung und halten Sie sich daran, da sehr häufig andere Formen in der Vorauswahl nicht berücksichtigt werden – so als wäre die Bewerbung nie abgegeben worden.

Online-Bewerbung

Die zurzeit am häufigsten von Bewerbern genutzte und auch von Arbeitgebern verlangte Form der Bewerbung ist die Online-Bewerbung. Bei Online-Bewerbungen sollten Sie Folgendes beachten:

- Dateien müssen immer virenfrei sein. Überprüfen Sie dies mithilfe eines Virenscanners, bevor Sie Dateien versenden.
- Versenden Sie keine einzelnen Dateien (Anschreiben, Lebenslauf, eingescannte Zeugnisse usw.), sondern fügen Sie alle Dokumente in der richtigen und chronologischen Reihenfolge in einer PDF-Datei zusammen.

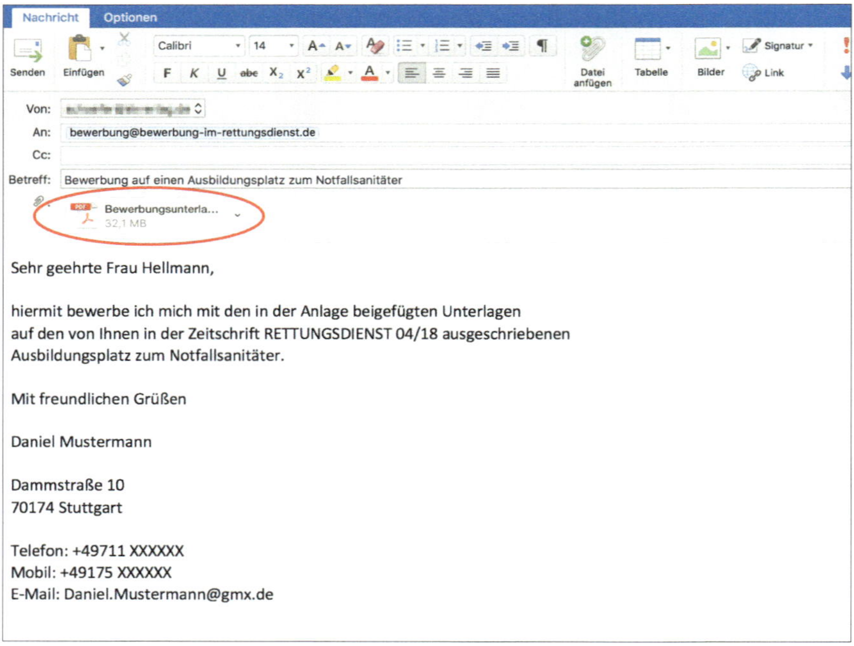

Abb. 3: Achten Sie bei Online-Bewerbungen unbedingt darauf, dass Ihre Anlagen die vom Arbeitgeber vorgegebene Dateigröße (z. B. 3 – 4 MB) nicht überschreiten. Geben Sie auch in der E-Mail Ihre Kontaktdaten noch einmal vollständig an.

- Bei einer Online-Bewerbung wird meist eine Beschränkung der Datenmenge/Dateigröße von einigen wenigen Megabyte vorgegeben. Halten Sie sich an diese Vorgaben.

Die Online-Bewerbung wird als E-Mail versendet, entsprechend werden die Bewerbungsunterlagen als Dateianhang beigefügt. Der Text der E-Mail sollte kurz, prägnant und fehlerfrei formuliert sein. Hier sollten Sie nicht einfach den Inhalt bzw. Teile des Bewerbungs- oder des Motivationsschreibens wiederholen. Es reicht aus, wenn der Grund der E-Mail erkennbar ist (dieser kann etwa in der Betreffzeile stehen, z. B. *„Bewerbung auf einen Ausbildungsplatz"*) und Sie auf die als Datei angehängten Bewerbungsunterlagen verweisen. Sie sollten jedoch darauf achten, dass Ihre Kontaktdaten auch in der E-Mail vollständig enthalten sind. Wenn es eine Bewerbungs-Chiffre gibt, sollten Sie diese auch in der Betreffzeile Ihrer E-Mail angeben.

MERKE

Ist Ihnen der Adressat Ihrer Unterlagen namentlich bekannt, sollten Sie diesen in der Anrede Ihres Anschreibens auch persönlich ansprechen (Abb. 3), anstatt das unpersönliche *„Sehr geehrte Damen und Herren"* zu verwenden.

2.2 Anschreiben

Formale Anforderungen

Ihr Anschreiben ist *die* Chance, bei einem zukünftigen Arbeitgeber Interesse für Ihre Person zu wecken und sich als idealer Mitarbeiter zu präsentieren. Folgende Hinweise möchten wir Ihnen bei der Gestaltung an die Hand geben (vgl. auch Kanning 2015a: 83 ff., 2015b: 91 ff., Peus et al. 2015: 89 f.):

- Das Anschreiben sollte nicht länger als eine DIN-A4-Seite sein.
- Es müssen alle Absender- und Empfängerdaten enthalten sein. Bei den Absenderdaten – also Ihren – sollten neben Ihrem Namen und Ihrer Postanschrift stets Ihre E-Mail-Adresse sowie die Telefonnummer, unter der Sie am besten zu erreichen sind, angegeben sein. Sobald Sie Ihre Bewerbung verschickt haben, sollten Sie Ihre E-Mails regelmäßig abrufen und eingehende Nachrichten, z. B. zu Terminabsprachen, umgehend beantworten.
- Das Anschreiben sollte übersichtlich gegliedert und einheitlich hinsichtlich Schriftart, -größe und Zeilenabstand gestaltet sein.
- Die Betreffzeile (ohne das Wort „Betreff") sollte ca. 2 Punkte größer als der Rest des Textes und als Fettsetzung formatiert sein.
- Die Seitenränder sollten nicht zu knapp bemessen sein. Üblich sind ca. 2 cm oben, unten, rechts und links.
- Die Anrede im Anschreiben sollte immer so konkret wie möglich formuliert werden. Wenn in der Stellenausschreibung ein konkreter Ansprechpartner benannt wurde, so sollten Sie diesen in der Anrede auch benennen. Nur dann, wenn kein Ansprechpartner vorhanden ist, sollten Sie die Standardfloskel *„Sehr geehrte Damen und Herren"* verwenden. Die Informationen zu einem Ansprechpartner finden Sie meist in der Stellenausschreibung ganz unten.

Inhalt

Dem ersten Satz kommt eine enorme Bedeutung zu, denn hier müssen Sie bereits das Interesse desjenigen wecken, der Ihre Bewerbung prüft. Das geht nur, indem Sie sich von anderen Bewerbern positiv absetzen. Trauen Sie sich daher, bei Ihrer Wortwahl kreativ zu sein, und beginnen Sie auf keinen Fall – wie alle anderen – mit Standardsätzen wie: *„Hiermit bewerbe ich mich auf die ausgeschriebene Stelle als Notfallsanitäter."* Die Entscheidung, wie Sie den Einleitungssatz formulieren, liegt ganz bei Ihnen. Vielleicht beginnen Sie mit einem Satz, in dem Sie zum Ausdruck bringen, warum Sie der Beruf an sich fasziniert und warum Sie sich gerade auf diese Stelle/diesen Ausbildungsplatz bewerben und weshalb Sie eben bei diesem Unternehmen, bei dem Sie sich bewerben, arbeiten möchten. Fassen Sie sich aber trotzdem kurz und verwenden Sie keine Schachtelsätze. Das Anschreiben sollte auf eine Seite passen, sich aber dennoch inhaltlich von den Anschreiben Ihrer Mitbewerber unterscheiden, um im Gedächtnis zu bleiben. Uns sind als Arbeitgeber Bewerbungen besonders positiv aufgefallen, wenn diese nicht nur sauber, gut strukturiert und fehlerfrei waren, sondern sich bereits optisch von anderen Bewerbungen abgehoben haben, wie zum Beispiel die Betreffzeile in Abbildung 4.

MERKE

Setzen Sie optische/grafische Elemente nur dezent ein bzw. übertreiben Sie es nicht. Vergessen Sie vor allem nicht, dass die Form nicht über den Inhalt geht, d. h.: Eine optisch noch so ansprechend gestaltete Bewerbung nützt nichts, wenn sie keine inhaltliche Aussagekraft hat.

Daniel Mustermann
Dammstraße 10 • 70174 Stuttgart
Telefon: +49711 XXXXXX • Mobil: +49175 XXXXXX
E-Mail: Daniel.Mustermann@gmx.de

Deutsches Rotes Kreuz e.V.
Uehllendahl 5
70439 Stuttgart

Stuttgart, 23. Februar 2018

Bewerbung auf einen Ausbildungsplatz als

Sehr geehrte Frau Hellmann,

bereits ab meinem zehnten Lebensjahr konnte ich Erfahrungen beim Jugendrotkreuz und im Schulsanitätsdienst sammeln. In beiden engagiere ich mich auch heute noch. Vor allem im Schulsanitätsdienst habe ich im Rahmen von echten Einsätzen Kontakt zum Rettungsdienst gehabt. Hier konnten wir die von uns vorversorgten Mitschülerinnen und Mitschüler an den Rettungsdienst übergeben. Auch waren Mitarbeiter des Rettungsdienstes regelmäßig mit ihrem Rettungswagen bei uns und haben mit uns trainiert. Dabei haben sie auch viel über ihren beruflichen Alltag berichtet.
All das hat mich sehr neugierig gemacht, und ich habe mich daraufhin intensiv über dieses Arbeitsfeld informiert. Für mich steht daher schon seit ein paar Jahren fest, dass ich auch beruflich einer Tätigkeit im Rettungsdienst nachgehen möchte. Großes Interesse hat bei mir das neue Berufsbild des Notfallsanitäters geweckt, denn dieser kann in vielen Fällen eine professionelle Patientenversorgung sicherstellen, gerade auch in Situationen, in denen kein Notarzt zur Verfügung steht.
Ich bin mir der besonderen Herausforderungen dieses Berufs bewusst, etwa dass die Tätigkeit als Notfallsanitäter auch mit persönlichen Einschränkungen, wie z. B. Schichtdienst oder Wochenend- und Feiertagsarbeit, verbunden ist. Klar ist mir auch, dass man als Notfallsanitäter mit viel menschlichem Leid konfrontiert wird. Dennoch habe ich mich für diesen Beruf entschieden, da ich mir sicher bin, dass es mir durch professionelles Handeln möglich sein wird, vielen Menschen in Not zu helfen.
Auf der Suche nach einem geeigneten Ausbildungsplatz bin ich auf Ihre Ausschreibung für das Jahr 2018 gestoßen. Da ich durch die zahlreichen persönlichen Kontakte zu Ihren Mitarbeitern sowie die Besuche in Ihrem Rettungsdienst im Rahmen des JRK und des Schulsanitätsdienstes einen sehr guten und professionellen Eindruck von Ihrem Rettungsdienst gewonnen habe, habe ich mich dazu entschlossen, mich auf einen Ihrer ausgeschriebenen Ausbildungsplätze zu bewerben. Hinzu kommt, dass ich mich voll und ganz mit den Werten und Grundsätzen des DRK identifizieren kann. Ich würde mich daher sehr freuen, wenn Sie mir die Möglichkeit einer persönlichen Vorstellung und der Teilnahme am Auswahlverfahren einräumen würden.

In der Anlage übersende ich Ihnen meine vollständigen Bewerbungsunterlagen. Sollten Sie noch Fragen haben oder weitere Unterlagen benötigen, so stehe ich Ihnen gern jederzeit zur Verfügung.
Für Ihre Bemühungen bedanke ich mich ganz herzlich im Voraus und verbleibe

mit freundlichen Grüßen

Daniel Mustermann

Daniel Mustermann

Anlagen: Motivationsschreiben
Lebenslauf
Zeugnisse

Abb. 4: Ihr Anschreiben ist *die* Chance, sich einem zukünftigen Arbeitgeber als idealer Mitarbeiter zu präsentieren.

BEISPIEL

... für Bewerber auf einen Ausbildungsplatz ohne rettungsdienstliche Qualifikation:

- *„Ich war während meiner Schulzeit im Jugendrotkreuz und im Schulsanitätsdienst tätig. Hier konnte ich Einblicke in die Erste Hilfe und die Versorgung verletzter und erkrankter Menschen gewinnen und in vielen Übungen praktisch anwenden."*
- *„Ich habe mich sehr intensiv mit dem Beruf des Notfallsanitäters auseinandergesetzt und weiß daher, dass dieser Beruf die Möglichkeit bietet, Menschen in Not qualifiziert helfen zu können. Mir ist aber auch bewusst, dass dieser Beruf mit vielen persönlichen Einschränkungen, wie z. B. Schichtdienst sowie Wochenend- und Feiertagsarbeit, verbunden ist. Bewusst ist mir auch, dass ich mit viel menschlichem Leid konfrontiert werde. Dennoch habe ich mich für diesen Beruf entschieden und möchte die Berufsausbildung in Ihrem Rettungsdienst absolvieren."*

... für Bewerber auf einen Arbeitsplatz mit rettungsdienstlicher Qualifikation:

„Aufgrund privater Veränderungen und einem damit verbundenen Ortswechsel habe ich mich über Ihren Rettungsdienst informiert. Nach dem Vergleich mit den anderen Leistungserbringern in Ihrer Region habe mich für eine Bewerbung bei Ihnen entschieden, weil ...

- *Sie der größte und modernste Rettungsdienst in der Region sind ...*
- *Sie die attraktivsten Arbeitsbedingungen bieten ...*
- *Sie ein betriebliches Gesundheitsmanagement implementiert haben ...*
- *Sie mir die Möglichkeit zur Weiterqualifizierung bieten ..."*
- *o. Ä.*

TIPP

Bedenken Sie bei solchen oder ähnlichen Formulierungen allerdings immer, dass Sie damit möglicherweise besondere Aufmerksamkeit und/oder Erwartungen wecken, denen Sie auch im Vorstellungsgespräch gerecht werden müssen. Die gewählten Fakten sollten Sie dementsprechend mit belastbaren Argumenten belegen können.

Wenn Sie zum Beispiel auf Erfahrungen aus dem Schulsanitätsdienst verweisen, dann sollten Sie im Vorstellungsgespräch auch über die Struktur, die Inhalte, die Häufigkeit der Ausbildungen oder besondere selbst erlebte Einsätze berichten können.

Gleiches gilt für die Formulierungen bei bereits vorhandener Qualifikation. Wenn Sie darauf verweisen, dass Sie sich für eine Bewerbung bei genau diesem Rettungsdienst entschieden haben, weil es ein moderner Rettungsdienst

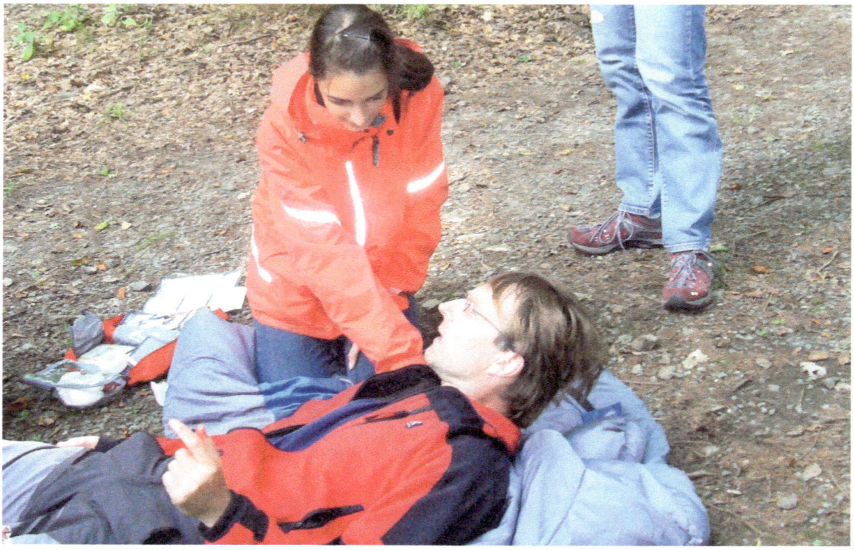

Abb. 5: Haben Sie bereits notfallmedizinische Kenntnisse, z. B. durch einen Schulsanitätsdienst ...

ist, sollten Sie im Vorstellungsgespräch auch einige Fakten dazu parat haben. Ansonsten kehrt sich die erzeugte positive Aufmerksamkeit sehr rasch ins Gegenteil um.

Einen Vorteil können Sie möglicherweise auch erzielen, wenn Sie sich zum Beispiel aufgrund einer Empfehlung oder eines persönlichen Kontakts bewerben und dies im Anschreiben zum Ausdruck bringen:

BEISPIEL

- *„Auf Empfehlung von Herrn/Frau Müller möchte ich mich Ihnen als engagierten Mitarbeiter/Auszubildenden vorstellen ...“*
- *„Ich möchte mich für das freundliche und informative Telefonat sehr herzlich bei Ihnen bedanken. Es hat mich darin bestärkt, mich für die ausgeschriebene Stelle als Notfallsanitäter/-in zu bewerben.“*
- *„Durch Ihren Mitarbeiter/-in Frau/Herrn Müller erfuhr ich, dass Sie eine Stelle als Notfallsanitäter/-in zu besetzen haben ...“*

MERKE

Vermeiden Sie eine Aneinanderreihung von Ausdrücken wie z. B. *„teamorientiert“*, *„hoch motiviert“* oder *„zielstrebig“*, ohne konkrete Beispiele oder Beweise dafür anführen zu können. Belegen könnten Sie dies z. B. durch den Nachweis geleisteter Praktika, durch Zeugnisse und Beurteilungen oder durch den Beleg bisher erreichter Ziele (schulisch, sportlich usw.).

Abb. 6: ... oder im Rahmen der realistischen Unfall- und Notfalldarstellung, können Sie damit im Anschreiben direkt Interesse für Ihre Person wecken.

Schluss- und Grußformel

Im Schlussteil signalisieren Sie Ihr Interesse an einem Vorstellungsgespräch:

BEISPIEL

- *„Über die Einladung zu einem persönlichen Gespräch würde ich mich sehr freuen."*
- *„Für alle weiteren Fragen stehe ich Ihnen gerne in einem persönlichen Gespräch zur Verfügung."*
- *„Ich hoffe, ich habe Ihr Interesse an einem persönlichen Kennenlernen geweckt, und freue mich darauf, Sie, Ihr Team und Ihren Rettungsdienst näher kennenlernen zu dürfen."*

In der abschließenden Grußformel verwenden Sie allgemein übliche Formulierungen wie zum Beispiel *„Mit freundlichen Grüßen"*. Allzu vertrauliche Grußformeln, etwa *„Herzlichste Grüße"*, oder wenig wertschätzende Kurzformen wie *„Gruß"* sollten Sie in jedem Fall vermeiden.

Unter die Grußformel setzen Sie Ihre eigenhändige Unterschrift. Heute sind auch eingescannte, als Grafik eingesetzte Unterschriften üblich, wenn die Bewerbungsunterlagen elektronisch verschickt werden. Unter der Unterschrift fügen Sie abschließend eine Liste der beigefügten Anlagen an. Es reicht heute aber auch der bloße Hinweis auf die Anlagen (das Wort „Anlagen" genügt). Professioneller wirkt allerdings eine exakte chronologische Auflistung aller beigefügten Anlagen.

Das Anschreiben im Überblick

MERKE

Checkliste: Anschreiben

- Das Anschreiben ist nicht länger als eine Seite.
- Der Text des Anschreibens ist aussagekräftig (und möglichst innovativ/kreativ).
- Das Anschreiben sieht sauber und ordentlich aus (keine Flecken, keine Knitter oder „Eselsohren").
- Es sind alle Ihre persönlichen Angaben enthalten (Name, Vorname, Postanschrift, Telefonnummern, E-Mail-Adresse).
- Der Adressat und die Anrede sind richtig formuliert – wenn ein konkreter Ansprechpartner in der Ausschreibung benannt wurde, wird dieser angesprochen.
- Aus der Betreffzeile ist der Grund des Anschreibens ersichtlich.
- Das Anschreiben ist fehlerfrei (Rechtschreibung, Grammatik).
- Die Grußformel ist formell, aber wertschätzend.
- Die Anlagen sind chronologisch gelistet.
- Das Anschreiben trägt Ihre Unterschrift.
- Der Text (wie auch die gesamten Bewerbungsunterlagen) ist abschließend durch eine oder mehrere dritte Personen (Familie oder Freunde) gewissenhaft geprüft worden.

Fehlerquelle Name

Wenn man sich auf mehrere Stellen bzw. Ausbildungsplätze bewirbt, kommt es nach unseren Erfahrungen häufig vor, dass in den verschiedenen Textbausteinen des Bewerbungsanschreibens ein Name, z. B. der des Adressaten oder auch der Name des Unternehmens, nicht geändert bzw. angepasst wurde. Ein Beispiel hierfür ist die Verwendung der korrekten Anschrift und Namensnennung im Adressfeld, aber in der Anrede *„Sehr geehrte Frau/sehr geehrter Herr ..."* steht ein falscher Name – z. B. ein Ansprechpartner eines anderen Unternehmens. Dieser Fehler setzt sich möglicherweise in anderen Textbausteinen fort.

Ein weiterer häufiger Fehler in diesem Zusammenhang ist die Falschschreibung des Namens der Person, an die die Bewerbung gerichtet ist (z. B.: Herr/Frau Schmidt, Schmitt, Schnidt, Schmit, Schmid usw.).

Versetzt man sich nun in die Lage des Empfängers, so wird sehr schnell klar, dass bei diesem der Eindruck entsteht, dass der Bewerber sich nur oberflächlich mit der Bewerbung und dem Unternehmen beschäftigt hat und es ihm generell an Sorgfalt und Gewissenhaftigkeit mangelt. Das kann ein ausschlaggebender Faktor dafür sein, dass diese Bewerbung bereits in der Vorauswahl aussortiert wird.

MERKE

Prüfen Sie daher unbedingt akribisch Ihre Bewerbungsunterlagen auf dieses Fehlerpotenzial, bevor Sie diese verschicken.

2.3 Motivationsschreiben

Sinn & Zweck von Motivationsschreiben

Motivationsschreiben (Letter of Intent) sind eine relativ neue Erscheinung im Rahmen von Bewerbungsverfahren im Rettungsdienst. Motivationsschreiben haben ihren Ursprung bei der Auswahl von Studierenden an Universitäten und Hochschulen (Zulassungsverfahren zum Studium). In der Regel soll ein Bewerber darin über seine Befähigung zur Absolvierung des Studiums Auskunft geben.

Konkrete Forderungen gibt es für Bewerbungsverfahren im Rettungsdienst derzeit noch nicht, jedoch werden im Moment die Akademisierung des Berufs des Notfallsanitäters (vgl. § 7 NotSanG) vorbereitet und bereits entsprechende Modellstudiengänge angeboten (s. Kap. 1.2.4).

Einige wenige Rettungsdienste verlangen neben den „üblichen“ Bewerbungsunterlagen inzwischen auch ein Motivationsschreiben. Dies hat im Wesentlichen zwei Gründe:

- Für bereits ausgebildete und qualifizierte Bewerber (z. B. Notfallsanitäter mit Zusatzqualifikationen) soll das Motivationsschreiben dem Arbeitgeber, noch vor dem persönlichen Kennenlernen, möglichst ausführliche Informationen darüber liefern, warum sich der Bewerber ausgerechnet auf diese Stelle bzw. diese Position bewirbt. Diese Information wird eigentlich im Bewerbungsanschreiben untergebracht. Allerdings steht hier selten ausreichend Platz zur Verfügung (lediglich eine DIN-A4-Seite, s. Kap. 2.2), um seine Beweggründe für eine Bewerbung wirklich ausführlich darlegen zu können.
- Gleiches gilt im Allgemeinen auch für Bewerber auf einen Ausbildungsplatz. Diese können sich bei der Formulierung des Motivationsschreibens auf zwei Standpunkte fokussieren. Zum einen kann man seine Beweggründe für die Bewerbung auf einen „normalen“ Ausbildungsplatz zum Notfallsanitäter ausführlich darlegen, zum anderen kann man aber auch seine Motivation für einen akademischen Abschluss als Notfallsanitäter im Motivationsschreiben verankern. Da die Akademisierung von Notfallsanitätern gerade erst beginnt und es noch keine fest geprägten Strukturen in diesem Bereich gibt, kann man im Motivationsschreiben also bereits jetzt darlegen, welchen Weg man ggf. künftig einschlagen möchte.

Formale Anforderungen

Die formalen Anforderungen an das Motivationsschreiben ähneln denen des Anschreibens. Das Motivationsschreiben sollte selbstverständlich fehlerfrei, sauber und ordentlich sein. Auch sollten die gleiche Schriftart und Formatierungen des Textes wie im Anschreiben (z. B. Ränder 2 cm) usw. verwendet und beachtet werden.

Das Motivationsschreiben unterscheidet sich (formell) vom Anschreiben dadurch, dass es lediglich die Überschrift „Motivationsschreiben“ trägt, aber keine Begrüßungs- und Schlussformulierungen, Absender oder Adressaten enthält. Wichtig ist jedoch, dass das Motivationsschreiben Ihnen eindeutig zuge-

Stuttgart, 23. Februar 2018

Motivationsschreiben für die Bewerbung auf einen Ausbildungsplatz als NOTFALLSANITÄTER

Seit meinem zehnten Lebensjahr bin ich im Jugendrotkreuz und im Schulsanitätsdienst tätig. Hier konnte ich Einblicke in die Erste Hilfe und die Versorgung verletzter und erkrankter Menschen gewinnen und in vielen Übungen praktisch anwenden. Außerdem konnte ich in den zurückliegenden Jahren einigen Mitschülern bei kleineren Verletzungen in der Schule und beim Sportunterricht konkret Erste Hilfe leisten. Auch außerhalb der Schule konnte ich mein Wissen und meine rettungsdienstlichen Fähigkeiten bei zwei Fahrradunfällen und einem Wanderunfall einsetzen und durch die Anwendung von Erstmaßnahmen den Verletzten bis zum Eintreffen des Rettungsdienstes gute Dienste leisten. Die Dankbarkeit, die ich in diesen Situationen erfahren durfte, hat mich darin bestärkt, mein Wissen und Können in der Ersten Hilfe stets zu vertiefen und weiter auszubauen.

Im Frühsommer dieses Jahres mache ich meinen Schulabschluss, daher beschäftige ich mich bereits seit längerer Zeit mit der Planung meiner beruflichen Zukunft. Ich habe mich daher, unter anderem auf Bildungsmessen, im Internet und in vielen Gesprächen mit meinen Eltern und Freunden, über verschiedene Berufe und Studienrichtungen informiert. Insbesondere habe ich mich mit dem Beruf des Notfallsanitäters sehr intensiv auseinandergesetzt und weiß daher, dass dieser Beruf die Möglichkeit bietet, Menschen in Not professionell helfen zu können. Neben der deutlichen Verbesserung der Ausbildung zum Notfallsanitäter, im Vergleich zur Rettungsassistentenausbildung, spricht mich insbesondere die Möglichkeit an, einen akademischen Abschluss als Notfallsanitäter absolvieren zu können, da ich mir sehr gut vorstellen kann, nach meiner Ausbildung Verantwortung in Funktions- oder Führungspositionen für den Rettungsdienst zu übernehmen und diesen weiterzuentwickeln.

Mir ist aber auch bewusst, dass dieser Beruf mit vielen persönlichen Einschränkungen, wie z. B. Schichtdienst sowie Wochenend- und Feiertagsarbeit, verbunden ist. Bewusst ist mir auch, dass ich mit viel menschlichem Leid konfrontiert werde. Dennoch habe ich mich für diesen Beruf entschieden und möchte daher die Berufsausbildung zum Notfallsanitäter in Ihrem Rettungsdienst absolvieren.
Für die Bewerbung in Ihrem Rettungsdienst habe ich mich bewusst entschieden, da ich mit einigen Ihrer Mitarbeiter und Ausbilder gesprochen habe und daher weiß, dass Sie neben guten Ausbildungsbedingungen auch gute Arbeitsbedingungen für Ihre Mitarbeiter sicherstellen und die Berufsausbildung sehr ernst nehmen.

Daniel Mustermann

Daniel Mustermann

Abb. 7: Beispiel für ein Motivationsschreiben

ordnet werden kann. Dies können Sie sicherstellen, indem Sie am Ende Ihren vollständigen Namen einfügen und auch eigenhändig unterschreiben. Ebenso sollten Sie das Erstelldatum und den Erstellort am Anfang oder am Ende des Motivationsschreibens vermerken. Wenn Sie mehr als eine Seite für den Text benötigen, sollten Sie die Seiten durchnummerieren. Mehr als zwei Seiten sollten Sie jedoch auch für das Motivationsschreiben nicht veranschlagen.

Inhalt Inhaltlich gehen Sie im Motivationsschreiben (Abb. 7) auf die bereits oben angesprochenen Fragen ein:

- Warum wollen Sie ausgerechnet diese Ausbildung/dieses Studium absolvieren?

- Was sind Ihre persönlichen Ziele, die Sie mit der Ausbildung/dem Studium erreichen möchten? Welchen weiteren Werdegang möchten Sie nach der Ausbildung/nach dem Studium einschlagen?
- Was zeichnet Sie besonders aus? Warum sind Sie der geeignetste Bewerber für diese Ausbildung/dieses Studium?

2.4 Bewerbungsfoto

Formell ist heute kein Bewerbungsfoto mehr vorgeschrieben. Dies hat (indirekt) auch etwas mit dem Allgemeinen Gleichbehandlungsgesetz (AGG) zu tun. So könnte es zum Beispiel vorkommen, dass Sie aufgrund persönlicher „Geschmäcker" als sympathisch/attraktiv eingeschätzt werden und sich bereits hieraus Vor- oder Nachteile für Sie ergeben.

Abb. 8 – 11: Den besten Eindruck machen Sie auf Ihrem Bewerbungsfoto, wenn Sie offen und konzentriert wirken und – ganz wichtig! – lächeln. Hier sehen Sie einige Beispiele für gelungene und weniger gelungene Bewerbungsbilder – fallen Ihnen die Unterschiede ins Auge?

Dessen ungeachtet ist es aus unserer Sicht durchaus sinnvoll, der Bewerbung ein Bewerbungsfoto beizufügen, denn hierdurch können sich die Menschen, die mit der Bewerberauswahl befasst sind, im wahrsten Sinne des Wortes ein Bild von Ihnen machen.

Sofern nicht ausdrücklich biometrische Bilder, wie z. B. für (Dienst-)Ausweise und Pässe, verlangt werden, haben Sie einen relativ großen Gestaltungsspielraum und können sich mit Ihrem kreativen Bewerbungsfoto bestmöglich verkaufen.

TIPP

Verwenden Sie bei aller Kreativität jedoch kein Foto, das Sie in „Heldenpose", in peinlichen Situationen, zu leger oder allzu freizügig darstellt. Fotos, auf denen Sie konzentriert, sympathisch und/oder entspannt/gelassen bzw. zufrieden wirken, machen den besten Eindruck.

Auch wenn kein biometrisches Bild bei den Bewerbungsunterlagen verlangt wird, empfiehlt es sich dennoch, ein solches der Bewerbung gesondert beizulegen, auch wenn Sie für die Bewerbung selbst ein kreatives Foto von sich verwenden. Das hat den Hintergrund, dass heute in vielen Dienststellen Dienstausweise ausgegeben werden, für die selbstverständlich kein kreatives Foto verwendet wird. Außerdem ist es in größeren Betrieben mit vielen Mitarbeitern und Auszubildenden für die Führungskräfte wichtig, ein Bild zum Namen des Mitarbeiters oder Auszubildenden zu haben, um den es gerade geht. Es gibt inzwischen Rettungsdienste mit 450 und mehr Mitarbeitern. Hier ist es oftmals schwierig – ohne Bild und Namen –, den Überblick zu behalten. Insofern ist es sehr sinnvoll, ein Foto des Mitarbeiters in der (elektronischen) Personalakte zu haben. Wenn Sie dies schon in Ihrer Bewerbung berücksichtigen, kann das einen *„Der denkt ja wirklich mit!"*-Effekt zu Ihren Gunsten erzielen.

2.5 Deckblatt

Ebenso wie das Bewerbungsfoto (s. Kap. 2.4) ist ein Deckblatt für die Bewerbungsunterlagen nicht mehr erforderlich. Über das Für und Wider kann man sich auch in diesem Fall streiten: So macht die Verwendung eines Deckblattes einerseits einen strukturierten, „aufgeräumten" Eindruck, andererseits stellt es aber auch zusätzlichen „Ballast" dar. Die Entscheidung bleibt Ihnen überlassen.

Wenn Sie sich jedoch für die Verwendung eines Deckblattes entscheiden, so sollte es folgende Angaben in gut strukturierter Form enthalten:

MERKE

Checkliste: Deckblatt

Bewerbung ...

- als ... (z. B. *„Notfallsanitäter"* oder *„auf einen Ausbildungsplatz zum Notfallsanitäter"*)
- bei ... (Name und Anschrift des Rettungsdienstes/der Firma)
- Vor- und Nachname (in dieser Reihenfolge!)
- Straße, Hausnummer
- Postleitzahl, Ort
- Telefonnummer Festnetz + mobil
- E-Mail-Adresse

Gestalterisch haben Sie viele Möglichkeiten, aus Ihrem Deckblatt etwas Besonderes zu machen und damit die Aufmerksamkeit der Empfänger auf sich zu ziehen (Abb. 12 – 15). Achten Sie bei aller Kreativität dennoch darauf, dass das Deckblatt seriös und nicht verspielt wirkt. Der verwendete Schrifttyp sollte der gleiche sein wie in allen anderen Teilen Ihrer Bewerbungsunterlagen auch. Das Gleiche gilt für Farben, die Sie verwenden. Um zu zeigen, dass Sie sich im Rahmen Ihrer Bewerbung mit dem jeweiligen Unternehmen auseinandergesetzt haben, können Sie zum Beispiel dessen Kennfarbe(n) in Ihre Unterlagen einbringen.

2.6 Lebenslauf

Formale Anforderungen

Ihr Lebenslauf gibt einen vollständigen Überblick über Ihr bisheriges Tun und Wirken bzw. die verschiedenen Stationen Ihres Lebens. Es finden sich im Internet viele professionelle Vorlagen mit einer guten Gliederung, die Sie nutzen können. Verzichten Sie auf komplett eigene Erfindungen. Ein Lebenslauf sollte immer sinnig gegliedert sein und dadurch professionell wirken. Vor allem aber müssen sämtliche aufgeführten Angaben der Wahrheit entsprechen.

Handgeschriebene Lebensläufe werden heute nicht mehr verwendet, verzichten Sie also darauf – es sei denn, es wird in der Stellenausschreibung ausdrücklich ein handgeschriebener Lebenslauf verlangt.

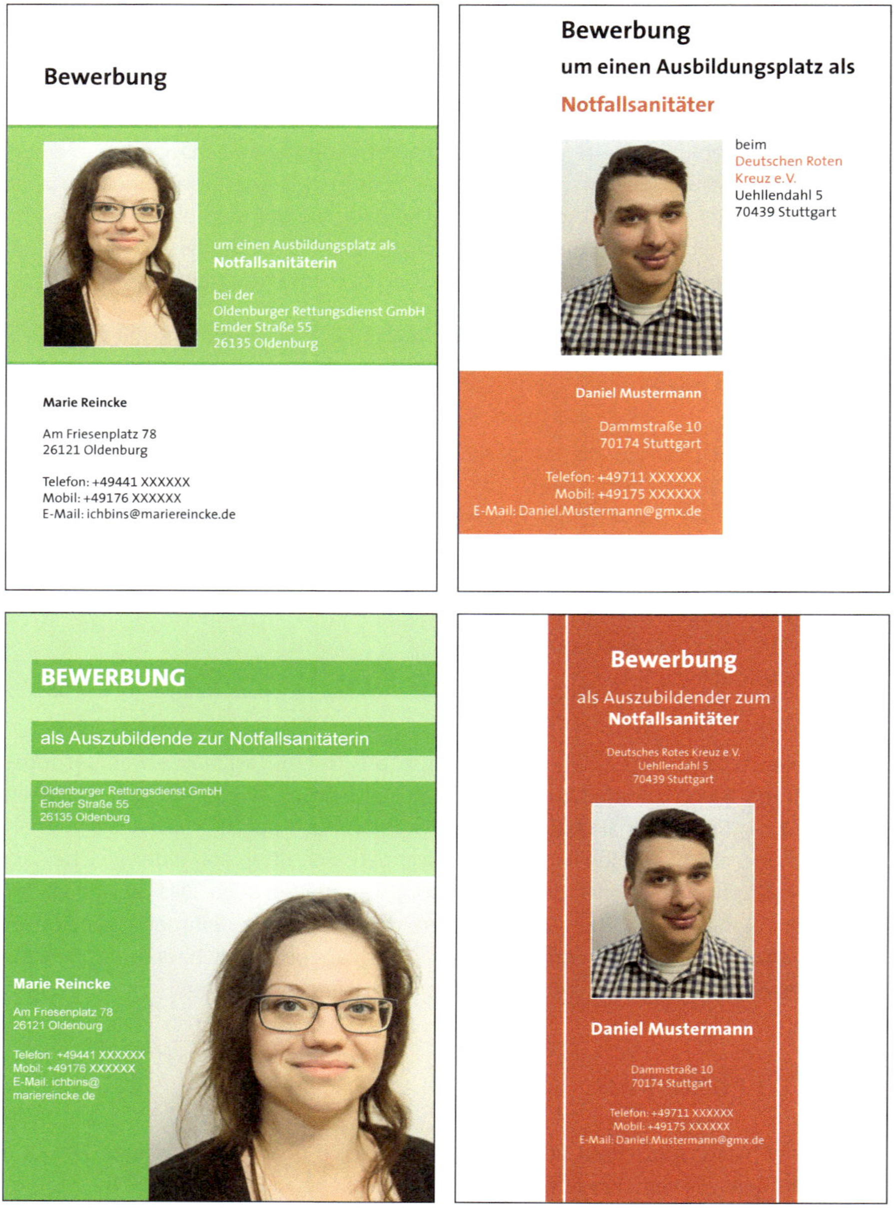
Bewerbung

um einen Ausbildungsplatz als
Notfallsanitäterin

bei der
Oldenburger Rettungsdienst GmbH
Emder Straße 55
26135 Oldenburg

Marie Reincke

Am Friesenplatz 78
26121 Oldenburg

Telefon: +49441 XXXXXX
Mobil: +49176 XXXXXX
E-Mail: ichbins@mariereincke.de

Bewerbung
um einen Ausbildungsplatz als
Notfallsanitäter

beim
Deutschen Roten
Kreuz e.V.
Uehllendahl 5
70439 Stuttgart

Daniel Mustermann

Dammstraße 10
70174 Stuttgart

Telefon: +49711 XXXXXX
Mobil: +49175 XXXXXX
E-Mail: Daniel.Mustermann@gmx.de

BEWERBUNG

als Auszubildende zur Notfallsanitäterin

Oldenburger Rettungsdienst GmbH
Emder Straße 55
26135 Oldenburg

Marie Reincke

Am Friesenplatz 78
26121 Oldenburg

Telefon: +49441 XXXXXX
Mobil: +49176 XXXXXX
E-Mail: ichbins@
mariereincke.de

Bewerbung
als Auszubildender zum
Notfallsanitäter

Deutsches Rotes Kreuz e.V.
Uehllendahl 5
70439 Stuttgart

Daniel Mustermann

Dammstraße 10
70174 Stuttgart

Telefon: +49711 XXXXXX
Mobil: +49175 XXXXXX
E-Mail: Daniel.Mustermann@gmx.de

Abb. 12 – 15: Durch das Deckblatt können Sie Ihren Unterlagen eine persönliche Note verleihen, die sofort ins Auge fällt. So kann sich Ihre Bewerbung rein durch die Optik von anderen Bewerbungen absetzen. Bei aller Kreativität sollte das Deckblatt aber dennoch einen seriösen Eindruck machen. Eine Möglichkeiten ist etwa der Einsatz von Farben (z. B. die Kennfarbe des Unternehmens, bei dem Sie sich bewerben).

Inhalt

MERKE

Ihr Lebenslauf sollte lückenlos sein und alle Zeiträume Ihres Lebens abdecken.

Viele Arbeitgeber legen inzwischen großen Wert darauf, einen vollständigen Überblick Ihres bisherigen Werdegangs zu erlangen. Lücken von Wochen oder gar Monaten und Jahren können ein Hinweis darauf sein, dass Sie möglicherweise etwas zu verbergen haben, wie z. B. längere Phasen von Arbeitslosigkeit, Krankheit o. Ä. Lücken im Lebenslauf werden in aller Regel beim Vorstellungsgespräch hinterfragt. Es kann aber auch sein, dass Sie bei offensichtlich vorhandenen Lücken im Lebenslauf schon bei der ersten Sichtung aller eingegangenen Bewerbungsunterlagen „aussortiert" werden. Das trifft besonders dann zu, wenn die Zahl der Bewerber die der Stellen/Ausbildungsplätze deutlich übersteigt.

MERKE

Der tabellarische Lebenslauf ist immer ein chronologisch geordneter und vollständiger, aber auch sachlicher Überblick Ihres persönlichen Werdegangs. In der linken Spalte der Tabelle sollte der (taggenaue) Zeitraum dokumentiert werden, in dem Sie die jeweilige Tätigkeit in der Schule/Firma XY (rechte Spalte) ausgeübt haben.

Neben der chronologischen Auflistung der Fakten ist der Lebenslauf auch der richtige Platz für Sonderinformationen zu Ihrer Person, die für die angestrebte Stelle bzw. den Ausbildungsplatz von besonderer Bedeutung sind, z. B. Fremdsprachenkenntnisse, PC-Kenntnisse, Auslandsaufenthalte, Publikationen, soziales Engagement usw. Diese Informationen können Sie nach der Tabelle platzieren. Verwenden Sie allerdings nicht das Wort „Sonderinformationen" als Einleitung bzw. Überschrift, sondern eher eine Formulierung wie „Was Sie sonst noch über mich wissen sollten" o. Ä.

Tipp zum Erstellen Ihres Lebenslaufs

Sie können Ihren Lebenslauf in einem zu Ihren übrigen Bewerbungsunterlagen passenden Design anlegen (Abb. 16 und Abb. 17). Als Checkliste zur Erstellung können Sie sich zahlreicher, online verfügbarer und herunterladbarer Vorlagen bedienen. Besonders empfehlenswert und allgemein anerkannt ist hier der sogenannte Europass. Durch die Verwendung stellen Sie sicher, dass Sie nichts Wesentliches vergessen, denn im Europass sind auch Punkte wie zum Beispiel die Fahrerlaubnisklassen, über die Sie verfügen, enthalten.

TIPP

Den Europass können Sie in bearbeitbarer Form herunterladen unter: www.europass-info.de.

Der Europass gliedert sich wie folgt:

- Angaben zur Person (Vorname, Nachname, aktuelle Adresse, Telefonnummern, E-Mail-Adresse),
- Berufserfahrung (Arbeitgeber),
- Schul- und Berufsbildung (Qualifikationen, Abschlüsse),
- persönliche Fähigkeiten (Sprachkenntnisse, kommunikative Fähigkeiten, Organisations- und Führungstalent, berufliche Fähigkeiten, PC-Kenntnisse, Führerscheinklassen),
- zusätzliche Informationen (Referenzen, Publikationen, Hobbys, sportliche Erfolge).

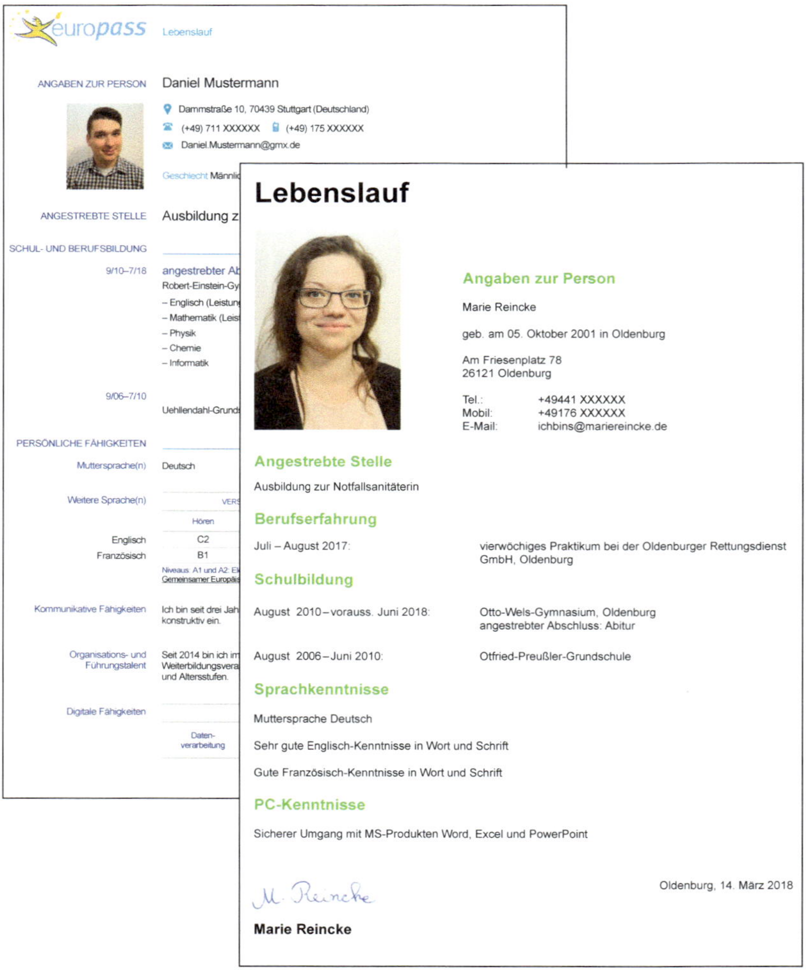

Abb. 16 und 17: Beim Lebenslauf können Sie auf Vorlagen wie z. B. den Europass zurückgreifen, sich aber auch ein eigenes Design überlegen. Wichtig sind in erster Linie Vollständigkeit und Übersichtlichkeit.

2.7 Zeugnisse

Sinn & Zweck von Zeugnissen

Ein klassisches (Schul-)Zeugnis enthält neben der Bewertung Ihrer Leistungen in den einzelnen Fächern auch eine Beurteilung von Verhaltens- und Charaktereigenschaften, z. B. Mitarbeit, Fleiß, Ordnung usw. Bewertungen erfolgen in Form einer Note. Außer den Noten enthält das Zeugnis zusätzlich eine verbale Einschätzung bzw. Beurteilung des Schülers, in der besondere Stärken, Schwächen oder erwähnenswerte Eigenschaften (z. B. besonderes Engagement, Schwierigkeiten im [Klassen-]Kollektiv, Höflichkeit usw.) dokumentiert werden. Ergänzend finden sich im Zeugnis Informationen über Fehlzeiten (entschuldigt/unentschuldigt). Solch umfassende Zeugnisse bieten also in systematischer Art und Weise einen vollständigen Überblick über die aktuellen Leistungen und Eigenschaften eines Menschen über einen definierten Zeitraum (i. d. R. halbjährlich). Aneinandergereiht kann man durch Zeugnisse über Jahre hinweg die Entwicklung eines Menschen und dessen Leistungen nachverfolgen.

In der Aus- und Weiterbildung sowie in der Arbeitswelt generell gibt es solche qualifizierten und umfassenden Zeugnisse heute nicht mehr. Selbst in einem „qualifizierten Arbeitszeugnis" sind nur Bruchstücke der oben genannten Informationen enthalten.

Für Ihre Bewerbungsunterlagen sollten Sie bei der Anlage von Zeugnissen und sonstigen Nachweisen Folgendes beachten:

MERKE

Geben Sie niemals die Originale von Zeugnissen aus der Hand! Fertigen Sie von allen Zeugnissen und sonstigen Originalunterlagen immer genügend Kopien in sehr guter Qualität an, die Sie für Bewerbungen verwenden können.

Beglaubigte Kopien

Sollte eine Beglaubigung der Kopien von Zeugnissen und Unterlagen verlangt sein, so müssen Sie diese von berechtigten Stellen durchführen lassen, z. B. von Ihrer zuständigen Gemeindeverwaltung (Einwohnermeldeamt). Dies ist in aller Regel ausreichend und durchaus auch die preisgünstigste Variante. Notarielle Beglaubigungen werden in nur sehr seltenen Fällen verlangt. Zum Zweck der Beglaubigung ist es erforderlich, dass Sie bei der entsprechenden Stelle sowohl die Kopien Ihrer Zeugnisse als auch die Originale vorlegen. Ohne die Vorlage der Originale können die Kopien nicht beglaubigt werden.

Bei Online-Bewerbungen werden in der Regel keine Beglaubigungen verlangt. Allerdings müssen Sie damit rechnen, dass Sie die Originale Ihrer Zeugnisse und sonstiger Unterlagen zu einem späteren Zeitpunkt (z. B. im Bewerbungsgespräch oder vor der Unterzeichnung des Arbeits-/Ausbildungsvertrages) vorlegen müssen. Dies wird Ihnen jeweils rechtzeitig mitgeteilt werden.

2.8 Sonstige Anlagen

Im Rettungsdienst werden regelhaft neben den oben genannten Unterlagen wie Lebenslauf, Zeugnisse usw. noch weitere Unterlagen verlangt. Hierzu zählen:

- erweitertes Führungszeugnis (früher „polizeiliches Führungszeugnis“),
- Ärztliches Attest,
- Kopie Ihres Führerscheins (mindestens Klasse B, idealerweise Klasse C1),
- Kopie des Personalausweises,
- ggf. Personenbeförderungsschein.

Der Grund dafür, dass Sie diese ergänzenden Unterlagen einreichen müssen, beruht meist auf der Tatsache, dass es hierfür rechtliche Notwendigkeiten gibt, die in Form von Gesetzen und Verordnungen festgeschrieben sind. So ist das erweiterte Führungszeugnis zum Beispiel für alle Personen erforderlich, die im Rahmen ihrer Tätigkeit mit Minderjährigen zu tun haben. Grundlage hierfür ist § 72a SGB VIII (Sozialgesetzbuch). Das Verlangen eines Ärztlichen Attests beruht in der Regel auf dem Notfallsanitätergesetz. Hier sind die Voraussetzungen für den Zugang zur Ausbildung geregelt. In § 8 Abs. 1 NotSanG wird u. a. „die gesundheitliche Eignung zur Ausübung des Berufs“ vorgeschrieben.

Das Vorhandensein des Führerscheins ist von Rettungsdienst zu Rettungsdienst unterschiedlich. In manchen wird dieser vorausgesetzt, in anderen wird der Erwerb des Führerscheins sogar im Rahmen der Ausbildung angeboten.

Führungszeugnis

Das Führungszeugnis (vgl. Bundeszentralregistergesetz, BZRG) können Sie auf Ihrer örtlichen Meldebehörde beantragen. Ein erweitertes Führungszeugnis wird von allen öffentlichen Arbeitgebern (also z. B. von Feuerwehren oder Rettungsdiensten, die von den Trägern selbst durchgeführt werden) vorausgesetzt. Da die Durchführung des Rettungsdienstes aber eine öffentliche Aufgabe ist und von den Durchführenden verlangt wird, dass sie ausschließlich Personen beschäftigen, die sich keines Vergehens schuldig gemacht haben, das ihre Zuverlässigkeit infrage stellt (geregelt in den Rettungsdienstgesetzen der einzelnen Bundesländern, z. B. im Hessischen Rettungsdienstgesetz §§ 11 und 12), kann es sein, dass in den nächsten Jahren auch das behördliche Führungszeugnis bei den Hilfsorganisationen und privaten Rettungsdiensten verlangt werden wird. Ebenso ist es perspektivisch möglich, dass bereits bei der Beantragung der Zulassung zur Berufsausbildung ein behördliches Führungszeugnis vorzulegen sein wird.

Das Führungszeugnis (auch das einfache) ist in jedem Fall kostenpflichtig. Von der Beantragung des Führungszeugnisses bis zu dessen Ausstellung und Zusendung können vier bis acht Wochen vergehen. Beantragen Sie dieses daher rechtzeitig, das heißt, sobald Sie wissen, dass es von Ihnen verlangt wird. In der Regel ist die Vorlage erst bei Abschluss des Arbeits- bzw. Ausbildungsvertrags fällig. Das Führungszeugnis darf nicht älter als ein halbes Jahr sein.

Ärztliches Attest

HINWEIS

Die Informationen zum Ärztlichen Attest entnehmen Sie bitte dem Kapitel 5.13 dieses Buches.

Führerschein

Eine Kopie des Führerscheins/der Fahrerlaubnis wird verlangt, da die Tätigkeit im Rettungsdienst auch die Fahrtätigkeit in verschiedener Fahrzeugklassen beinhaltet. Notarzteinsatzfahrzeuge (NEF) und Krankentransportwagen (KTW) können in der Regel mit einem Führerschein der Klasse B gefahren werden. Rettungs- (RTW) und Intensivtransportwagen (ITW) sind meist schwerer als 3,5 t und erfordern daher den Führerschein der Klasse C bzw. C1. Außerdem wird von sehr vielen Rettungsdiensten inzwischen der Nachweis einer mindestens einjährigen Fahrpraxis verlangt.

Abb. 18: Einige Rettungsdienste ermöglichen den Erwerb des C1-Führerscheins während der Ausbildung, andere setzen ihn bereits bei der Bewerbung voraus.

INFO

Für den Beginn einer Ausbildung im Rettungsdienst (z. B. zum Notfallsanitäter) müssen theoretisch weder Führerschein noch der Nachweis der Fahrpraxis zwingend vorhanden sein. Da jedoch bereits während der Ausbildung Praktika im Rettungsdienst vorgesehen sind, die zu einem späteren Zeitpunkt auch das Führen der Fahrzeuge beinhalten, ist es ratsam, zu Ausbildungsbeginn bereits über (mindestens) den Führerschein der Klasse B zu verfügen.

Die Voraussetzung des C1-Führerscheins wird von den Rettungsdiensten sehr unterschiedlich gehandhabt. Einige Rettungsdienste ermöglichen inzwischen den Erwerb des C1-Führerscheins während der Ausbildung und übernehmen die Kosten hierfür teilweise oder sogar vollständig. Andere Rettungsdienste setzen den Erwerb vor oder während der Ausbildung voraus und beteiligen sich nicht an den hierfür anfallenden Kosten. Ein K.-o.-Kriterium ist es heute allerdings nicht mehr, wenn man sich auf einen Ausbildungsplatz zum Notfallsanitäter bewirbt und diesen Führerschein noch nicht besitzt. Aber es ist zumindest ein weiterer „Pluspunkt“, den Sie sammeln können, wenn Sie bereits über den C1-Führerschein verfügen.

Ein Verlust oder Entzug Ihres Führerscheins führt dazu, dass Sie Teile der Tätigkeit im Rettungsdienst nicht mehr ausüben dürfen (Führen des Fahrzeugs). Bei kurzzeitigem Entzug, z. B. wegen Fahrens mit überhöhter Geschwindigkeit, können hier oft Brücken gebaut werden. Sie verlieren also nicht den Arbeits- oder Ausbildungsplatz. Bei einem längerfristigen Entzug, z. B. wegen Trunkenheit, ist der proaktive Umgang – also eine sofortige Information an den Arbeitgeber – immer der beste Weg und oft auch eine vertrauensbildende Maßnahme zu Ihren Gunsten. Der Arbeitgeber ist dazu verpflichtet, mindestens halbjährlich den Besitz und die Gültigkeit Ihres Führerscheins zu überprüfen. Dies geschieht im Allgemeinen durch persönliche Vorlage (Vorzeigen) des Führerscheins beim Arbeitgeber oder bei einer mit der Kontrolle beauftragten Person (Personalbüro, Rettungsdienstleiter, Rettungswacheiter usw.). Gleiches gilt auch für das Bewerbungs- bzw. Auswahlverfahren. Sollte Ihnen der Führerschein entzogen worden sein, so sollten Sie Ihren zukünftigen Arbeitgeber bzw. Ausbildungsbetrieb möglichst unaufgefordert und unverzüglich darüber informieren.

3 Tipps für die persönliche Vorbereitung

> *HINWEIS*
>
> Wie Sie sich auf die einzelnen Testverfahren, z. B. den Erste-Hilfe- oder den Fitnesstest, am besten vorbereiten und welche Maßstäbe dabei angelegt werden, können Sie den einzelnen Abschnitten im Kapitel 5 entnehmen. Das folgende Kapitel leistet hingegen Hilfestellung bei der allgemeinen Vorbereitung auf das Auswahlverfahren.

Im Folgenden wird neben den „harten" vor allem auch auf die „weichen" Faktoren eingegangen, die bei Bewerbungen relevant sind und die von vielen Bewerbern oft unterschätzt werden. So spielen neben den fachlichen Aspekten u. a. die eigene „Kinderstube" sowie Körpersprache und Ausstrahlung durchaus eine gewichtige Rolle in der Gesamtbetrachtung der Bewerberauswahl.

3.1 Allgemeines

Subjektiver Eindruck

Neben den messbaren „hard facts" der verschiedenen Tests spielen in Auswahlverfahren auch solche Dinge eine Rolle, die subjektiver Natur sind und die man nicht in harten Zahlen und Ergebnissen erfassen und ausdrücken kann. Hierzu zählen u. a. der erste Eindruck, Sympathie, Ausstrahlung, Kleidung, Geruch, Umgangsformen und Körpersprache.

> *TIPP*
>
> Seien Sie sich der Tatsache bewusst, dass diese Faktoren neben den eigentlichen Testergebnissen eine nicht unerhebliche Rolle spielen und dass Ihr Aussehen, Ihre Ausstrahlung, Ihre Körpersprache und Ihre Umgangsformen nicht nur für den Moment auf andere Personen wirken, sondern über den gesamten Zeitraum des Auswahlverfahrens (auch in Pausen) präsent sind.

Diese Faktoren werden von den Prüfern, Beurteilern oder Entscheidern mehr oder weniger bewusst wahrgenommen und können das „Zünglein an der Waage" sein, wenn es am Ende um eine Entscheidung zwischen Ihnen und einem gleich guten Bewerber geht.

3.1.1 Erster Eindruck

Erscheinungsbild

Ob man jemanden grundsätzlich sympathisch findet oder nicht, entscheidet sich so gut wie immer beim ersten Kontakt. Es entsteht der zwar unbewusste, aber doch weichenstellende erste Eindruck. Dieser ist wiederum geprägt von einem Mix aus vielen Einzelfaktoren wie der individuellen, subjektiven Bewertung von

Aussehen (Attraktivität), Ausstrahlung, Habitus (Mimik, Gestik), (Aus-)Sprache (Dialekt, Stil), Kleidung (Sauberkeit, Angemessenheit), Körperpflege (z. B. Geruch, Fingernägel, Haare) und Auftreten angesichts der Situation.

Auftreten

TIPP

Von Mitarbeitern im Rettungsdienst wird – wie in vielen anderen sozialen Berufen auch – neben Eigenschaften wie der fachlichen Kompetenz und körperlichen Leistungsfähigkeit erwartet, dass sie stets höflich, rücksichtsvoll, einfühlsam und hilfsbereit auftreten.

Mit anderen Worten: Es wird eine gute „Kinderstube" vorausgesetzt. Hierzu gehören u. a. solch eigentlich banale Dinge wie „Bitte" und „Danke" oder freundlich „Guten Tag" und „Auf Wiedersehen" sagen zu können, sich fremden Menschen mit Namen vorzustellen sowie stets ein waches Auge dafür zu haben, wo man (auch bei Kleinigkeiten) behilflich sein kann (z. B. die Tür aufhalten, wenn ein Mitglied der Auswahlkommission beide Hände, etwa mit Akten oder Material, voll hat).

MERKE

Checkliste: Wir merken uns also, dass wir vor bzw. während eines Auswahlverfahrens oder Vorstellungsgesprächs …

- mit Deos und Parfums lieber etwas sparsamer als übertrieben umgehen,
- uns dem Anlass angemessen und keinesfalls übertrieben kleiden,
- auf unsere Körperhaltung achten,
- stets freundlich, höflich und aufmerksam sind,
- auf gute Umgangsformen sowie eine gute Aussprache achten und
- das Handy ausschalten, um Störungen zu vermeiden.

Beherzigen Sie besonders auch diesen Ratschlag: Sie sollten im Gespräch stets bei der Sache sein und so der Auswahlkommission den nötigen Respekt entgegenbringen.

Orientieren Sie sich bei der Vorbereitung an den folgenden Fragen, und bitten Sie Freunde oder Ihre Eltern um Rat:

- *„Wie wirke ich auf dich?"*
- *„Was kann ich besser machen?"*
- *„Welche Fehler/Nachlässigkeiten fallen dir an mir auf?"*

All das sind hilfreiche Fragen, die Sie stellen sollten und die dazu beitragen können, dass Sie kleine Fehler und Schwächen, die Sie vielleicht selbst gar nicht (mehr) wahrnehmen, vermeiden oder ausgleichen können. Hören Sie auch durchaus einmal auf den Rat Ihrer Eltern, Verwandten oder Freunde, wenn es um Ihr Outfit oder Erscheinungsbild geht, bevor Sie sich auf den Weg zum Auswahlverfahren oder Vorstellungsgespräch machen. „Cool" können Sie im Privatleben immer noch sein. Im Rettungsdienst aber haben Sie Umgang mit Menschen aller Altersgruppen und unterschiedlicher Nationalitäten. Darüber hinaus arbeiten Sie oft mit anderen Behörden und Institutionen (z. B. der Polizei) zusam-

Abb. 1: Denken Sie daran: Der erste Eindruck zählt – und bleibt hängen. Sowohl was Ihr Erscheinungsbild als auch Ihre Körpersprache betrifft, sollten Sie während des Vorstellungsgesprächs angemessen auftreten.

Abb. 2: Hingegen ein absolutes No-Go: während des Bewerbungsgesprächs „mal eben schnell" neue Nachrichten auf dem Handy lesen!

men, daher sind vielen Dienstherren gute Umgangsformen sowie ein gepflegtes und seriöses Erscheinungsbild sehr wichtig.

Wie steht es mit Tattoos & Piercings?

Dem Zeitgeist entsprechend sind Piercings, Tattoos usw. mittlerweile durchaus gesellschaftsfähig geworden. Gehen Sie jedoch vorsichtshalber immer davon aus, dass Arbeitgeber und Ausbildungseinrichtungen im Rettungsdienst eher zu den konservativen Vertretern unserer Gesellschaft gehören. Prominent im Gesicht platzierte Piercings zählen daher nicht unbedingt zu den Dingen, mit denen Sie bei der Vorstellung oder im Auswahlverfahren Punkte sammeln können. Es ist wiederum aber auch nicht sinnvoll, wenn Sie sich „verkleiden" und damit nicht authentisch wirken, wenn Piercings und Tattoos zu Ihrem Lebensstil gehören. Dennoch ist weniger manchmal mehr. Die Entscheidung, ob Sie alles, was Sie haben, bei der Vorstellung oder im Auswahlverfahren auch zur Schau tragen müssen oder ob Sie vielleicht doch etwas dezenter auftreten möchten, liegt einzig und allein bei Ihnen.

3.1.2 Körpersprache

Es entscheiden sehr oft unbewusst gesendete Signale darüber, ob Sie einem Gesprächspartner sympathisch oder unsympathisch erscheinen. Damit beeinflussen Sie in fast allen Situationen die Meinung und das Urteil Ihres jeweiligen Gegenübers über Ihre Person. Genauso verhält es sich auch mit der Körperspra-

Abb. 3: Ihre Körpersprache ist ein enorm mächtiges Kommunikationswerkzeug. Durch sie lässt sich viel gewinnen, aber auch verlieren.

che. Daher ist es notwendig, ausführlicher auf diesen Aspekt einzugehen. Durch Ihre Körpersprache lässt sich viel gewinnen, aber auch riskieren.

Ein Großteil der zwischenmenschlichen Kommunikation spielt sich auf diesem nonverbalen Gebiet ab. Achten Sie daher ganz bewusst in einem Auswahlverfahren oder Vorstellungsgespräch auf die Signale, die Sie mit Ihrer Körperhaltung sowie Ihren Gesten und Ihrer Mimik aussenden. Beherzigen Sie daher die folgende Empfehlung:

MERKE

Bleiben Sie authentisch!

Seien Sie immer Sie selbst ...

Das Wort stammt vom griechischen „authentikós" bzw. lateinischen „authenticus" und bedeutet: echt, verbürgt, zuverlässig; Echtheit. Bei einem eher introvertierten Menschen – d. h. stärker nach innen gewandten bzw. zurückhaltenden, ruhigeren – wirkt gespielte Extrovertiertheit wenig überzeugend. Extrovertiertere Menschen – d. h. stärker nach außen gewandte, eher aufgeschlossene, kommunikativere – sollten sich hingegen nicht in einem Maße zurückhalten, das möglicherweise aufgesetzt wirkt. Beides wirkt nicht echt, und man wird Sie höchstwahrscheinlich sehr rasch durchschauen. Bleiben Sie deshalb immer Sie selbst.

In vielen Werken, die Ratschläge zum Verhalten in Auswahlverfahren geben, werden Parameter wie Körpersprache, Sitzhaltung, Gestik, Mimik, Aussprache und vieles mehr beschrieben. So wird u. a. darauf hingewiesen, dass man auf eine angemessene Körperspannung achten und im Sitzen nicht die Beine übereinanderschlagen soll, weil dies distanziert wirke. Ebenso sollten Sie vermeiden, zu „fläzen", weil dies einen respektlosen Eindruck mache. Daneben sollte man nicht auf der Vorderkante des Stuhles sitzen, weil dies wirke, als wäre man auf der Flucht, und auch nicht seine Arme verschränken, weil dies Verschlossenheit oder Abwehr signalisiere u. v. a. (vgl. Hesse und Schrader 2012: 341 ff.; Kanning 2015a: 26 ff.).

Sicher kann man all dies trainieren, allerdings besteht dabei die große Gefahr, dass das eigene Verhalten aufgesetzt und somit nicht authentisch wirkt, weil es nicht Ihrem Wesen entspricht. In der heutigen Zeit und angesichts des stattfindenden Wertewandels werden all diese Faktoren nicht mehr so streng bewertet, wie es vor einigen Jahren noch der Fall war, dafür sind andere Werte in den Vordergrund getreten:

MERKE

Arbeitgeber möchten heute Mitarbeiter, die sich nicht verstellen und auch in schwierigen Situationen sie selbst bleiben und daher echt wirken!

Übereinandergeschlagene Beine signalisieren also nicht zwangsläufig Respektlosigkeit oder Abwehr, und verschränkte Arme müssen eben nicht immer Ablehnung oder Verschlossenheit ausdrücken, sondern können genauso gut ein Zeichen von Entspannung sein – man lehnt sich zurück, schlägt die Beine übereinander und verschränkt die Arme, wie man es im Zustand der Entspannung auch zu Hause tun würde. Auch eine dialektgefärbte Aussprache ist heute durchaus kein Makel mehr, sondern spiegelt eher wider, dass man zu seiner Herkunft steht und stolz auf diese ist. Bleiben Sie also Sie selbst, und bringen Sie mit Ihrer Gestik und Mimik, mit Ihrer Körper- und Sitzhaltung sowie mit Ihren eigenen Worten zum Ausdruck, dass Sie diesen Ausbildungsplatz unbedingt haben wollen, dass Sie sich mit diesem Beruf identifizieren und dass Sie die/der Richtige für die Stelle sind (vgl. Eckelt 2016: 16 ff.).

... aber vermeiden Sie folgende No-Gos!

Bei aller Gelassenheit, der Bevorzugung von Authentizität sowie dem Wertewandel hin zu mehr Toleranz gibt es dennoch No-Gos, die man vermeiden sollte. So wird das Kauen von Kaugummi im Vorstellungsgespräch durchaus noch immer als ein Zeichen von mangelnder Kinderstube und von Respektlosigkeit aufgefasst. Das Gleiche gilt für das „Vergraben" der Hände tief in den Hosentaschen. Ein allzu lässiger Slang in Wortwahl und Satzbildung trägt gleichfalls nicht eben zur Vertrauensbildung und einem Eindruck von Gewissenhaftigkeit und Professionalität bei.

TIPP

Benehmen Sie sich höflich und respektvoll, ohne sich zu verstellen. Halten Sie Blickkontakt, wenn Sie mit jemandem sprechen, und vermeiden Sie arrogantes Auftreten. Seien Sie sich immer dessen bewusst, dass Sie möglicherweise mit zukünftigen Vorgesetzten sprechen, die sich einen Eindruck von ihrem (potenziellen) Auszubildenden machen wollen, der später immerhin den Betrieb/den Rettungsdienst fach- und sozialkompetent nach außen vertreten soll, z. B. gegenüber Angehörigen und Patienten, Klinikpersonal, Kräften der Polizei usw.

TIPP

Weitere hilfreiche Informationen und Tipps zur Körpersprache und zu nonverbalen Signalen bei einem Vorstellungsgespräch finden Sie hier „Das Vorstellungsgespräch 8 – Zehn Tipps zur Körpersprache" (WiWi-TReFF Zeitung): bit.ly/2PHW0D3.

Abb. 4: Verhalten Sie sich im Bewerbungsgespräch stets höflich und respektvoll und vermeiden Sie unangemessenes Verhalten. Übertriebene Coolness oder demonstratives Desinteresse sind beispielsweise absolut fehl am Platz.

3.1.3 Last, but not least: Woran Sie außerdem denken sollten

Gehen Sie immer davon aus, dass ein Auswahlverfahren mehrere Stunden dauern und an mehreren Tagen hintereinander stattfinden kann. In der Regel werden Sie bei der Einladung darauf hingewiesen.

Kleidung zum Wechseln

Berücksichtigen Sie bei Ihren Vorbereitungen, dass Sie außer der gegebenenfalls benötigten Sportkleidung auch ausreichend Wechselwäsche und Körperpflegemittel dabeihaben. Es ist immer möglich, dass Sie ein Hemd oder eine Bluse durchschwitzen oder dass Sie sich schon bei der ersten Mahlzeit bekleckern. Durchgeschwitzt und/oder bekleckert an einem Interview oder einer Gruppenübung teilnehmen zu müssen, ist nicht nur Ihnen selbst peinlich, es macht auch einen schlechten Eindruck auf die Prüfer und Entscheider sowie Mitbewerber.

Essen & Trinken

Hunger und Durst sind gleichermaßen schlechte Ratgeber. Ein knurrender Magen und Durstgefühl sind nicht nur unangenehm, sie können auch dazu beitragen, dass Sie nervös und unkonzentriert werden. Ein Mangel an Zucker hat negative Auswirkungen auf Ihr körperliches und geistiges Leistungsvermögen. Neben der Mitnahme von Essen und Trinken ist es daher hilfreich, wenn Sie sich eine Packung Traubenzucker einstecken. Dies kann bei Tests, in denen Sie sich sehr konzentrieren müssen, aber auch bei einem Fitnesstest, einen kleinen Energieschub erzeugen, der Ihnen und sicher auch dem Ergebnis guttun wird.

3.2 Prüfungs- und Versagensängste

Don´t panic: Prüfungsangst ist normal!

Prüfungsangst entsteht aus der Angst zu versagen, das heißt., den fremden, aber auch den eigenen Ansprüchen nicht gerecht zu werden. Dies trifft nicht allein auf vermeintlich leistungsschwache, sondern auch auf leistungsstarke und hochmotivierte Menschen zu (vgl. Litzcke und Krems 2003: 2 ff., Knigge-Illner 2010: 13 ff.). Anstehende Prüfungen und damit verbundene Ängste können bei vielen Betroffenen zu weiteren Störungen und vor allem zu Beschwerden im psychosomatischen Bereich führen (vgl. Knigge-Illner 2010: 13 ff.). Gemeint sind hier vor allem Unruhe, Nervosität, Konzentrations- und Schlafstörungen sowie Magen-Darm-Beschwerden und erhöhter Blutdruck.

Von jeder Prüfung hängt etwas ab. In erster Linie handelt es sich hierbei um persönliche Zielsetzungen. Mit der Führerscheinprüfung möchte man sich zum Beispiel den persönlichen Wunsch erfüllen, Auto fahren zu dürfen. Dies stellt in der Entwicklung der Persönlichkeit vom Kind zum Erwachsenen einen Meilenstein dar, dem die meisten freudig und sehnsuchtsvoll entgegenfiebern. Bei einer Bewerbung auf einen Ausbildungs- oder Arbeitsplatz verhält es sich ähnlich, jedoch hängt in diesem Fall vom Erfolg oder Misserfolg viel mehr ab als bei der Führerscheinprüfung. Hier geht es um die eigene persönliche Zukunft, um den „Traumberuf", den Wunscharbeitsplatz und auch um gesellschaftliche Anerkennung, soziale Absicherung und vieles mehr. Als Folge potenziert sich im Unterbewusstsein die Prüfungsangst entsprechend.

Nach Karutz (2016: 299) resultieren die Ursachen für Prüfungsangst zum Beispiel aus Erfahrungen in früheren Prüfungen. Karutz verweist auf Situationen, die man zum Beispiel als Kind in der Schule erlebt hat, als man vor der Klasse etwas vortragen oder an die Tafel schreiben sollte, dies aus vielerlei Gründen nicht gut gelang und man von der Klasse ausgelacht wurde. Folge dieser Erfahrungen sei, dass wir uns geschämt haben und vielleicht sogar herabwürdigenden Äußerungen seitens des Lehrers oder der Klassenkameraden ausgesetzt waren. Diese Erfahrungen beeinflussten unser Selbstwertgefühl negativ, und wir würden künftig versuchen, uns solchen Situationen nicht mehr auszusetzen (Vermeidungsverhalten). Leider gelinge dies aber nur bedingt, da Prüfungssituationen der unterschiedlichsten Art nun einmal zum (täglichen) Leben gehören und wir uns diesen nicht oder nur zum Teil entziehen könnten.

Die Angst in den Griff kriegen

Vorstellungsgespräche und Auswahlverfahren sind durchaus mit Prüfungssituationen zu vergleichen bzw. gleichzusetzen. Im schulischen und universitären Bereich gibt es für Schüler und Studierende heutzutage eine Vielzahl von Angeboten, die sich mit der mentalen Vorbereitung auf Prüfungen beschäftigen. Hier sollen vor allem Ängste abgebaut und Prüfungssituationen trainiert werden. Dabei geht es tatsächlich nicht um die fachlichen Inhalte von Prüfungen, sondern rein um den psychologischen Umgang mit diesen. Selbstverständlich gibt es auch Kursangebote (Repetitorien), in denen es um fachliche Inhalte geht. In die-

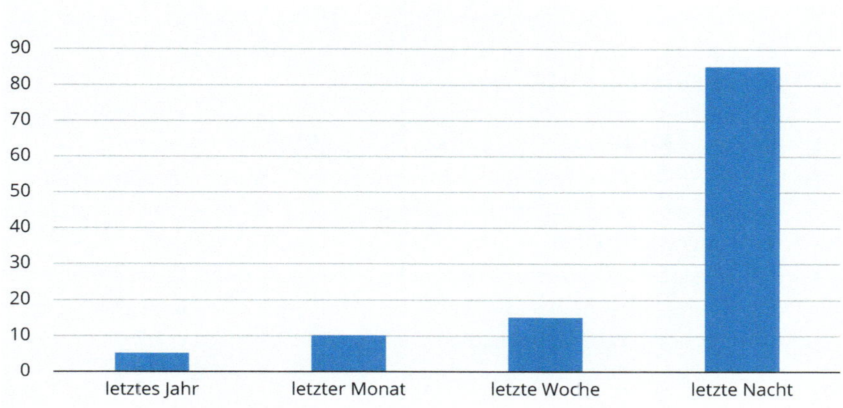

Abb. 5: Schlechtes Beispiel für die zeitliche Einteilung des Lernpensums

sen wird allerdings der psychologische Aspekt in der Regel vernachlässigt. Letztendlich kann man sich aber beiden Angeboten – also der fachlichen und psychologischen – bedienen, um sich auf Prüfungen vorzubereiten.

TIPP

Ähnliche Kursangebote, sogenannte Bewerbungstrainings, werden auch für Vorstellungsgespräche und Auswahlverfahren angeboten. Solche Kurse werden u. a. von Arbeitsagenturen, freien Bildungseinrichtungen und fach- bzw. branchenspezifischen Bildungsträgern (z. B. Rettungsdienstschulen) angeboten. Wer sich – auch nach der Lektüre entsprechender Fachbücher – völlig unsicher ist, was ihn in einem Auswahlverfahren erwartet, der kann solche Angebote zur Vorbereitung nutzen.

Weitere Tipps gegen Prüfungsangst

Was man darüber hinaus konkret gegen Prüfungsangst tun kann, beschreibt Karutz (2016: 299 ff.) wie folgt:

- Lernen gibt ein (selbst-)sicheres Gefühl: Eine sinnvolle und strukturierte Planung und Zeiteinteilung, was bis wann zu lernen ist, nimmt den Druck des Unüberschaubaren.
- Das Lernpensum sollte über den zur Verfügung stehenden Zeitraum richtig verteilt werden (s. das Negativbeispiel in Abb. 5).
- Sich selbst Meilensteine – also konkrete (Lern-)Ziele – zu setzen, trägt ebenfalls zur Strukturierung der Lernaufgabe bei. Ist ein Meilenstein erreicht, sollte man sich dafür mit etwas Besonderem belohnen. Dies kann zum Beispiel ein Essen mit Freunden, ein freier Tag ohne Lern- oder Arbeitsaufgabe u. v. a. m. sein.
- Lassen Sie sich nicht durch „Negativpropaganda" und „Horrorszenarien" verunsichern. Gerüchte darüber, wie schwierig doch die Prüfung sei, wie

viele angeblich schon durchgefallen sind und wie unberechenbar der Prüfer sein soll, sind keine hilfreichen Ratgeber. Vertrauen Sie vielmehr auf sich und das, was Sie sich erarbeitet haben.

- Nutzen Sie Entspannungstechniken wie Atemtechniken, autogenes Training, Yoga oder die progressive Muskelentspannung.
- Suchen Sie sich professionelle Unterstützung in Lerngruppen, bei guten Mitschülern oder kompetenten Kollegen, die die Prüfung bereits erfolgreich abgelegt haben.
- Informieren Sie sich rechtzeitig und so gut es geht über die bevorstehende Prüfung. Sprechen Sie mit Lehrern oder Prüfern, und erfragen Sie Informationen über Prüfungsablauf, -umfang, Bewertungskriterien und Dinge, auf die möglicherweise besonderer Wert gelegt wird.

Weiterhin sind folgende Hinweise und Tipps zu beachten:

Unbedingt beachten!

MERKE

Treten Sie nur zu einer Prüfung/zu einem Auswahlverfahren an, wenn Sie sich dazu auch tatsächlich in der Lage fühlen.

Zum Auswahlverfahren sollte man nur dann antreten, wenn man sehr gut vorbereitet ist und sich auch tatsächlich (gesundheitlich) dazu in der Lage fühlt. Sollten Sie am Tag des Verfahrens zum Beispiel erkältet sein oder sich aus einem anderen Grund nicht wohl oder fit fühlen, so teilen Sie dies dem Gremium mit der Bitte mit, an einem der nächsten Termine teilnehmen zu können. Das ist in jedem Fall der bessere Weg, als eine schlechte Leistung abzuliefern, und wird in aller Regel auf Verständnis stoßen. Denken Sie immer daran, wenn Sie vor solch einer Entscheidung stehen, dass Ihre Mitbewerber in jedem Fall auch gut vorbereitet sind und diesen Arbeits- bzw. Ausbildungsplatz haben möchten. Wenn Sie an diesem Tag nicht hundertprozentig gesund und fit sind, sind Sie den Mitbewerbern gegenüber schon im Nachteil. Am Ende des Verfahrens zählt jeder Punkt. Außerdem macht es auf den zukünftigen Arbeitgeber nicht den besten Eindruck, wenn Sie bereits bei einem Auswahlverfahren durchgefallen sind und später zu einem zweiten Termin antreten. Es erinnert sich möglicherweise bei einem zweiten Versuch keiner mehr daran, dass Sie beim ersten Mal krank bzw. nicht ganz fit waren, sondern lediglich daran, dass Sie schon einmal „durchgefallen" sind.

Unbedingt beachten!

MERKE

Nehmen Sie vor Prüfungen keinerlei Medikamente ein: Die Einnahme von beruhigenden Medikamenten vor dem Termin hilft nicht, Ihre Ängste zu überwinden oder die negativen Auswirkungen Ihrer Ängste zu vermeiden. Im Gegenteil, die Einnahme stellt ein unkalkulierbares Risiko dar!

Versagensängste kann man nur in den Griff bekommen, wenn man all seine Kraft und Energie in die Vorbereitung und das Training für die Tests steckt. Übung macht den Meister, und wenn man in angemessener Zeit vor dem Termin damit beginnt, sich intensiv vorzubereiten, kann eigentlich nichts schiefgehen.

Durchgefallen! Und jetzt?

Falls das Auswahlverfahren für Sie trotz Übung, Training und tadelloser Gesundheit doch nicht erfolgreich endet, dürfen Sie das nicht als vernichtendes Urteil gegen sich selbst betrachten. Versinken Sie nicht in Selbstmitleid, und ergeben Sie sich nicht möglichen Minderwertigkeitskomplexen – dazu gibt es keinen Grund! Schauen Sie stattdessen nach vorn, und sehen Sie den „verpatzten" Test als wertvolle Erfahrung an. Jetzt wissen Sie genauer, was auf Sie zukommt. „Fehler", die Sie vielleicht gemacht haben, werden Ihnen in dieser Form sicher kein zweites Mal passieren. Üben und trainieren Sie weiter, und bereiten Sie sich noch intensiver auf den nächsten Termin vor (vgl. Hesse und Schrader 2015b: 174f.).

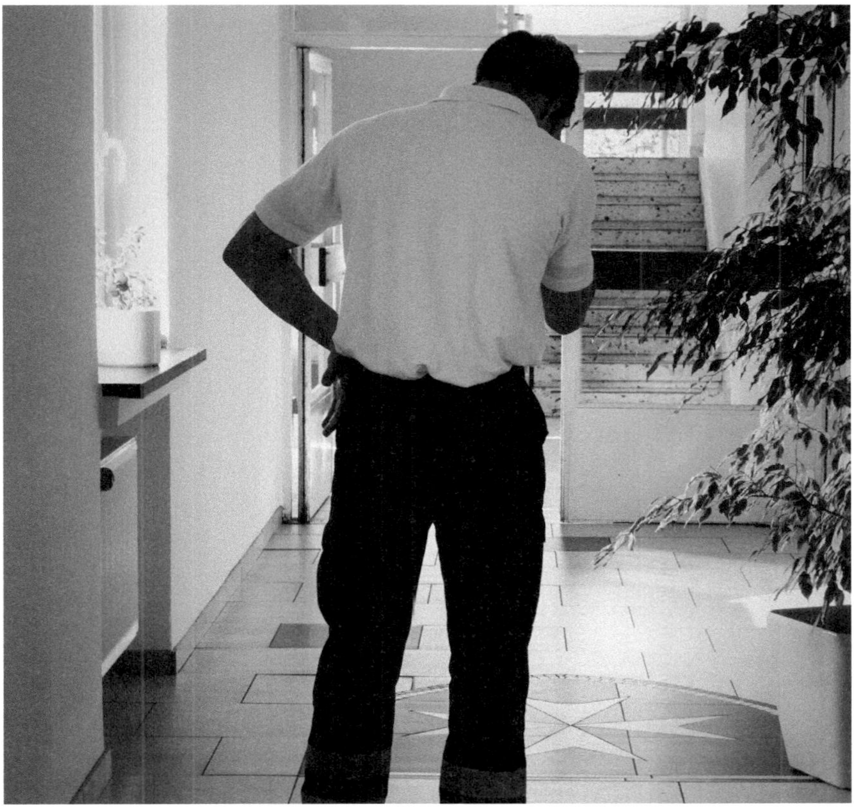

Abb. 6: Bei einem nicht bestandenen Test sollten Sie nicht verzweifeln. Nutzen Sie die gemachten Erfahrungen, um beim nächsten Mal noch besser vorbereitet zu sein.

4 Vorstellungsgespräch / Interview

Formen des Interviews

Nachdem wir in Kapitel 3 allgemeine Dinge wie Kleidung, Körpersprache usw., die bei Vorstellungsgesprächen und Auswahlverfahren grundsätzlich beachtet werden sollten, ausführlicher behandelt haben, wollen wir an dieser Stelle auf das Vorstellungsgespräch selbst sowie dessen Ablauf und Inhalte eingehen.

Vorstellungsgespräche können zum Beispiel in Form eines strukturierten Interviews durchgeführt werden, sie können aber auch wenig strukturiert und völlig formlos ablaufen. Unabhängig davon ist ein Vorstellungsgespräch immer eine Form des Interviews. Grundsätzlich unterscheidet man dabei drei Formen (vgl. Lorenz und Rohrschneider 2015: 83 ff.):

- wenig strukturiertes Interview
- teilstrukturiertes Interview
- stark strukturiertes Interview.

Ohne genauer auf die wissenschaftliche Einteilung dieser drei Typen einzugehen, sei hier auf die wesentlichen Unterschiede von wenig strukturierten, teilstrukturierten und stark strukturierten Interviews hingewiesen:

- Beim wenig strukturierten Interview (auch schlicht „Vorstellungsgespräch" genannt) unterliegen Inhalt, Verlauf, Dauer und Ziel keiner vorausgegangenen Planung. Es gibt zwar gewisse Rahmenbedingungen, z. B. die zur Verfügung stehende Zeit (Beginn und Ende) oder die Anzahl der teilnehmenden Personen, jedoch keinen systematisch vorbereiteten Fragenpool, der standardisiert und unter Einhaltung einer bestimmten zur Verfügung stehenden Zeit pro Frage abgearbeitet, protokolliert und bewertet wird.

Abb. 1: Interviews können bis ins kleinste Detail durchgeplant sein, sie können aber auch die Form eines „lockeren" Alltagsgesprächs haben.

Das wenig strukturierte Interview findet zwar in einem formellen Rahmen statt, hat aber dennoch eher den Charakter eines „lockeren" Alltagsgesprächs (vgl Lorenz und Rohrschneider 2015: 83 ff.).
- Das teilstrukturierte Interview ist u. a. dadurch gekennzeichnet, dass die Fragen zwar vorbereitet sind, diese jedoch nicht zwingend vollständig und in einer bestimmten Reihenfolge bearbeitet werden müssen (vgl. Achouri 2015: 21 ff.).
- Ein stark strukturiertes Interview (vgl. Achouri 2015: 21 ff.) hingegen ist bis ins kleinste Detail akribisch vorbereitet und durchgeplant. Es gibt eine klare Zielsetzung, und alle Fragen sind unter Berücksichtigung dieser Zielsetzung vorbereitet. Für jede Frage – also nicht nur für die Gesamtdauer des Interviews – sind Zeiten vorgegeben, deren Einhaltung genauestens überwacht wird. Das Interview wird auf vorgefertigten Formblättern protokolliert und/oder als Audiomitschnitt aufgenommen. Für jede Frage gibt es eine vordefinierte Bewertung (meist als Punktwert), die wiederum die Grundlage der Gesamtbewertung bzw. Auswertung des Interviews bildet (s. Beispiele unten).

Die verschiedenen Interviewer (z. B. ein Psychologe oder Pädagoge, eine Fachkraft, eine Führungskraft) sind bei einem stark strukturierten Interview unter Berücksichtigung möglicher vorgegebener rechtlicher oder der Zielstellung des Interviews geschuldeter Rahmenbedingungen ausgewählt und festgelegt worden. Meist sind auch noch Vertreter eingeteilt, die bei unvorhergesehenem Ausfall eines Interviewers einspringen können.

Inhalte des Interviews

Mit welchen Fragen bzw. Situationen müssen Sie nun im Vorstellungsgespräch konkret rechnen? Unabhängig davon, ob es sich um ein wenig, teil- oder stark strukturiertes Interview handelt, müssen Sie grundsätzlich immer von folgenden Inhalten ausgehen:
- Begrüßung und Vorstellung der Gesprächspartner
- Erklärung zum Ablauf des Gesprächs/Interviews
- Sie stellen sich vor (schulischer Werdegang, Ausbildung, Persönliches usw.).
- Sie beantworten Fragen, die Ihnen gestellt werden (z. B. ergänzende Fragen zu Ihrem Werdegang, Ihren Interessen, spezifischen Erfahrungen usw.).
- Sie haben Gelegenheit, selbst Fragen zu stellen (z. B. zum Ablauf und der Gliederung der Ausbildung, zum Verdienst, zu Urlaubsregelungen, zur Schule und den Praktikumseinrichtungen usw.).
- Sie werden informiert, wann Sie in etwa mit einer Entscheidung über Ihre Bewerbung rechnen können.
- Abschluss des Gesprächs und Verabschiedung.

Die für Sie als Bewerber besonders relevanten Punkte sind die folgenden:

Ihre Vorstellung/Selbstpräsentation sollten Sie in jedem Fall gut vorbereiten. Nehmen Sie sich zu Hause die Zeit, diese schriftlich zu formulieren. Achten Sie dabei darauf, dass Sie sich nur auf wirklich wichtige Informationen beschränken. Beginnen Sie immer mit der Vorstellung Ihrer Person, z. B.: *„Ich heiße ..., bin ... Jahre alt und wohne in .... Ich bin verheiratet und habe ... Kinder."* Danach arbeiten Sie chronologisch die für den zukünftigen Arbeitgeber bzw. Ausbildungsbetrieb (nicht für Sie!) wichtigen Informationen zu Ihrem persönlichen Werdegang ab, z. B. Schulabschluss mit Gesamtnote, ggf. abgeschlossene Ausbildungen oder Studiengänge usw. Anschließend können Sie noch ein paar zusätzliche Informationen, etwa besondere Verdienste, besondere Fähigkeiten, Hobbys usw., in Ihre Selbstpräsentation einflechten.

Selbstpräsentation

TIPP

Nachdem Sie alles aufgeschrieben haben, lernen Sie Ihre Selbstpräsentation auswendig, indem Sie sie ein paarmal laut lesen. Achten Sie dabei sowohl auf eine gute und deutliche/verständliche Aussprache, auf Ausdruck, Betonung und Satzbau als auch auf Ihre Körpersprache (s. Kap. 3.1). Sprechen Sie in ganzen Sätzen. Üben Sie, wenn nötig mehrmals, vor dem Spiegel, bis Sie mit dem Ergebnis zufrieden sind. Tragen Sie dann Ihre Selbstpräsentation engen Freunden oder Ihren Eltern vor, und lassen Sie sich ein Feedback geben, wie Sie auf diese gewirkt haben. Nutzen Sie die Chance, und verkaufen Sie sich, so gut es geht.

Abb. 2: Bereiten Sie Ihre Selbstpräsentation sorgfältig vor. Üben Sie diese zu Hause, z. B. vor dem Spiegel.

MERKE

Achten Sie auch auf einen angemessenen Zeitrahmen. Ihre Selbstpräsentation sollte kein halbstündiger Vortrag oder Monolog sein. Als Faustregel können Sie sich merken, dass eine Minute zu kurz ist und 15 Minuten zu lang sind. Acht bis zehn Minuten sind genau richtig!

Fragen, mit denen Sie rechnen müssen

Anschließend wird man Ihnen im Vorstellungsgespräch in der Regel Fragen stellen, die Sie beantworten sollen. Bei diesem Teil können/müssen Sie mit allem rechnen – angefangen bei weiteren Fragen zu Ihrer Person über psychologische, fachliche und berufspolitische Fragen bis hin zu Fragen zum aktuellen politischen Weltgeschehen ist alles möglich.

Wenn Interviews in stark strukturierter Form durchgeführt werden, dann sind diese meist sehr zielorientiert aufgebaut. Das heißt, dass diese sich in aller Regel darauf beziehen, auf welche Stelle Sie sich konkret beworben haben. Wenn Sie sich auf einen Ausbildungsplatz beworben haben, werden Ihnen zwangsläufig andere Fragen gestellt werden als bei einer Stelle als Rettungsassistent (RettAss), Notfallsanitäter (NotSan), Lehrrettungsassistent (LRA), Praxisanleiter (PA) oder Rettungsdienstleiter (RDL). Bei der Bewerbung auf einen Ausbildungsplatz müssen Sie eher mit allgemeinen Fragen zum Rettungsdienst und gegebenenfalls zur Ersten Hilfe rechnen, bei der Bewerbung auf einen Arbeitsplatz als RettAss, NotSan, LRA, PA oder RDL hingegen auf jeden Fall mit stellenspezifischen, fachlichen und berufspolitischen Fragen. Eine nähere Eingrenzung des Fragenpools kann an dieser Stelle jedoch nicht vorgenommen werden, da jeder Ausbildungsbetrieb oder Arbeitgeber jeweils andere Schwerpunkte setzt.

Mit welchen Fragen Sie jedoch fast immer rechnen können, sind u. a. folgende (vgl. auch Kanning 2015b: 28 ff.):

- *„Warum wollen Sie ausgerechnet bei uns arbeiten/bei uns eine Ausbildung machen?"*
- *„Warum wollen Sie ausgerechnet Notfallsanitäter werden?"*
- *„Warum wollen Sie im Rettungsdienst arbeiten?"*
- *„Warum sollten wir gerade Sie nehmen?"*
- *„Was sind Ihre Stärken und Schwächen?"*
- *„Sind Sie teamfähig?"*
- *„Was machen Sie in Ihrer Freizeit am liebsten?"*

Auf diese Art von Fragen können Sie sich inhaltlich gut vorbereiten und sich bereits im Vorfeld ein paar passende Antworten zurechtlegen (s. a. Beispiele unten).

TIPP

Kein Mensch weiß alles, und kein Mensch ist stets umfassend über alles informiert. Bleiben Sie deshalb im Interview bzw. im Vorstellungsgespräch entspannt, wenn Sie auf eine Frage einmal keine (passende) Antwort haben.

Wenn Sie ansonsten gut vorbreitet sind und ein wenig auf Ihre Ausstrahlung und Körpersprache achten (s. Kap. 3.1), wird Ihnen eine nicht oder nicht richtig beantwortete Frage nicht das „Genick brechen".

Wenn Sie anschließend noch Fragen haben ...

Nachdem alle Fragen durch die Interviewer abgearbeitet wurden, sind Sie noch einmal an der Reihe und dürfen Ihrerseits Fragen stellen. Meist wird dieser Abschnitt mit den Worten eingeleitet: *„Damit wären wir am Ende des Vorstellungsgesprächs angekommen. Habe Sie noch Fragen an uns?"* Eigentlich ist das eher eine Höflichkeitsfloskel als eine ernst gemeinte Frage – die geplante Zeit für das Interview/das Vorstellungsgespräch ist meist bereits abgelaufen, und ein Vorstellungsgespräch ist nun mal kein Vertragsverhandlungstermin, bei dem man die Einzelheiten des Ausbildungs- oder Arbeitsvertrags bespricht und aushandelt. In 98 % der Fälle wird die oben genannte Frage von den Bewerbern verneint. Sollten Sie dennoch ein oder zwei Fragen haben (z. B. zum weiteren Ablauf des Verfahrens oder darüber, bei welcher Stelle Sie sich als nächstes melden müssen und wo Sie diese finden können), so dürfen Sie diese natürlich stellen.

MERKE

Fassen Sie sich dabei aber kurz und bedenken Sie, dass die geplante Zeit für Ihr Vorstellungsgespräch eigentlich bereits abgelaufen ist und dass jetzt nicht der rechte Zeitpunkt gekommen ist, um einen halbstündigen Dialog oder Small Talk mit den Interviewern zu beginnen. Nutzen Sie die Aufforderung nur dazu, um für Sie wirklich wichtige Fragen zu stellen. Strapazieren Sie die Geduld der Interviewer nicht über Gebühr, und haben Sie Verständnis dafür, dass es einen festgelegten Zeitplan gibt, an den sich die Interviewer halten müssen, und dass der nächste Bewerber bereits wartet (so wie Sie vorher).

Verabschiedung

Wenn nun auch Ihre Fragen beantwortet sind, wird man sich voneinander verabschieden und Ihnen möglicherweise mitteilen, wann Sie mit einer Entscheidung über Ihre Annahme oder Ablehnung rechnen können. Letzteres ist jedoch abhängig vom geplanten Gesamtablauf des Auswahlverfahrens. Meist werden alle Informationen, z. B. zu den Ergebnissen der Tests und zum weiteren Verlauf bzw. Umgang mit Ihrer Bewerbung, erst ganz am Ende des Auswahlverfahrens bekannt gegeben (Abschlussbesprechung).

Nutzen Sie die letzten Sekunden Ihres Vorstellungsgesprächs dazu, durch eine eloquente und freundliche Verabschiedung einen möglichst positiven Eindruck zu hinterlassen.

Im Folgenden finden Sie als Unterstützung eine Auswahl beispielhafter Fragen von stark strukturierten Interviews sowie entsprechende Antwortmöglichkeiten und deren möglicher Bewertung:

BEISPIEL

Mögliche Bewertung von Antworten in stark strukturierten Interviews:

Beispielfrage 1:
„Lesen Sie regelmäßig eine oder mehrere Fachzeitschriften?"

Bewertung der Antwort:	Punkte
• *„Nein, ich lese keine Fachzeitschriften."*	0
• *„Ja, ich lese Fachzeitschriften, aber nicht regelmäßig."*	1
• *„Ja, ich lese regelmäßig eine Fachzeitschrift, und zwar …"*	2
• *„Ja, ich lese regelmäßig mehrere Fachzeitschriften, und zwar …"*	3

Beispielfrage 2:
„Können Sie uns zwei Beispiele für den Inhalt von Artikeln, die in der letzten Ausgabe einer oder mehrerer Fachzeitschriften erschienen sind, nennen?"

Bewertung der Antwort:	Punkte
• Kann keinen Artikel benennen und inhaltlich wiedergeben.	0
• Kann einen Artikel nennen, aber nicht oder falsch inhaltlich wiedergeben.	0
• Kann einen Artikel nennen und ihn inhaltlich richtig wiedergeben.	1
• Kann zwei Artikel aus einer Fachzeitschrift nennen und inhaltlich richtig wiedergeben.	2
• Kann zwei Artikel aus unterschiedlichen Fachzeitschriften nennen und inhaltlich richtig wiedergeben.	3

Beispielfrage 3:
„Wie bilden Sie sich persönlich fachlich fort/weiter, und welchen Stellenwert messen Sie der Fort- bzw. Weiterbildung bei?"

Bewertung der Antwort:	Punkte
• *„Ich bilde mich nur weiter, wenn ich unbedingt muss."*	0
• *„Ich werde von meinem Arbeitgeber zur Pflichtweiterbildung geschickt."*	0
• *„Ich nehme an der Pflichtweiterbildung teil und lese hin und wieder in den Fachzeitschriften, die auf der Wache ausliegen."*	2
• *„Ich nehme an der Pflichtweiterbildung teil und habe eine Fachzeitschrift abonniert."*	3
• *„Ich nehme an der Pflichtfortbildung teil und habe mehrere Fachzeitschriften abonniert."*	4
• *„Ich nehme an der Pflichtweiterbildung teil, habe mehrere Fachzeitschriften abonniert und nutze alle mir zur Verfügung stehenden Kanäle (z. B. Internet), um aktuelle Informationen zu erhalten."*	5

- *„Neben der Pflichtweiterbildung, der Lektüre von Fachzeitschriften und der Informationen aus anderen Kanälen (z. B. Internet) besuche ich in meiner Freizeit und auf eigene Kosten auch andere Fortbildungen und Kurse."* 6

Beispielfrage 4:
„Warum wollen Sie ausgerechnet bei uns (in unserem Rettungsdienst/in unserer Organisation) arbeiten/eine Ausbildung machen?"

Bewertung der Antwort:	Punkte
• *„Weiß nicht so richtig."*	0
• *„Es gab nichts anderes.", „Es gab keine anderen Ausbildungsplätze."*	0
• *„Ich finde Rettungsdienst toll."*	0
• *„Ich habe so viel Gutes über den/Ihren Rettungsdienst gehört."*	0
• *„Ich habe mich über Ihren Rettungsdienst/ Ihre Ausbildungseinrichtung informiert.";* Bewerber kann konkrete Aussagen zum Unternehmen/zur Organisation usw. treffen.	3

Beispielfrage 5:
„Weshalb wollen Sie ausgerechnet im Rettungsdienst arbeiten?", „Weshalb wollen Sie ausgerechnet Notfallsanitäter werden?"

Bewertung der Antwort:	Punkte
• *„Nervenkitzel/Blaulicht fahren ..."*	0
• *„Weil ich gern Menschen helfe."*	0
• *„Weil ich mich für den Beruf interessiere."* (ohne nähere Begründung!)	0
• *„Mein Onkel/Bekannter/Nachbar ... arbeitet im Rettungsdienst."*	0
• *„Gute Verdienstmöglichkeiten."*	
• *„Weil es ein relativ krisensicherer Arbeitsplatz ist."*	0
• Bewerber liefert konkrete Begründungen wie: – hat sich über den Beruf informiert und kann Angaben zum Beruf/Berufsbild machen; – kann erläutern und begründen, wie und auf welchem Weg er zur Entscheidung gekommen ist (darunter können summarisch auch die o. g. Punkte – außer „Nervenkitzel/Blaulicht fahren" – genannt werden); – glaubhafte Identifikation mit der Organisation, deren Werten, Zielen sowie Inhalten (z. B. DRK, JUH usw.) und Begründung.	5

Bewertung von Fragen im Interview

Generell ist bei den vorgegebenen Bewertungsbeispielen (also vorgegebenen Antwortmöglichkeiten und deren Punktwert) zu beachten, dass die Antworten selbstverständlich nicht wörtlich zu zitieren sind, sondern dass, je nach Aussage des Bewerbers, eine inhaltliche Zuordnung der Aussage durch die Interviewer vorgenommen wird. Es wird jeweils der Punktwert bei den vorgegebenen Antwortmöglichkeiten vergeben, der der getroffenen Aussage des Bewerbers auf die gestellte Frage am nächsten kommt. Sind mehrere Interviewer beteiligt, kann es durchaus vorkommen, dass diese die Aussage des Bewerbers unterschiedlich bewerten und somit zu einer unterschiedlichen Punktevergabe kommen. In diesen Fällen muss am Ende des Vorstellungsgesprächs/des Interviews eine gemeinsame Abstimmung erfolgen und ein Konsens zwischen den Interviewern bezüglich der Punktevergabe herbeigeführt werden.

In vielen Fällen wird neben der Bewertung der einzelnen Fragen eine zusätzliche Gewichtung innerhalb des Fragenpools vorgenommen. Das heißt, dass jede Frage (bzw. die Antworten), je nach festgelegter Wichtigkeit, nochmals mit einem individuellen Multiplikator versehen wird, der für das Gesamtergebnis von entscheidender Bedeutung ist.

Konkret bedeutet dies, dass zum Beispiel der Frage nach der regelmäßigen Lektüre einer Fachzeitschrift ein geringerer Wert beigemessen wird als der Frage nach der Art und Weise der individuellen Fortbildung. Das Ergebnis der Lektürefragen (Beispielfragen 1 und 2) würden in diesem Fall zum Beispiel den Multiplikator 1 erhalten, das Ergebnis der Fortbildungsfrage (Beispielfrage 3) hingegen den Multiplikator 3. Somit verdreifacht sich der erreichte Punktwert bei der Frage zur Fortbildung im Hinblick auf das Gesamtergebnis. Konkret bedeutet das: Wenn Sie bei der Lektürefrage den Höchstpunktwert erreichen und bei der Fortbildungsfrage hingegen lediglich einen Punkt, so wird das deutlich negativere Auswirkungen auf Ihren Gesamtpunktwert und Ihr Gesamtergebnis haben, als es umgekehrt der Fall wäre.

5 Testverfahren

In diesem Kapitel werden die für den Rettungsdienst bei den Hilfsorganisationen und privaten Trägern relevantesten Testverfahren mit Aufgabenstellungen, Hinweisen zur Bearbeitung sowie weiteren Erläuterungen und den jeweiligen Bewertungskriterien vorgestellt und erläutert.

> *HINWEIS*
>
> Die Lösungen zu den Beispieltests der Kapitel 5.1 – 5.10 können Sie im Lösungsteil ab S. 225 nachschlagen. Hier finden Sie auch Hinweise zur Punkteverteilung bzw. -gewichtung.

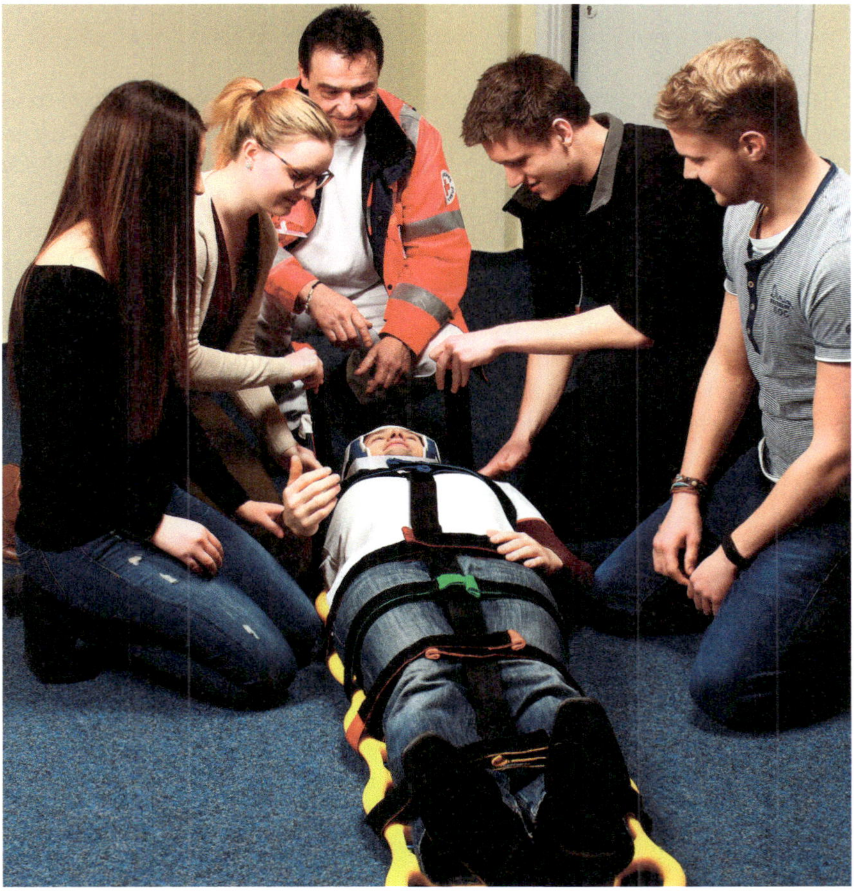

Abb. 1: Das Spektrum der bei den Hilfsorganisationen und privaten Rettungsdienstträgern durchgeführten Testverfahren reicht von der Überprüfung Ihres Allgemeinwissens bis hin zum Test Ihrer praktischen Erste-Hilfe-Kenntnisse.

Welche Tests erwarten mich?

Einige der vorgestellten Tests können sowohl mündlich als auch schriftlich durchgeführt werden. Hierbei werden diese aus mehreren Teilbereichen – wie z. B. Allgemeinwissen, fachspezifisches Wissen, Reaktionstests, Orientierungstests, Merkfähigkeitstests sowie psychologische Tests – zusammengestellt. Pro Bereich werden etwa 10 bis 20 Fragen zusammengestellt, die in einer bestimmten, vorgegebenen Zeit zu bearbeiten sind. Die Zeitspanne, die für die Bearbeitung vorgegeben wird, kann bis zu mehrere Stunden (ohne Unterbrechung und Pausen) betragen. Meist werden Tests, die Aussagen über das Konzentrations- und Reaktionsvermögen ermöglichen, an das Ende der Testreihe gestellt, um zu überprüfen, ob Sie nach stundenlanger, voll konzentrierter Arbeit noch in der Lage sind, sich weiterhin zu konzentrieren, und dennoch schnell reagieren können.

Berufseignungsdiagnostik

Die DIN-Norm DIN 33430 beschreibt „Anforderungen an Verfahren und deren Einsatz bei berufsbezogenen Eignungsbeurteilungen". Man spricht daher bei den in Auswahlverfahren verwendeten Tests auch von „Instrumenten der Berufseignungsdiagnostik".

Die Berufseignungsdiagnostik beschäftigt sich auf wissenschaftlicher Basis mit unterschiedlichen Verfahren der Personalauswahl und -entwicklung in Unternehmen. Sie ermittelt außerhalb von Auswahlverfahren aber auch Erkenntnisse über vorhandene Fähigkeiten und Fertigkeiten sowie Stärken und Schwächen von Menschen (Potenzialanalyse) und kann damit wichtige und hilfreiche Hinweise bei der Berufswahl von Personen geben (Berufs- und Laufbahnberatung usw.). Ziel ist es, einerseits die potenzielle Leistungsfähigkeit, andererseits aber auch die Berufszufriedenheit zu prognostizieren. Grundlagen der Beurteilung sind einerseits Wissen, Fähigkeiten und Fertigkeiten einer Person, andererseits aber auch weitere Eigenschaften, wie z. B. Motivation oder Leistungsbereitschaft, sowie die Wechselbeziehungen zwischen Personen in der Arbeits- und Berufswelt.

Angewendete Verfahren der Personalauswahl sollten die Gütekriterien der Objektivität, Reliabilität und Validität erfüllen:

Gütekriterien der Personalauswahl

- **Objektivität (Unabhängigkeit):** Ein Testverfahren erfüllt dann den Grundsatz der Objektivität, wenn es für eine Person unabhängig von der durchführenden oder bewertenden Person stets zu gleichen Ergebnissen führt. Da bei Testverfahren kaum völlige Objektivität erreicht werden kann, sollte zumindest eine größtmögliche intersubjektive Vergleichbarkeit angestrebt werden. Dies kann z. B. durch den Einsatz mehrerer Beobachter, Prüfer oder Interviewer erreicht werden (vgl. Weuster 2012a: 12 ff.).
- **Reliabilität (Zuverlässigkeit):** Ein Testverfahren sollte so zuverlässig und frei von Zufallseinflüssen sein, dass es bei erneuter Anwendung unter gleichen Bedingungen zu gleichen Ergebnissen kommt. Reliabilität ist ein Maß für die Replizierbarkeit der Ergebnisse unter gleichen Bedingungen (vgl. ebd.).
- **Validität (Gültigkeit):** Die Validität bezieht sich auf den Inhalt. Das bedeutet, dass der Test/das Verfahren alle Zielinhalte auch in jedem seiner inhaltlichen Aspekte erfasst. Bei der Personalauswahl geht es außerdem

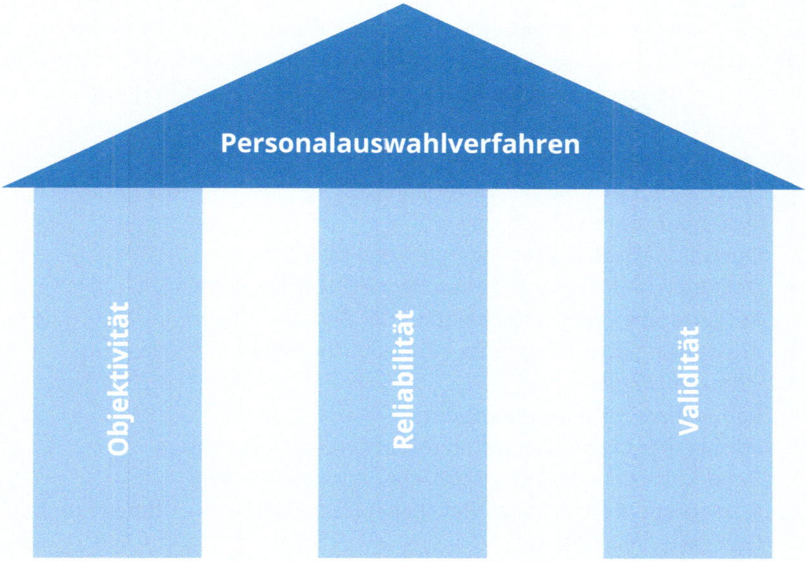

Abb. 2: Bei der Personalauswahl angewendete Verfahren sollten immer die drei wesentlichen Kriterien Objektivität, Reliabilität und Validität erfüllen.

besonders um die sogenannte projektive, prädikative oder prognostische Validität. Diese bezieht sich auf die Gültigkeit, mit der ein Auswahlverfahren den Erfolg in der zukünftigen Position prognostizieren kann (vgl. ebd.).

Weitere Anforderungen an Testverfahren

Gerade auch für Arbeitgeber ist zu beachten, dass für alle Testverfahren folgende grundlegenden Regelungen (nach DIN 33430) gelten:

- Das Verfahren muss direkten Bezug zum Beruf/zur Stelle/zur Tätigkeit haben; es dürfen keine Tests zur Gesamtpersönlichkeit des Bewerbers angewendet werden, da diese den Persönlichkeitsrechten des Bewerbers widersprechen. Werden sie doch angewendet, muss der Bewerber dem Einsatz eines solchen Verfahrens zustimmen.
- Alle Testverfahren müssen unter Aufsicht eines Diplompsychologen bzw. Pädagogen stehen, sonst ist das Ergebnis anfechtbar.
- Das Mitwirkungsrecht der Personalvertretung und ggf. des Gleichstellungs- und Frauenbeauftragten muss beachtet werden.
- Dem Bewerber muss Einsicht in die Testergebnisse gewährt werden.
- Bei Nichteinstellung darf der Arbeitgeber die Testergebnisse nicht länger als sechs Monate, also bis zum Ablauf der Widerspruchs- bzw. Einspruchsfrist, aufbewahren und muss sie danach sicher vernichten (vorgeschriebene Aktenvernichtung der Sicherheitsstufe 3 oder 4 nach DIN 66399, löste 2012 die DIN 32757 ab).
- Bei Einstellung sind die Testergebnisse in der Personalakte aufzubewahren.

Anforderungen an Beobachter nach DIN 33430

An Beobachter, die im Rahmen von Eignungstests und Probearbeit eingesetzt werden, werden bestimmte Anforderungen gestellt, die auch Sie als Bewerber kennen sollten. Zugrunde liegt hier u. a. die DIN 33430. In dieser Norm werden die Anforderungen an Beobachter näher definiert. Hier heißt es, dass derjenige, der Verhaltens-/Leistungsbeobachtungen und Verhaltens-/Leistungsbeurteilungen durchführt oder daran als Beobachter mitwirkt, Kenntnisse benötigt zu:

- „Beobachtung“: Begriff und Verständnis
- Systematik der Beobachtung
- Operationalisierung von Eignungsmerkmalen
- Definition und Abgrenzung von Beobachtungseinheiten
- Registrierung und Dokumentation der Beobachtungen
- Auswertung bzw. Bewertung der Beobachtungen
- Bezugsmaßstab
- Rating- bzw. Skalierungsverfahren
- Formen der Urteilsbildung: statistisch und nichtstatistisch
- Beobachtungsfehler bzw. Beobachtungsverzerrungen
- Gütekriterien: Objektivität, Reliabilität (Zuverlässigkeit), Übereinstimmung, Gültigkeit (Validität).

Rettungsdienste müssen ihr Personal, welches mit Verhaltens-/Leistungsbeobachtung und Verhaltens-/Leistungsbeurteilung beauftragt ist, schulen und fortbilden. Außerdem haben sie die Kriterien der Beobachtung und Beurteilung so transparent darzustellen, dass Probanden (von lat. „probare“ = prüfen; bezeichnet eine Person, die sich einer Prüfung unterzieht) nachvollziehen können, an welchen Maßstäben sie gemessen werden und was davon abhängig ist. Das heißt, Sie als Bewerber müssen wissen, was von Ihnen verlangt wird und worauf geachtet wird, das heißt, nach welchen Maßstäben Sie beobachtet, beurteilt und bewertet werden. Im Anhang finden Sie den Auszug aus einem Bewertungsbogen zur Beurteilung von Auszubildenden während der Probezeit. Hinsichtlich der verschiedenen Testverfahren, die Ihnen im Rahmen der Bewerbung begegnen können, haben wir versucht, die Anforderungen und anzulegenden Maßstäbe für Sie zu veranschaulichen.

Allgemeinwissen

Tests zum Allgemeinwissen sind aus vielerlei Gründen sehr umstritten. Sie haben keine wissenschaftlich belegbare Aussagekraft im Hinblick auf die tatsächliche Eignung für einen bestimmten Beruf oder eine bestimmte Tätigkeit. Der Spiegel des allgemeinen Bildungsniveaus eines Menschen sind die Tests aber schon. Leider ist der Umfang an Fragen aus allen möglichen Fachgebieten theoretisch unendlich, und damit sind sie schlicht unberechenbar. Ihnen haftet immer ein Hauch von „Wer wird Millionär“, „Trivial Pursuit“ oder „Frag doch mal die Maus!“ an.

Es ist aber davon auszugehen, dass im Allgemeinwissenstest das fach- bzw. stellenspezifisch benötigte Grundwissen abgefragt wird und dieser somit eine tatsächliche Relevanz für die Bewerberauswahl hat. Für den Rettungsdienst wahrscheinlich sind hier in erster Linie Fragen zu Themenbereichen wie:

- Biologie (s. Kap. 5.1),
- Deutsch (s. Kap. 5.2),
- Englisch (s. Kap. 5.3) (ggf. Latein) und
- Mathematik (s. Kap. 5.4).

Darüber hinaus könnten folgende Themenfelder relevant sein:

- Fragen aus dem Themenbereich Geschichte, sofern sie etwas mit fachspezifischer Geschichte zu tun haben (s. Kap. 5.5).
- Bei den Hilfsorganisationen (ASB, DRK, JUH, MHD), aber auch zunehmend bei privaten Rettungsdiensten kommen Fragen zur Geschichte der betreffenden Organisation infrage, um einen Eindruck davon zu bekommen, in welchem Grad Sie sich mit dieser Organisation identifizieren und weshalb Sie gerade dort eine Ausbildung beginnen möchten (s. Kap. 5.7).
- Bei Organisationen oder Firmen mit religiösem Hintergrund (z. B. die Johanniter-Unfall-Hilfe oder der Malteser Hilfsdienst) kann es durchaus sein, dass in einem Allgemeinwissenstest auch Fragen zur Religions- bzw. Kirchengeschichte gestellt werden (s. Kap. 5.6).

Da es im Internet zahlreiche Möglichkeiten gibt, kostenlose Tests zum Allgemeinwissen durchzuarbeiten, werden wir im Rahmen dieses Buches nur die stellenspezifischen Fragen aus den oben genannten Fachbereichen behandeln, die unter die Rubrik Allgemeinwissen fallen. Da für den Bereich Mathematik eine Trennung zwischen dem vorauszusetzenden Allgemeinwissen zu den Grundrechenarten und der daraus abgeleiteten stellenspezifischen Umsetzung unterschieden werden muss, werden in diesem Abschnitt zunächst einige mathematische Grundlagen behandelt und anschließend fachspezifische Textaufgaben formuliert.

Immer ratsam zu wissen!

HINWEIS

Alle Fragen sind nur Beispiele für mögliche Fragestellungen aus dem reichhaltigen Fundus der Allgemeinbildung. Insbesondere bei organisations- und religionsspezifischen Fragen ist es ratsam, dass Sie sich über die Geschichte, Hintergründe, Werte und Strukturen der jeweiligen Organisation informieren und zumindest einen groben Überblick darüber wiedergeben können.
Auch wenn es unwahrscheinlich ist, dass in einem Auswahlverfahren detailliertes Wissen hierzu abgefragt wird, so versteht es sich von selbst, dass Sie sich vorab umfangreich über Ihren zukünftigen Arbeitgeber/Ausbildungsbetrieb informieren! Spätestens im persönlichen Interview, in dem Sie unter Umständen begründen müssen, weshalb Sie gerade bei dieser Organisation/ diesem Arbeitgeber arbeiten bzw. eine Ausbildung beginnen wollen, können Sie damit glänzen, dass Sie deren Werte und Grundsätze kennen und in Ihrer Begründung argumentativ verwenden.

5.1 Biologie

Wenn Sie im Rettungsdienst arbeiten bzw. eine Ausbildung machen, haben Sie viel mit der Anatomie und Physiologie des Menschen zu tun. Außerdem werden Sie mit allen möglichen Krankheiten und Krankheitsursachen konfrontiert. Viele dieser Grundlagen haben Sie bereits im Biologieunterricht gelernt. Wenn Sie hier gut aufgepasst haben, dürfte Ihnen die Beantwortung der folgenden Fragen keine Probleme bereiten.

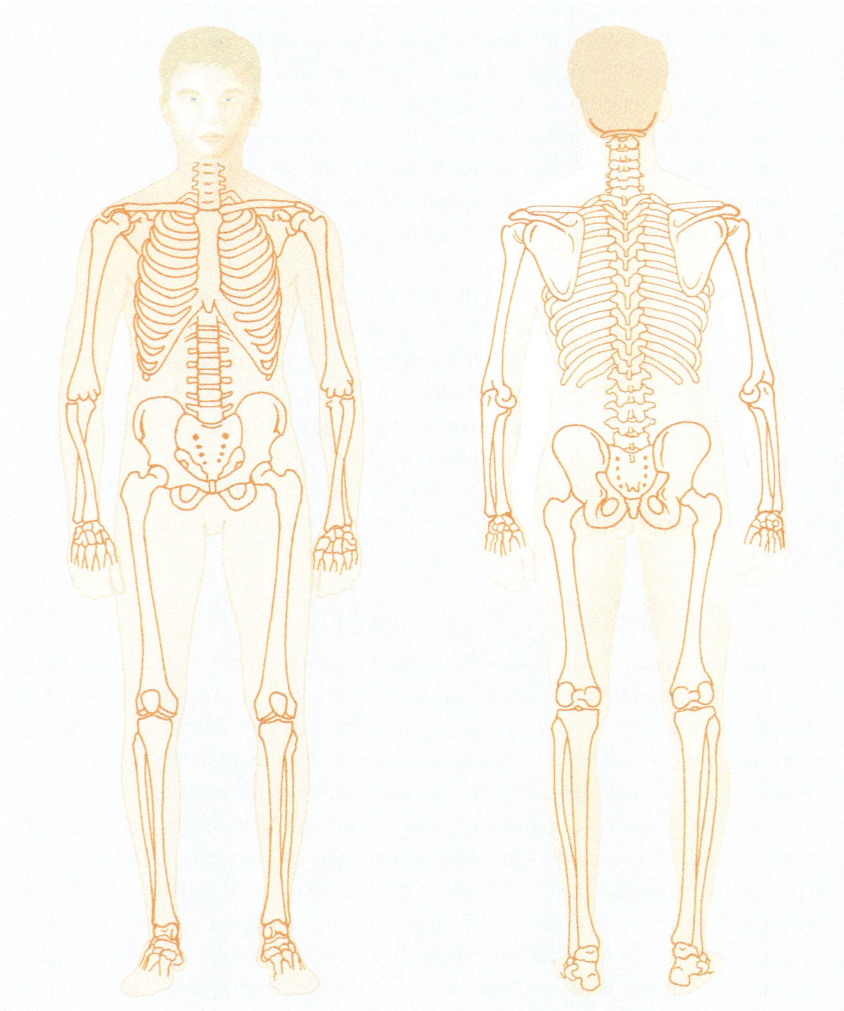

Abb. 3: Im Biologietest geht es u. a. um die Überprüfung Ihrer anatomischen Kenntnisse, z. B.: Aus wie vielen Knochen besteht der menschliche Körper?

AUFGABENSTELLUNG

- Für die Beantwortung der folgenden 20 Fragen haben Sie fünf Minuten Zeit.
- Schauen Sie sich die Lösungen nicht vorher an. Arbeiten Sie ohne Hilfsmittel.

1. Welches Lebewesen ist für die Übertragung der Borreliose verantwortlich?

- ☐ a) Mücke
- ☐ b) Fliege
- ☐ c) Blutegel
- ☐ d) Zecke

2. In welchem Organ befinden sich Zapfen und Stäbchen?

- ☐ a) Niere
- ☐ b) Auge
- ☐ c) Leber
- ☐ d) Gehirn

3. Was ist der Golgi-Apparat?

- ☐ a) zentraler Nervenstrang, der die Sehnerven bündelt
- ☐ b) ein membranumschlossenes Organell in einer Zelle, das an Aufgaben des Zellstoffwechsels beteiligt ist
- ☐ c) eine bestimmte Ansammlung von Proteinen, die die Verdauung fördern

4. Viele Hormone werden in endokrinen Drüsen gebildet. Eine der endokrinen Drüsen ist ...

- ☐ a) die Hypophyse.
- ☐ b) der Leberlappen.
- ☐ c) die Gallenblase.

5. An welcher Stelle im menschlichen Körper findet man Hammer und Amboss?

- ☐ a) in den Fingerknöcheln
- ☐ b) im Ohr
- ☐ c) in der Nasenscheidewand

6. Aus wie vielen Chromosomen besteht das Genom, das menschliche Erbgut?

- ☐ a) 28
- ☐ b) 36
- ☐ c) 46
- ☐ d) 72

7. **Wie viele Rippenpaare hat der Mensch?**
   - ☐ a) 10 Paare
   - ☐ b) 12 Paare
   - ☐ c) 6 Paare

8. **Welches ist das größte Organ des Menschen?**
   - ☐ a) die Lunge
   - ☐ b) die Haut
   - ☐ c) der Darm

9. **Welcher ist der längste menschliche Knochen?**
   - ☐ a) die Wirbelsäule
   - ☐ b) der Oberschenkelknochen
   - ☐ c) die Elle

10. **Was ist Meiose?**
    - ☐ a) Teilung des Zellkerns, dabei halbiert sich die Chromosomenzahl
    - ☐ b) die Vorstufe der Mitose
    - ☐ c) das Enzym, das bei Menschen mit Lebensmittelallergie fehlt

11. **Was ist der Unterschied zwischen DNA und DNS?**
    - ☐ a) Es gibt keinen – DNA ist die englische Entsprechung von DNS.
    - ☐ b) Beides sind Träger von Erbinformationen – einmal beim Tier, einmal beim Menschen
    - ☐ c) Die DNS ist kürzer (s steht für engl. „short")

12. **Wie nennt man den Vorgang, bei dem Moleküle durch Membranen (z. B. dünne Häutchen) fließen?**
    - ☐ a) Osmose
    - ☐ b) Mitose
    - ☐ c) Meiose

13. **Mitochondrien sind (umgangssprachlich formuliert) ...**
    - ☐ a) Schwimmbecken der Enzyme.
    - ☐ b) Taxis der Proteine.
    - ☐ c) Kraftwerke der Zelle.

14. **Was sind die Langerhans'schen Inseln?**
    - ☐ a) spezielle Region im Gehirn
    - ☐ b) Geschlechtskrankheit, bei der sich entzündliche Pocken bilden
    - ☐ c) Zellansammlungen in der Bauchspeicheldrüse, die Insulin ausschütten

15. Was ist der Steigbügel?

- ☐ a) ein winziger Knochen im Ohr
- ☐ b) ein Muskel an der Unterseite des Fußes
- ☐ c) ein Knochen im Handgelenk, der dem Steigbügel beim Pferdesattel ähnelt

16. Wie viele Knochen besitzt der menschliche Körper?

- ☐ a) ca. 150
- ☐ b) ca. 200
- ☐ c) ca. 350

17. Welche Blutgefäße führen das Blut vom Herzen weg?

- ☐ a) Kapillaren
- ☐ b) Venen
- ☐ c) Arterien

18. Was fließt im großen Blutkreislauf durch die Venen zum Herzen?

- ☐ a) sauerstoffreiches Blut
- ☐ b) sauerstoffarmes Blut
- ☐ c) kohlenstoffreiches Blut
- ☐ d) kohlenstoffarmes Blut

19. Wie heißt der wichtigste Atemmuskel?

- ☐ a) Bronchien
- ☐ b) Zwerchfell
- ☐ c) Lunge

20. Was ist der „Larynx"?

- ☐ a) Speiseröhre
- ☐ b) Kehlkopf
- ☐ c) Mundraum
- ☐ d) Nasenraum

TIPP

Literatur zur Vorbereitung:

- Enke K et al. (Hrsg.) (2015) LPN. Lehrbuch für präklinische Notfallmedizin. 3 Bd., Bd. A: Anatomie und Physiologie. 5. Aufl., Edewecht: Stumpf + Kossendey.
- Menche N (Hrsg.) (2016) Biologie Anatomie Physiologie. 8 Aufl., München: Urban & Fischer bei Elsevier.

Die Lösungen zu diesem Test finden Sie ab S. 225.

5.2 Deutsch

Für die Tätigkeit im Rettungsdienst auf dem Gebiet der Bundesrepublik Deutschland werden gute Deutschkenntnisse in Wort und Schrift vorausgesetzt. Dabei geht es nicht allein darum, sich mit Patienten, Angehörigen, Kollegen und Angehörigen von Institutionen, mit denen man zusammenarbeitet (z. B. Polizei und Feuerwehr), schnell und präzise verständigen zu können, sondern auch darum, dass Einsätze, Patientendaten und vieles mehr möglichst fehlerfrei zu dokumentieren sind.

Außerdem können selbstverständlich auch Migranten mit einer anderen Muttersprache unter bestimmten Voraussetzungen im Rettungsdienst arbeiten oder eine Ausbildung beginnen. Um den Stand der Deutschkenntnisse von Bewerbern zu überprüfen, werden daher in Auswahlverfahren zunehmend häufig Deutschtests durchgeführt, die deutlich über dem Standard von Deutschtests für Migranten liegen.

Die Tests beinhalten im Wesentlichen Fragen und Aufgaben zu:

- Worterkennung/-ergänzung/-zuordnung
- Analogien
- Rechtschreibung (auch von Fremdwörtern)
- Abkürzungen zuordnen
- richtige Trennung von Wörtern.

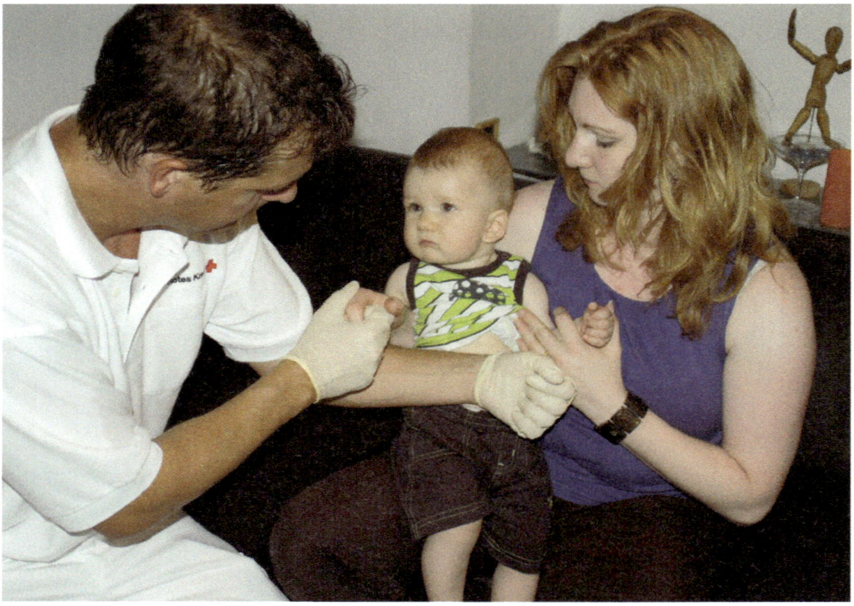

Abb. 4: Gute Deutschkenntnisse ermöglichen es Ihnen, sich u. a. mit Patienten und Angehörigen schnell und präzise zu verständen. Beispielsweise sollten Sie besorgten Eltern durchzuführende Maßnahmen verständlich erklären können.

AUFGABENSTELLUNG

- Dieser Test besteht aus mehreren Blöcken mit jeweils zehn Fragen zu unterschiedlichen Kategorien.
- Für die Beantwortung der zehn Fragen pro Kategorie haben Sie jeweils drei Minuten Zeit.
- Konzentrieren Sie sich auf die Aufgabenstellung.
- Arbeiten Sie ohne Hilfsmittel.

5.2.1 Fremdwörtern die richtige Bedeutung zuordnen

Fremdwörter

1. **Was ist ein „Fauxpas"?**
   - ☐ a) ein hinterlistiger Mensch
   - ☐ b) ein Fehltritt
   - ☐ c) ein französischer Weißwein
   - ☐ d) eine Trüffelart

2. **Was bedeutet „Emission"?**
   - ☐ a) Ausgabe
   - ☐ b) Vollmacht
   - ☐ c) Ausschuss
   - ☐ d) Vereinigung

3. **Was bedeutet „Prokura"?**
   - ☐ a) Vereinigung
   - ☐ b) Ausgabe
   - ☐ c) Ausschuss
   - ☐ d) Vollmacht

4. **Was ist ein „Adjektiv"?**
   - ☐ a) Hauptwort
   - ☐ b) Mitlaut
   - ☐ c) Eigenschaftswort
   - ☐ d) Tätigkeitswort

5. **Was bedeutet das Wort „Konsonant"?**
   - ☐ a) Mitlaut
   - ☐ b) konstitutiv
   - ☐ c) Eigenschaftswort
   - ☐ d) wesentlich

6. **Was ist die „Konjunktur"?**
   - ☐ a) Wirtschaftslage/Auslastungsgrad
   - ☐ b) Konjunktiv
   - ☐ c) Konjunkturindikatoren
   - ☐ d) Inflation

7. **Was bedeutet das Wort „substanziell"?**
   - ☐ a) subsumieren
   - ☐ b) Satzfunktion
   - ☐ c) wesentlich/materiell
   - ☐ d) Substrat

8. **Was bedeutet „obsolet"?**
   - ☐ a) ähnlich
   - ☐ b) gegensätzlich
   - ☐ c) veraltet

9. **Was bedeutet „Analogie"?**
   - ☐ a) Ähnlichkeit
   - ☐ b) Gegensatz
   - ☐ c) Alterung

10. **Was ist ein „Antidot"?**
    - ☐ a) ein Virus
    - ☐ b) ein Stinktier
    - ☐ c) ein Gegengift
    - ☐ d) eine spezielle Mückenart

Zusammenhänge erkennen

5.2.2 Zusammenhänge erkennen (verbale Intelligenz)

1. **Welche der folgenden Antworten passt nicht zu den Wörtern: Akquise, Marketing, kongruent, parallel?**
   - ☐ a) nebeneinander/gleichzeitig
   - ☐ b) unpassend
   - ☐ c) übereinstimmend/deckungsgleich
   - ☐ d) Maßnahmen zur Kundengewinnung
   - ☐ e) Vermarktung

2. **Welche der folgenden Antworten passt nicht zu den Wörtern: global, Diagnose, Grafik, mobil?**
   - ☐ a) Zeichnung
   - ☐ b) weltweit
   - ☐ c) Unterscheidung/Entscheidung/Erkenntnis
   - ☐ d) beweglich
   - ☐ e) kontinental

3. **Welche der folgenden Antworten passt nicht zu den Wörtern: nivellieren, konservativ, asozial, ökologisch?**
   - ☐ a) an die Umwelt angepasst/im Einklang mit Natur und Umwelt
   - ☐ b) traditionsbewusst
   - ☐ c) gleichmachen/ausgleichen/auf ein Niveau bringen
   - ☐ d) nicht gesellschaftsfähig
   - ☐ e) in Bezug auf die Wirtschaft

4. **Welche der folgenden Antworten passt nicht zu den Wörtern: akribisch, Arthrose, kritisch, pädagogisch?**
   - ☐ a) genau prüfend
   - ☐ b) Gelenkverschleiß
   - ☐ c) sehr sorgfältig
   - ☐ d) unordentlich
   - ☐ e) erzieherisch

5. **Welche beiden Wörter passen nicht zusammen?**
   - ☐ a) Charakter – Merkmal
   - ☐ b) visionär – seherisch
   - ☐ c) redigieren – reduzieren
   - ☐ d) Korrektur – Veränderung mit dem Ziel einer Verbesserung

6. **Ergänzen Sie das fehlende Wort: Fläche/Körper = Wand/?**
   - ☐ a) Raum
   - ☐ b) Decke
   - ☐ c) Boden
   - ☐ d) Tapete
   - ☐ e) Tür

7. **Ergänzen Sie das fehlende Wort: Buch/Autor = Oper/?**
   - ☐ a) Musik
   - ☐ b) Orchester
   - ☐ c) Theater
   - ☐ d) Komponist
   - ☐ e) Bühne

8. Ergänzen Sie das fehlende Wort: Linde/Eiche = Dackel/?

- ☐ a) bellen
- ☐ b) Hund
- ☐ c) Pudel
- ☐ d) Vierbeiner
- ☐ e) Buche

9. Welches Wort passt nicht zu den anderen?

- ☐ a) Kilogramm
- ☐ b) Pfund
- ☐ c) Zentimeter
- ☐ d) Tonne

10. Welches Wort passt nicht zu den anderen?

- ☐ a) überprüfen
- ☐ b) nachsehen
- ☐ c) kontrollieren
- ☐ d) Gewissheit verschaffen
- ☐ e) prüfen
- ☐ f) sich versichern
- ☐ g) verschlüsseln
- ☐ h) nachschauen

Recht-schreibung

5.2.3 Rechtschreibung

Welche Schreibweisen der folgenden Wörter und Sätze sind korrekt?
(Es können mehrere Antworten richtig sein.)

1.
- ☐ a) Xylofon
- ☐ b) Zülofon
- ☐ c) Zylofon
- ☐ d) Xyolofon
- ☐ e) Xylofone

2.
- ☐ a) Palläontologe
- ☐ b) Palleontologe
- ☐ c) Paleontoloke
- ☐ d) Paläontologe

3.
- ☐ a) Apell
- ☐ b) Appel
- ☐ c) Appäl
- ☐ d) Appell

4. ☐ a) nichts sagend
☐ b) nichts sagent
☐ c) nichtssagend
☐ d) nichdsagend

5. ☐ a) entgültik
☐ b) entgültig
☐ c) endgültig
☐ d) endgültich

6. ☐ a) Die zahl der alleinerziehenden Mütter steigt.
☐ b) Die Zahl der allein erziehenden Mütter steigt.
☐ c) Die Zahl der alleinerziehenden Mütter steigt.
☐ d) Die Zahl der Allein erziehenden Mütter steigt.

7. ☐ a) Sie hat meine Nerven aufs Äusserste strapaziert.
☐ b) Sie hat meine Nerven aufs Äußerste strapaziert.
☐ c) Sie hat meine Nerven aufs äußerste strapaziert.
☐ d) Sie hat meine Nerven aufs äusserste strapaziert.

8. ☐ a) Der Brief kam heute Morgen.
☐ b) Der Brief kam heute morgen.
☐ c) Der Brief kam Heute morgen.
☐ d) Der Brief kam Heute Morgen.

9. ☐ a) Die Zahl der Alergicker steigt jährlich.
☐ b) Die Zahl der Alergiker steigt jährlich.
☐ c) Die Zahl der Allergiker steigt jährlich.
☐ d) Die Zahl der Allergicker steigt jährlich.

10. ☐ a) Im Großen und Ganzen ist das richtig.
☐ b) Im großen und Ganzen ist das richtig.
☐ c) Im großen und ganzen ist das richtig.
☐ d) Im Großen und ganzen ist das richtig.

5.2.4 Worttrennung

Worttrennung

Welche Trennung ist in den folgenden Beispielen jeweils richtig?
(Es können mehrere Antworten richtig sein.)

1. ☐ a) Sax – o – fo – n
☐ b) Sa – xo – fon
☐ c) Sax – of – on
☐ d) Sax – o – fon

2. ☐ a) Klaus – tropho – bie
☐ b) Kla – ust – ro – pho – bie
☐ c) Klaustro – phobie
☐ d) Klaus – tro – pho – bie

3. ☐ a) Kas – sen – sturz
☐ b) Kas – sen – stu – rz
☐ c) Kass – en – st – urz
☐ d) Kassen – sturz

4. ☐ a) Um – wälz – ung
☐ b) Um – wäl – zu – ng
☐ c) Um – wälzung
☐ d) Um – wäl – zung

5. ☐ a) Hyd – rant
☐ b) Hy – drant
☐ c) Hy – dr – ant
☐ d) Hydr – ant

6. **Wie trennt man „ck" in einem einfachen Wort, wie zum Beispiel „Zucker"?**
☐ a) es wird hinter dem ck getrennt
☐ b) aus ck wird c – k
☐ c) aus ck wird k – k
☐ d) es wird vor dem ck getrennt

7. ☐ a) Überr – asch – ungs – ei
☐ b) Ü – berra – schun – gsei
☐ c) Über – ra – schungs – ei
☐ d) Üb – erra – schung – sei

8. ☐ a) Ka – tze – nklo
☐ b) Kat – zen – klo
☐ c) K – atzen – klo
☐ d) Katzen – klo

9. ☐ a) Zeck – enbiss – e
☐ b) Ze – cken – bis – se
☐ c) Zeck – en – bisse
☐ d) Zek – ken – bis – se

10. ☐ a) Bu – chsta – bensal – at
☐ b) Buc – hstab – ensa – lat
☐ c) Buch – sta – ben – sa – lat
☐ d) B – uch – staben – salat

5.2.5 Wortergänzung

Wort-ergänzung

Ergänzen Sie die fehlenden Buchstaben, um die richtigen Wörter zu bilden.

1. B____nde____rep____bli____

2. R____ttu____gs____ie____st

3. Su____tra____t____ons____uf____abe

4. Zig____ret____ena____tom____t

5. Gep____ckau____ga____esc____al____er

6. N____rv____nsy____t____m

7. H____rz____nf____rk____

8. Aut____bah____me____ste____ei

9. Stre____chh____lzsc____ach____el

10. Fac____zei____sch____ift

5.2.6 Sprachlicher Ausdruck

Sprachlicher Ausdruck

Welche Antworten sind sprachlich und stilistisch korrekt?
(Es können mehrere Antworten richtig sein.)

1. ☐ a) Ich erinnere mich an den Anruf.
☐ b) Ich erinnere mich an dem Anruf.
☐ c) Ich erinnere den Anruf.
☐ d) Ich erinnere mich des Anrufs.

2. ☐ a) Gib mir bitte den Radiergummi.
☐ b) Gib mir bitte das Radiergummi.
☐ c) Gib mir bitte dem Radiergummi.
☐ d) Gib mir bitte die Radiergummi.

3. ☐ a) Am Nachmittag gehe ich nach meiner Oma.
☐ b) Am Nachmittag gehe ich zu meine Oma.
☐ c) Am Nachmittag gehe ich zu meiner Oma.
☐ d) Am Nachmittag gehe ich nach meine Oma hin.

4. ☐ a) In meiner Freizeit tue ich gerne Fußball spielen.
☐ b) In meiner Freizeit spiele ich gerne Fußball.
☐ c) Wenn ich frei hab', tu ich gerne Fußball.
☐ d) In meiner Freizeit mache ich gerne Fußball spielen.

5. ☐ a) Ich lerne darum, dass ich eine gute Arbeit bekomme.
☐ b) Ich lerne, dafür ich eine gute Arbeit bekomme.
☐ c) Ich lerne, darum ich eine gute Arbeit bekomme.
☐ d) Ich lerne, damit ich eine gute Arbeit bekomme.

6. ☐ a) Mit den Schnupfen würde ich nach dem Arzt gehen.
☐ b) Mit den Schnupfen würde ich zum Arzt gehen.
☐ c) Mit dem Schnupfen würde ich zum Arzt gehen.
☐ d) Mit den Schnupfen würde ich nach den Arzt gehen.

7. ☐ a) Ich muss morgen pünktlich aufstehen, um rechtzeitig an meinem Arbeitsplatz zu sein.
☐ b) Ich muß Morgen pünktlich aufstehen, damit ich rechzeitig an der Arbeit bin.
☐ c) Ich muß morgen pünktlich auf, um reschzeitig an die Arbeit zu sein.
☐ d) Ich muss morgen pünktlich aufstehen, um rechzeitig an meine Arbeitsplatz zu sein.

8. ☐ a) Das kaspische Meer ist der größte See der Erde.
☐ b) Dass kaspische Meer ist der größte See der Erde.
☐ c) Das Kaspische Meer ist der größte See der Erde.
☐ d) Dass kaspische meer ist der größte See der Erde.

9. ☐ a) Die Berufswahl stellt eine substanzielle Entscheidung dar.
☐ b) Die Berufswahl stellt eine substantielle Entscheidung dar.
☐ c) Die Berufswahl stellt eine supstanzielle Entscheidung dar.
☐ d) Die Berufswahl stellt eine zubstantielle Entscheidung dar.

10. ☐ a) Dass das solche Ausmaße annimmt, hätte ich niemals gedacht.
☐ b) Das das solche Ausmaße annimmt, hätt ich nie gedacht.
☐ c) Das dass solche Ausmaße annimmt, hätte ich niemals gedacht.
☐ d) Dadas solche Ausmasse annimmt, hätte ich niemals gedacht.

> *TIPP*
>
> **Literatur zur Vorbereitung:**
>
> - Spitznagel E (2014) 150 Rechtschreibübungen. Regeln und Texte zum Üben. 5. bis 10. Klasse. 3. Aufl., Berlin: Dudenverlag.
> - Staaden S (2016) Rechtschreibung und Zeichensetzung endlich beherrschen: Regeln und Übungen. 2. Aufl., Paderborn: Schöningh.

Die Lösungen zu diesem Test finden Sie ab S. 227.

5.3 Englisch

Co-Autor: Justin Bender

Bisher waren Englischkenntnisse im Rettungsdienst nicht zwingend erforderlich. Das Notfallsanitätergesetz (NotSanG) sowie die dazugehörige Ausbildungs- und Prüfungsverordnung (NotSan-APrV) tragen der zunehmenden Globalisierung und Mobilität dahingehend Rechnung, dass sie erweiterte Sprachkenntnisse verlangen. So wird für dieses Berufsbild gefordert, dass man sich mit den Patienten in englischer Sprache unterhalten kann und dass man in der Lage ist, die wichtigsten Informationen vom Patienten oder dessen Angehörigen in Erfahrung zu bringen (Anamnese) und ihnen mitteilen kann, was bei der Versorgung mit ihnen geschieht (Aufklärung/Einverständniserklärung). Es ist unstrittig, dass dies einen großen Vorteil für die praktische Tätigkeit im rettungsdienstlichen Alltag bringt. Darüber hinaus sind fundierte Englischkenntnisse aber auch dahingehend wichtig und zunehmend unerlässlich, da viele medizinische Forschungsergebnisse und Fachbeiträge in den verschiedenen Medien in englischer Sprache publiziert und kommuniziert werden. Um sich aktuell fortzubilden, wird der Notfallsanitäter also zukünftig auch auf englischsprachige Fachartikel zurückgreifen (müssen).

Neben dem normalen Schulenglisch wird in Auswahlverfahren daher zunehmend auch ein minimaler Fundus an medizinischen, rettungsdienstlich relevanten Fachtermini, tätigkeitsbezogenen Anwendungen und Fragestellungen vorausgesetzt. Dieses Kapitel soll Ihnen eine Übersicht der gebräuchlichsten rettungsdienstlichen Termini geben und damit helfen, sich in diesem Bereich vorbereiten zu können.

Im Auswahlverfahren selbst sind unterschiedliche Tests möglich. So können Sie zum Beispiel mit einem fiktiven Patienten konfrontiert werden, der über Herzbeschwerden klagt, der sich ein Bein gebrochen hat oder einen Unfall hatte und daraufhin kurzzeitig bewusstlos gewesen ist. Auch andere Situationen sind denkbar. In diesen Fällen sollten Sie sich soweit verständigen können, dass Sie in der Lage sind zu verstehen, was dem Patienten fehlt, und dies wiederzugeben bzw. adäquat darauf reagieren zu können.

Je nachdem, als was Sie sich bewerben (als Auszubildender oder als bereits ausgebildeter Notfallsanitäter), werden selbstverständlich jeweils unterschiedliche Schwierigkeitsgrade gesetzt. Bei einer Bewerbung als Auszubildender müssen Sie nicht damit rechnen, dass Sie medizinische Maßnahmen aus dem Gespräch ableiten oder gar umsetzen müssen. Sind Sie bereits ausgebildet, kann es durchaus sein, dass Ihr Verständnis geprüft wird und Sie (in deutscher Sprache) die richtigen Schlüsse aus dem geführten Gespräch wiedergeben und mögliche Maßnahmen erklären sollen.

Es kann aber auch sein, dass gar keine praktische Übung durchgeführt wird und Sie lediglich einen schriftlichen Test in englischer Sprache absolvieren müssen. In diesem Fall werden Ihnen ein englischer oder ein deutscher Text vorgelegt, den Sie in die jeweils andere Sprache übersetzen sollen. Üben Sie daher nicht nur die Vokabeln und die Konversation, sondern auch das Schreiben von englischen Texten. Hierbei reichen zunächst das in den Übungsbeispielen angegebene Vokabular sowie die Beispiele zu medizinischen Fragestellungen (Anamnese, Diagnostik usw.) aus. Für Ihre weitere berufliche Zukunft und Professionalisierung im Rettungsdienst wird jedoch eine sichere Beherrschung der englischen Sprache in Wort und Schrift unerlässlich sein.

5.3.1 Vokabelkenntnisse

AUFGABENSTELLUNG

- Lesen und lernen Sie die nachstehenden Vokabeln und Sätze so lange, bis Sie sie verinnerlicht haben und fließend wiedergeben können. Sprechen Sie beim Lesen laut und deutlich, was Sie gerade lesen. Das hilft Ihnen, die Vokabeln nicht nur zu kennen, sondern auch aussprechen zu können.
- Üben Sie danach solange, wenn möglich mit einem Freund, der gute Englischkenntnisse besitzt, bis Sie ein fiktives Patientengespräch relativ fließend führen können. Tauschen Sie auch mehrfach die Rollen.

The Parts of the Body

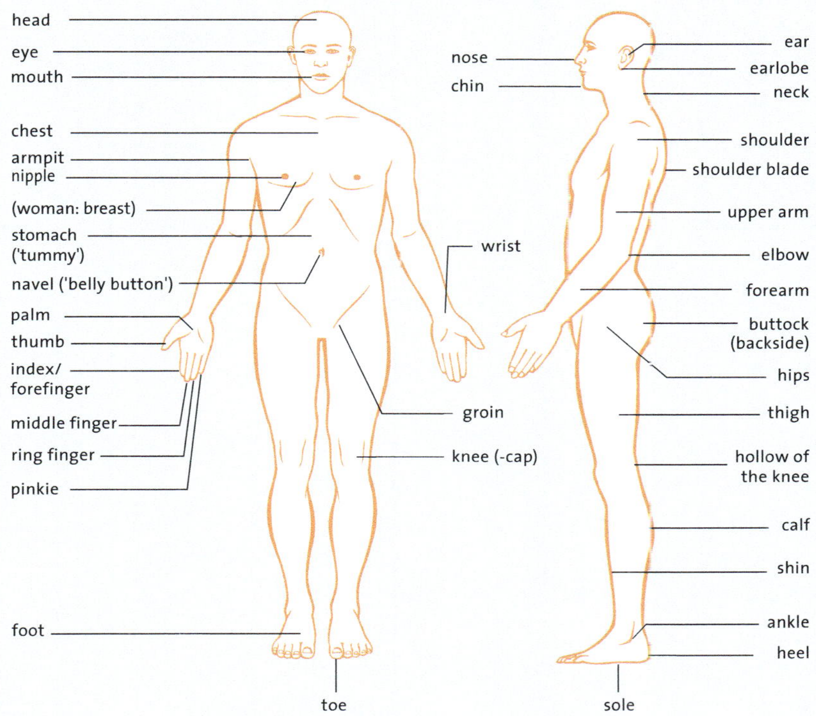

head	Kopf	thumb	Daumen
eye	Auge	index/forefinger	Zeigefinger
mouth	Mund	middle finger	Mittelfinger
nose	Nase	ring finger	Ringfinger
chin	Kinn	pinkie	kleiner Finger
ear	Ohr	stomach ('tummy')	Magen (Bauch)
earlobe	Ohrläppchen	navel ('belly button')	Nabel
neck	Hals/Nacken	buttock (backside)	Gesäß(-hälfte)
chest	Brustkorb	hips	Hüfte(n)
breast	Brust	groin	Leiste
vertebral column (spine)	Wirbelsäule	thigh	Oberschenkel
		knee (-cap)	Knie(-scheibe)
shoulder	Schulter	hollow of the knee	Kniekehle
shoulder blade	Schulterblatt	shin	Schienbein
armpit	Achsel(-höhle)	calf	Wade
upper arm	Oberarm	foot	Fuß
elbow	Ellbogen	ankle	Fußknöchel
forearm	Unterarm	heel	Ferse
wrist	Handgelenk	sole	Fußsohle
palm	Handfläche	toe	Zeh

Abb. 5: Orientierung am Körper

Tab. 1: Organe / Regionen des Körpers (Organs and parts of the body)	
Deutsch	**English**
Gehirn	brain
Großhirn	upper brain, cerebrum
Kleinhirn	cerebellum
Stammhirn	brain stem, encephalic trunk
Hirnhaut	meninx (plr. meninges)
Rückenmark	spinal cord
Schädelbasis	base of skull, cranial base
Liquor	fluid, liquor
Zunge	tongue
Gaumen	palate (hard/soft)
Rachen	throat, pharynx
Kehlkopf	larynx
Stimmbänder	vocal cords
Luftröhre	windpipe, trachea
Bronchien	bronchi
Lunge(-nlappen)	lung, pulmo (lobe of lung)
Schilddrüse	thyroid (gland)
Thymus	thymus (gland)
Herz	heart
Vorhof	atrium (of heart)
Kammer	chamber of the heart, ventricle
Segelklappe	atrioventricular valve
Taschenklappe	semilunar cusp/valve
Aorta	aorta (ascending arch, desc.)
Speiseröhre	gullet, esophagus
Zwerchfell	diaphragm
Magen	stomach, tummy (sl.)
Zwölffingerdarm	duodenum
Bauchspeicheldrüse	pancreas
Dünndarm	small bowel/intestine
Dickdarm	large bowel/intestine
Blinddarm	appendix
After	anus
Milz	spleen

Leber	liver
Gallenblase	gall bladder
Niere	kidney
Harnleiter	ureter
Harnblase	(urinary) bladder
Harnröhre	urethra
Scheide	vagina
Gebärmutter	womb, uterus
Eileiter	(fallopian) tube
Eierstock	ovary, ovarium
Penis	penis
Hodensack	scrotum
Hoden	testicle
Prostata	prostate (gland)
Wirbelsäule	vertebral column (spine)

Tab. 2: Schmerzarten (Types of pain)

English	Deutsch
What is the pain like? Is it ...	Wie ist der Schmerz? Ist er...
biting	beißend
stabbing	stechend
pinlike	nadelähnlich
sharp	scharf
pinching	kneifend
cramping	krampfartig
throbbing	pochend
blistering	sehr heiß
burning	brennend
sore	brennend
wrenching	wund
dragging	ziehend
stinging	stechend
numb	taub
gnawing	nagend
dull	dumpf
excruciating	unerträglich/quälend

Tab. 3: Akute und chronische Erkrankungen (Acute and chronic diseases)	
English	Deutsch
arteriosclerosis	Arteriosklerose
arthrosis	Arthrose
asthma	Asthma bronchiale
obesity	Adipositas
depression	Depression
diabetes	Diabetes mellitus
icterus	Gelbsucht
hemophilia	Hämophilie
hepatitis	Hepatitis
hypertension	Hypertonus
cancer	Krebs
rheumatism	Rheuma
tinnitus	Tinnitus
peptic ulcer	Ulcus ventriculi
cold	Erkältung
influenza	Grippe
acute/surgical abdomen	akutes Abdomen
abdominal pain	Bauchschmerzen
nausea/sickness	Übelkeit
vomiting	Erbrechen
migraine	Kopfschmerz
tonsillitis	Mandelentzündung
myocardial infarct (heart attack)	Myokardinfarkt
pulmonary embolism	Lungenembolie
stroke	Schlaganfall
(gast.) hemorrhage	(gastrointestinale) Blutung
shock (psy.: trauma)	Schock
apoplectiform deafness	Hörsturz
aortic aneurysm	Aortenaneurysma
convulsions	Krampfanfälle
gastroenteritis	Gastroenteritis
glaucoma	(akutes) Glaukom
tetanus	Tetanus
femoral neck fracture/thighbone fracture	Schenkelhalsfraktur
appendicitis	Appendizitis
varicose veins	Varizen

(incarcerated) hernia	(inkarzerierte) Hernie
ileus	Ileus
cholelithiasis	Cholezystolithiasis
goitre	Struma
burn injury/wound	Verbrennung
head trauma, skull injury	Schädelverletzung
childhood illnesses, growth pains, teething problems	Kinderkrankheiten

Tab. 4: Zahlen (Numbers)

Grundzahlen von 1 bis 1 000 000			
1	one	21	twenty-one
2	two	22	twenty-two
3	three	23	twenty-three
4	four	24	twenty-four
5	five	25	twenty-five
6	six	26	twenty-six
7	seven	27	twenty-seven
8	eight	28	twenty-eight
9	nine	29	twenty-nine
10	ten	30	thirty
11	eleven	31	thirty-one
12	twelve	40	forty
13	thirteen	50	fifty
14	fourteen	60	sixty
15	fifteen	70	seventy
16	sixteen	80	eighty
17	seventeen	90	ninety
18	eighteen	100	a/one hundred
19	nineteen	1,000	a/one thousand
20	twenty	1,000,000	a/one million

Hunderter

Bei Zahlen ab 100 wird vor die Zehner ein „and" gesetzt (im amerikanischen Englisch kann „and" aber auch weggelassen werden).

110	one hundred and ten
1,250	one thousand, two hundred and fifty
2,001	two thousand and one

Tausender und Milionen	
Für „a“ und „one“ gilt das Gleiche wie bei den Hundertern.	
1,000	a thousand/one thousand
201,000	two hundred and one thousand
Tausender werden durch Kommata getrennt (nicht wie im Deutschen durch einen Punkt oder Abstände).	
Einzahl oder Mehrzahl?	
In der Regel werden die Zahlen in der Einzahl geschrieben.	
two hundred Euros (zweihundert Euro) several thousand light years (mehrere tausend Lichtjahre)	
Die Mehrzahl wird nur verwendet bei dozen, hundred, thousand, million, billion, wenn diese nicht durch eine weitere Zahl (bzw. a few/several) näher bestimmt sind.	
hundreds of Euros (Hunderte Euros) thousands of light years (Tausende von Lichtjahren)	

Tab. 5: Altersangaben (Age)

Deutsch	English
das Alter	the age; the old age
im mittleren Alter	middle-aged
im Alter von	aged, at the age of
Säugling	baby, infant
Kind	child, kid
Jugendlicher	adolescent, teenager, youngster
Erwachsener	adult
Greis/alter Mensch	elderly, senior
Mein Alter ist XY	My age is XY
Ich bin XY Jahre alt	I’m xx years old./I am XY.

Tab. 6: Geschlecht (Sex)

Deutsch	English
weiblich	female
männlich	male

5.3.2 Gesprächsführung

Für die Tätigkeit im Rettungsdienst gehören die nachfolgenden Fragestellungen zum Alltag bei der Versorgung nicht deutschsprechender Patienten bzw. bei der Kommunikation mit deren Angehörigen. Dabei handelt es sich um einen Mix aus Basics und fachspezifischen Sätzen.

Lernen Sie diese und vertiefen Sie Ihre Kenntnisse bzw. erhalten Sie Routine durch praktische Übungen wie zum Beispiel „echte“ Gespräche mit Freunden anhand dieses Leitfadens.

Verständigung mit dem Patienten/ Anamnese

Tab. 7: Verständigung mit dem Patienten / Anamnese (Talking to the patient / Anamnesis)

Deutsch	English
Guten Tag!	*Hello/Good morning/afternoon/evening/ night!*
Mein Name ist XY.	*My name is XY.*
Ich bin Notfallsanitäter, wir sind hier, um Ihnen zu helfen.	*I am a paramedic, we're going to help you.*
Wie heißen Sie? (Vorname, Nachname)	*What's your name? (first name, surname)*
Mögliche Antwort:	Possible answer:
Mein Name ist XY...	*My name is XY.*
Ich heiße XY ...	*I am/I'm XY.*
Wie alt sind Sie? Wann sind Sie geboren?	*How old are you?/What's your age?* *When were you born?*
Mögliche Antwort:	Possible answer:
Ich bin XX Jahre alt.	*I am/I'm XY (years old).*
Wissen Sie, welcher Tag heute ist?	*Do you know which day it is?* *Which day of the week do we have today?*
Mögliche Antwort:	*Possible answer:*
Ja, heute ist Freitag, ...	*Yes, (today) it's Friday, ...*
Nein, ich weiß nicht, welcher Tag heute ist.	*No, I don't know which day we have.*
Wissen Sie, wo Sie sind/wo Sie sich gerade befinden?	*Do you know where you are right now?*
Mögliche Antwort:	*Possible answer:*
Ja, ich bin gerade in Deutschland (Berlin, ...).	*Yes/Sure, I'm in Germany (Berlin, ...).*
Nein, ich weiß nicht, wo ich gerade bin.	*No, I don't know where I am.*

Waren Sie bewusstlos? Wenn ja – wie lange?	*Have you been unconscious?/ Did you have a blackout? If so, how long?*
Mögliche Antwort:	*Possible answer:*
Ja, ich war bewusstlos. Ich weiß aber nicht wie lange.	*Yes, I had a blackout. But I don't know how long.*
Nein, ich war nicht bewusstlos.	*No, I haven't been unconscious.*
Was genau ist passiert? Welches Problem haben Sie?	*Tell me, what happened precisely? What's your problem?/What kind of problem do you have?*
Mögliche Antwort:	*Possible answer:*
Ich weiß nicht, was passiert ist.	*I have no idea what happened. I don't know.*
Ich kann mich nicht erinnern.	*I can't remember.*
Ich habe Schmerzen/Schwindel …	*I feel pain/I feel dizzy …*
Hatten Sie dieses Problem schon einmal? Wenn ja – wann?	*Did you have this problem ever before? If so, when?*
Mögliche Antwort:	*Possible answer:*
Nein, ich habe dieses Problem zum ersten Mal.	*No, I have this problem for the first time.*
Ja, ich habe das Problem schon öfter gehabt. Zum ersten Mal hatte ich es vor ungefähr einem Jahr/vier Wochen …	*Yes, I had this problem several times/ more often. One year/four weeks ago I had it for the first time.*
Wie lange haben Sie das Problem? Wann genau hat es angefangen?	*How long do you have this problem already? When did it start (precisely)?/It started when?*
Mögliche Antwort:	*Possible answer:*
Ich habe dieses Problem schon viele Jahre/Monate/Wochen …	*I have this problem for many years/ months/weeks …*
Ich habe dieses Problem erst seit kurzer Zeit.	*I have this problem just for a short time/recently.*
Bekommen Sie gut Luft? Können Sie ausreichend atmen? Haben Sie Atemprobleme?	*Do you get enough breath? Can you breathe easily/regularly? Do you have breathing problems?*
Mögliche Antwort:	*Possible answer:*
Ja, ich bekomme gut Luft.	*Yes, I get enough breath. I can breathe.*

Nein, ich bekomme sehr schlecht Luft.	*No, I'm out of breath.* *I can't breathe enough.*
Haben Sie Schmerzen?	*Do you feel pain?* *Does anything hurt/ache?*
Mögliche Antwort:	*Possible answer:*
Ja, ich habe Schmerzen.	*Yes, I suffer/feel pain.*
Nein, ich habe keine Schmerzen.	*No, I don't feel pain./* *No, nothing hurts.*
Wo genau fühlen Sie den Schmerz? Bitte zeigen Sie auf die Stelle an Ihrem Körper.	*Where do you feel pain? Where does it hurt exactly? Please, show me/point at the part of your body.*
Mögliche Antwort:	*Possible answer:*
Hier fühle ich den Schmerz.	*It hurts here.*
Ich kann es nicht genau sagen. Der Schmerz sitzt im ganzen Bein, Arm, Bauch, Rücken, Nacken ...	*I can't say/locate exactly. The pain sticks in my whole leg/arm/stomach/back/ neck ...*
Wie stark ist der Schmerz?	*How strong is the pain?*
Sagen Sie mir auf einer Skala von 0 bis 10, wie stark der Schmerz ist (0 = kein/sehr geringer Schmerz, 10 = sehr stark)	*In a range/on a scale from one to ten, how strong is your pain? (zero means no/weak pain, ten means very strong)*
Mögliche Antwort:	*Possible answer:*
(siehe oben: Zahlen und Schmerz-arten)	*(see above: numbers and types of pain)*
Strahlt der Schmerz aus? Wenn ja – wohin? In die Schulter? In den Bauch? In den Rücken? In den Arm?	*Does the pain radiate?* *If so, where does it radiate?* *To the shoulder? To the stomach? To the back? In the arm?*
Mögliche Antwort:	*Possible answer:*
Ja, der Schmerz strahlt aus, und zwar in Schulter/Bauch/Arm/Bein/Rücken ...	*Yes, the pain radiates/spreads to the shoulder/tummy/arm/leg/back ...*
Nein, der Schmerz strahlt nicht aus.	*No, the pain does not radiate.*
Der Schmerz sitzt genau hier.	*The pain sits here exactly/precisely.*
Welcher Art ist der Schmerz?	*What kind of pain do you feel?* *Is the pain burning/biting/...*
Mögliche Antwort:	*Possible answer:*
(siehe oben: Schmerzarten)	*(see above: types of pain)*

Sind bei Ihnen Vorerkrankungen bekannt?	*Do you have a medical condition? Are you aware of any (further) diseases? Do you suffer from …?*
Mögliche Antwort:	*Possible answer:*
Nein, ich war bisher immer gesund.	*No, I've been well all the time./ I've always been healthy.*
Nein, ich habe keine Vorerkrankungen.	*No, I don't have any diseases.*
Ja, ich habe: (siehe oben: akute und chronische Erkrankungen)	*Yes, I have/suffer from … (see above: acute/chronic diseases)*
Wann waren Sie das letzte Mal auf der Toilette? Konnten Sie Wasser lassen und Stuhl absetzen?	*When have you been to the toilet for the last time? Have you been able to urinate and to defecate?*
Mögliche Antwort:	*Possible answer:*
Ich war gestern/vor XY Stunden zum letzten Mal auf der Toilette. Es hat alles funktioniert.	*Yesterday/XY hours ago I've been to the toilet for the last time. Everything was all right.*
Ich war schon mehrere Tage nicht mehr auf der Toilette.	*I haven't been to the toilet for a few/a couple of days.*
Ich kann keinen Stuhl absetzen.	*I can't defecate.*
Ich kann kein Wasser lassen.	*I can't urinate.*
Müssen Sie ständig Medikamente einnehmen? Wenn ja – welche?	*Are you on medication? Do you need to take drugs/medicine constantly/regularly/permanently? If so – which?*
Mögliche Antwort:	*Possible answer:*
Nein, ich nehme keine Medikamente ein.	*No, I don't take any medicine.*
Ja, ich muss ständig Medikamente nehmen, und zwar: …	*Yes, I need to take … constantly/every day.*
Wann haben Sie das letzte Mal etwas gegessen oder getrunken?	*When did you eat or drink for the last time?*
Mögliche Antwort:	*Possible answer:*
Ich habe heute Morgen um 7.00 Uhr gefrühstückt, danach habe ich nichts mehr zu mir genommen.	*I had breakfast at seven (o'clock) this morning, since then I ate nothing/afterward I didn't eat anything.*
Ich habe vor einer Stunde zuletzt gegessen und getrunken.	*One hour ago I ate/drank for the last time.*
Haben Sie Allergien? Sind bei Ihnen irgendwelche Unverträglichkeiten bekannt?	*Do you have allergies? Are you allergic to something? Do you know about any intolerances/incompatibilities?*

Mögliche Antwort:	*Possible answer:*
Nein, ich habe keine Allergien/Unverträglichkeiten.	*No, I'm not allergic. I have no incompatibilities/intolerances.*
Ja, ich bin allergisch auf …	*Yes, I'm allergic to …/My body does not tolerate …*
Rauchen Sie? Wenn ja – wie viel?	*Do you smoke? If so, how much? How many cigarettes do you smoke a day?*
Mögliche Antwort:	*Possible answer:*
Nein, ich rauche nicht.	*No, I do not smoke. I'm a non-smoker.*
Ja, ich rauche ca. 20 Zigaretten am Tag.	*Yes, I smoke (approximately) 20 cigarettes a day.*
Trinken Sie regelmäßig Alkohol? Wenn ja – wie viel und wie oft?	*Do you drink alcohol regularly?* *If so, how much and how often?*
Mögliche Antwort:	*Possible answer:*
Nein, ich trinke keinen/nie Alkohol.	*No, I don't/never drink alcohol.*
Ja, ich trinke ab und zu ein Bier/ein Gläschen Wein…	*Yes, I drink a bear/a glass of wine/… from time to time.*
Ja, ich trinke jeden Tag fünf Bier.	*Yes, I drink five beers everyday.*
Ja, ich trinke jeden Tag mehrere Schnäpse.	*Yes, I drink some hard liquors/schnapps everyday.*
Nehmen Sie irgendwelche Drogen? Wenn ja – welche und wie häufig?	*Do you use/consume any kind of (illegal) drugs?* *If so, what kind of drugs and how often?*
Mögliche Antwort:	*Possible answer:*
Nein, ich nehme keine Drogen.	*No, I don't use (illegal/hard) drugs.*
Ja, ich nehme …	*Yes, I use/take/consume …*
Sind Sie schwanger?	*Are you pregnant?*
Mögliche Antwort:	*Possible answer:*
Nein, ich bin nicht schwanger.	*No, I'm not (pregnant).*
Ja, ich bin schwanger, und zwar im … Monat.	*Yes, I am (pregnant), I'm in the … month.*
Ich weiß es nicht.	*I don't know.*
Ist Ihnen kalt?	*Are you cold? Are you chilling?*
Mögliche Antwort:	*Possible answer:*
Ja, ich friere schrecklich.	*Yes, I'm terribly cold/chilling/freezing.*
Nein, mir ist nicht kalt.	*No, I'm not cold.*
Wo sind Sie versichert?	*Do you have health insurance?*
In welcher Krankenversicherung sind Sie?	*Where are you insured?/* *What is your insurance company?*

Mögliche Antwort:	*Possible answer:*
Ich bin privat versichert.	*I have a private health insurance.*
Meine Versicherung ist ...	*My insurance is ...*
Bitte geben Sie mir Ihre Krankenversicherungskarte.	*May I have your (health) insurance card?*
Mögliche Antwort:	*Possible answer:*
Hier ist Sie, bitte schön.	*Here it is.*
Ich habe keine Karte bei mir.	*I don't have the card with me.*
Mein Karte ist in meiner Tasche/in meiner Jacke/in meinem Geldbeutel ...	*My card is in my bag/in the pocket of my jacket/in my wallet ...*
Wo wohnen Sie?	*Where do you live/stay?*
Wie ist Ihre Adresse?	*What is your address?*
Wie ist Ihre Adresse hier in Deutschland?	*What is your (temporary) address in Germany?*
Mögliche Antwort:	*Possible answer:*
Meine Adresse ist/lautet ...	*I live in .../My address is ...*
Ich bin obdachlos.	*I'm homeless.*
Haben Sie Angehörige, die wir verständigen können/sollen?	*Do you have relatives/family members, who we need to/can contact?*
Mögliche Antwort:	*Possible answer:*
Bitte verständigen Sie meinen Vater/meine Mutter/meinen Bruder/meine Schwester/meinen Chef ...	*Please contact/inform my father/my mother/my brother/my sister/my boss ...*
Wie können wir Ihre Angehörigen erreichen?	*How can we reach your relatives?*
Mögliche Antwort:	*Possible answer:*
Hier ist die Telefonnummer (meiner Schwester ...)	*Here is the phone number (of my sister ...)*
Bitte rufen Sie diese Nummer an: ...	*Please, call this number: ...*

Aufklärung und Einverständnis des Patienten

Tab. 8: Aufklärung und Einverständnis des Patienten (Education and agreement of the patient)	
Deutsch	**English**
Bitte bleiben Sie ruhig!	*Please, stay calm!*
Bitte beruhigen Sie sich! Wir werden Ihnen helfen!	*Please, calm down! We will help you!*
Ich werde jetzt Ihren Blutdruck messen.	*I'll measure your blood pressure.*
Um Sie untersuchen zu können, müssen wir Sie entkleiden. Sind Sie damit einverstanden?	*For a detailed examination/check we need to undress you. Do you agree? All right?*
Ich werde Ihnen jetzt etwas Sauerstoff geben. Bitte atmen Sie weiter ruhig ein und aus.	*I'll give you some oxygen. Please, keep on breathing in and out calmly.*
Ich werde Ihnen jetzt einen Verband anlegen.	*I'll put on a bandage now.*
Ich werde Sie jetzt in eine Position bringen	*I'll bring you in a position*
- ... die Ihnen angenehmer ist und die Ihnen das Atmen erleichtert.	- *which will be more comfortable and which lets you breathe more easily.*
- ... die Ihre Schmerzen etwas lindert.	- *which reduces your pain a little.*
Ich werde Ihnen jetzt eine Schiene anlegen. Das kann etwas schmerzhaft sein, aber danach geht es Ihnen besser.	*I'll put on a (stabilizing) splint. That can be a bit painful but afterwards you'll feel much better.*
Ich muss Ihnen einen venösen Zugang legen. Dazu werde ich Ihnen eine Nadel im Arm platzieren müssen. Ich habe diese Maßnahme gelernt und beherrsche sie.	*I'll need to start an intravenous line. Therefore, I'll need to place a needle/a canula in your arm. I trained this method several times and can handle this technique very well.*
Sind Sie damit einverstanden, dass ich das tue?	*Do you agree that I'll do that?*
Sie haben viel Blut verloren.	*You've lost a lot of blood.*
Um Ihnen helfen zu können, muss ich Ihnen eine Infusion anlegen.	*To help you adequately I have to give you an infusion.*
Das ist notwendig, um Ihren Kreislauf zu stabilisieren.	*This is necessary to stabilize your blood circulation.*
Ich habe diese Maßnahme gelernt und beherrsche sie.	*I trained this method several times and can handle this technique very well.*
Sind Sie damit einverstanden?	*Do you agree?/Is it ok?*

Sie haben große Schmerzen.	*You suffer strong pain.*
Ich kann Ihnen ein Schmerzmittel verabreichen, um Ihre Schmerzen zu lindern.	*I can give you a painkiller to reduce your pain.*
Ich habe diese Maßnahme gelernt und beherrsche sie. Sind Sie damit einverstanden?	*I trained this method and can handle this. Do you agree?*
Wir werden Sie jetzt in den Rettungswagen bringen.	*Now, we will take/bring you to the ambulance.*
Wir werden Sie jetzt in die Klinik/in das Krankenhaus bringen. Dort werden Sie gut versorgt.	*We will take you to hospital, now. There they will take care of you very well.*
Kann ich sonst noch etwas für Sie tun?	*Can I do anything else for you?*
Auf Wiedersehen. Ich wünsche Ihnen gute Besserung!	*Goodbye! Get well soon!/I wish you all the best!*

5.3.3 Textübersetzung

AUFGABENSTELLUNG

- Übersetzen Sie folgende Texte je einmal mündlich und je einmal schriftlich (ohne Hilfsmittel) ins Englische.

Übungstext 1

Übung 1

Guten Tag! Mein Name ist ____________. Ich bin Sanitäter (Rettungsassistent/Notfallsanitäter). Das ist mein Kollege __________. Bitte bleiben Sie ruhig! Wir sind hier, um Ihnen zu helfen!

Wissen Sie, welcher Tag heute ist? Wissen Sie, wo Sie sind/wo Sie sich gerade befinden? Waren Sie bewusstlos? Wenn ja, wie lange? Können Sie mir sagen, was genau passiert ist?

Haben Sie Schmerzen? Wo genau fühlen Sie den Schmerz? Wie stark ist der Schmerz? Sagen Sie mir auf einer Skala von 1 bis 10, wie stark der Schmerz ist (1 = gering, 10 = sehr stark). Strahlt der Schmerz aus? Wenn ja, wohin (in die Schulter? in den Bauch? in den Rücken? in den Arm?)? Welcher Art ist der Schmerz?

Um Sie untersuchen zu können, müssen wir Sie entkleiden. Sind Sie damit einverstanden?

Ich kann Ihnen ein Schmerzmittel verabreichen, um Ihre Schmerzen zu lindern. Ich habe diese Maßnahme gelernt und beherrsche sie. Sind Sie damit einverstanden?

Wir werden Sie jetzt in den Rettungswagen bringen.

Übung 2

Übungstext 2

Guten Tag! Mein Name ist __________. Das ist mein Kollege ___________. Bitte bleiben Sie ganz ruhig! Wir sind hier, um Ihnen zu helfen!

Wissen Sie, welcher Tag heute ist? Wissen Sie, wo Sie sind/wo Sie sich gerade befinden?

Sie hatten einen Unfall und haben viel Blut verloren. Um Ihnen helfen zu können, werde ich Ihnen eine Nadel im Arm platzieren müssen und eine Infusion anlegen. Das ist notwendig, um Ihren Kreislauf zu stabilisieren. Ich habe diese Maßnahme gelernt und beherrsche sie. Sind Sie damit einverstanden?

Wann haben Sie das letzte Mal etwas gegessen oder getrunken?

Übung 3

Übungstext 3

Ich muss Ihnen jetzt noch einige Fragen stellen, um Ihre Patientendaten/das Protokoll zu vervollständigen.

Wie heißen Sie? Wie alt sind Sie? Wo wohnen Sie? Sind bei Ihnen Vorerkrankungen bekannt? Müssen Sie ständig Medikamente einnehmen? Wenn ja, welche? Sind bei Ihnen irgendwelche Unverträglichkeiten bekannt? Rauchen Sie? Wenn ja, wie viel? Trinken Sie regelmäßig Alkohol? Wenn ja, wie viel und wie oft? Nehmen Sie irgendwelche Drogen? Wenn ja, welche und wie häufig? Sind Sie schwanger? In welcher Krankenversicherung sind Sie? Bitte geben Sie mir Ihre Krankenversicherungskarte.

Haben Sie Angehörige, die wir verständigen können/sollen?

Vielen Dank!

Wir werden Sie jetzt in die Klinik/in das Krankenhaus bringen. Dort werden Sie gut versorgt.

Übung 4

Übungstext 4

Guten Tag! Mein Name ist __________. Das ist mein Kollege ___________. Bitte bleiben Sie ganz ruhig! Wir sind hier, um Ihnen zu helfen!

Welches Problem haben Sie? Hatten Sie dieses Problem schon einmal? Wenn ja, wann? Wie lange haben Sie das Problem schon? Wann genau hat es angefangen?

Können Sie ausreichend atmen? Ich werde Ihnen jetzt etwas Sauerstoff geben. Bitte atmen Sie weiter ruhig ein und aus.

Ist Ihnen kalt? Wir werden Sie jetzt in den Rettungswagen bringen.

TIPP

Literatur zur Vorbereitung:

- Gerdes S (2015) English for Medical Assistants. 2. Aufl., Stuttgart: Holland + Josenhans.
- Gross P, Baumgart DC (2017) Sprachkurs Medical English. 6. Aufl., Stuttgart: Thieme.

Die Lösungen zu diesem Test finden Sie auf S. 232.

5.4 Mathematik

Im Rettungsdienst kommt es generell darauf an, schnell zu sein, um Leben zu retten und weitere Schäden zu verhindern. Das trifft nicht nur für die Ausrückzeiten oder die Geschwindigkeit des Fahrzeuges zu, sondern auch auf die Schnelligkeit, mit der ein Patient versorgt wird. Doch Schnelligkeit ist nicht das einzige Kriterium für den Erfolg und die optimale Versorgung eines Patienten. Beim Ausrücken und der Fahrt zum Notfallort sind ebenso Gewissenhaftigkeit, Umsicht und Zuverlässigkeit gefragt, schließlich nützt es keinem etwas, wenn man sich z. B. auf dem Weg zum Fahrzeug aufgrund mangelnder Umsicht ein Bein bricht oder auf der Anfahrt zum Notfallort selbst einen Unfall verursacht.

Sie werden sich wahrscheinlich fragen, was Schnelligkeit, Gewissenhaftigkeit, Umsicht und Zuverlässigkeit mit Mathematik und Berechnungen zu tun hat. Diese Frage wollen wir nun etwas näher beleuchten.

Bei der Versorgung von Patienten werden sehr oft Medikamente verabreicht. Zumindest die gebrauchsfertige Vorbereitung der Medikamente ist Aufgabe von Notfall- und Rettungssanitätern sowie Rettungsassistenten. Die Verabreichung der Medikamente erfolgt sehr häufig durch den Arzt oder den Notarzt. Dieser muss sich voll und ganz darauf verlassen können, dass die Medikamente kor-

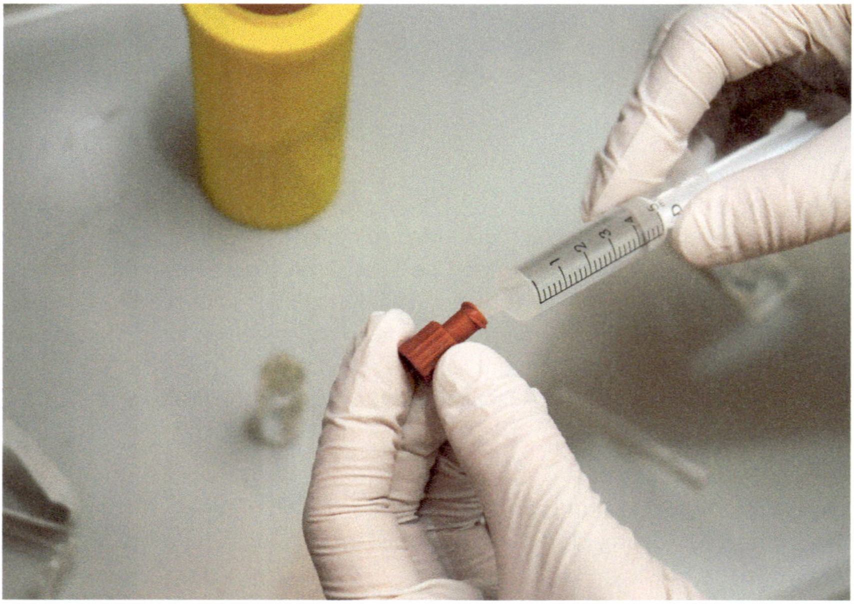

Abb. 6: Auch im Kopfrechnen müssen Sie fit sein, wenn Sie im Rettunsdienst arbeiten. Nicht selten gilt es, komplexere Rechnungen zur richtigen Dosierung eines Medikaments zu lösen.

rekt vorbereitet wurden. In bestimmten Fällen werden Medikamente aber auch durch das Rettungsfachpersonal direkt verabreicht, dies z. B. in Delegation der Maßnahme oder in ausgewählten Situationen auch dann, wenn kein Notarzt anwesend ist. Die Verabreichung von Medikamenten in Delegation ist zum Beispiel regelmäßig dann der Fall, wenn bei einem Patienten eine Narkose durchgeführt werden muss. Hierbei müssen gleichzeitig mehrere Medikamente vorbereitet und auf Anweisung des Arztes vom Rettungsfachpersonal in der jeweils richtigen Dosierung appliziert werden. Zunehmend werden Medikamente aber auch ohne das Beisein eines Arztes vom Rettungsfachpersonal in eigener Verantwortung bzw. in vorweggenommener Delegation verabreicht (sog. erweiterte Maßnahmen).

Die Dosierung der meisten Medikamente ist abhängig vom Körpergewicht des Patienten sowie einer Reihe weiterer Faktoren, und es ist ganz klar, dass ein 120 kg schwerer Mensch eine höhere Dosis benötigt als einer, der nur 70 kg wiegt. Gleiches gilt im weitesten Sinne auch für die verschiedenen Altersklassen wie Säugling, Jugendlicher, junger Erwachsener oder alter Mensch.

Die Berechnungen müssen auch in der Praxis im Kopf, ohne Zuhilfenahme von Taschenrechnern o. Ä., von Ihnen schnell und zuverlässig durchgeführt werden. Allein aus diesen Gründen erübrigt sich jede weitere Frage, weshalb Sie als Mitarbeiter des Rettungsdienstes ein gutes mathematisches Verständnis benötigen und dieses auch anwenden können müssen.

Doch es gibt noch mehrere Beispiele für praktische Anwendungen von Mathematik im Rettungsdienst. So muss zum Beispiel auf längeren Transporten von beatmeten Patienten (Intensivtransport) vor Antritt der Fahrt zuverlässig die Reichweite des Sauerstoffvorrates berechnet werden können. Nach Infektionstransporten muss das Fahrzeug desinfiziert werden; in aller Regel ist es hierzu notwendig, eine Desinfektionslösung in der richtigen Dosierung herzustellen.

Im Folgenden werden einige Beispielberechnungen zu den oben genannten praktischen Anwendungen zu lösen sein. Doch bevor wir zu den konkreten Beispielrechnungen und praktischen Anwendungen kommen, ist es sinnvoll, sich noch einmal mit den allgemeinen mathematischen Grundlagen und Grundrechenarten zu befassen und diese zu üben.

5.4.1 Grundlagen

Kleines und großes Einmaleins

AUFGABENSTELLUNG

- Wiederholen und über Sie selbstständig noch einmal das kleine und das große Einmaleins.

–	1	2	3	4	5	6	7	8	9	10	11	12	13	14	15	16	17	18	19	20
1	1	2	3	4	5	6	7	8	9	10	11	12	13	14	15	16	17	18	19	20
2	2	4	6	8	10	12	14	16	18	20	22	24	26	28	30	32	34	36	38	40
3	3	6	9	12	15	18	21	24	27	30	33	36	39	42	45	48	51	54	57	60
4	4	8	12	16	20	24	28	32	36	40	44	48	52	56	60	64	68	72	76	80
5	5	10	15	20	25	30	35	40	45	50	55	60	65	70	75	80	85	90	95	100
6	6	12	18	24	30	36	42	48	54	60	66	72	78	84	90	96	102	108	114	120
7	7	14	21	28	35	42	49	56	63	70	77	84	91	98	105	112	119	126	133	140
8	8	16	24	32	40	48	56	64	72	80	88	96	104	112	120	128	136	144	152	160
9	9	18	27	36	45	54	63	72	81	90	99	108	117	126	135	144	153	162	171	180
10	10	20	30	40	50	60	70	80	90	100	110	120	130	140	150	160	170	180	190	200
11	11	22	33	44	55	66	77	88	99	110	121	132	143	154	165	176	187	198	209	220
12	12	24	36	48	60	72	84	96	108	120	132	144	156	168	180	192	204	216	228	240
13	13	26	39	52	65	78	91	104	117	130	143	156	169	182	195	208	221	234	247	260
14	14	28	42	56	70	84	98	112	126	140	154	168	182	196	210	224	238	252	266	280
15	15	30	45	60	75	90	105	120	135	150	165	180	195	210	225	240	255	270	285	300
16	16	32	48	64	80	96	112	128	144	160	176	192	208	224	240	256	272	288	304	320
17	17	34	51	68	85	102	119	136	153	170	187	204	221	238	255	272	289	306	323	340
18	18	36	54	72	90	108	126	144	162	180	198	216	234	252	270	288	306	324	342	360
19	19	38	57	76	95	114	133	152	171	190	209	228	247	266	285	304	323	342	361	380
20	20	40	60	80	100	120	140	160	180	200	220	240	260	280	300	320	340	360	380	400

Abb. 7: Kleines und großes Einmaleins

Schnelles Kopfrechnen

Ein Sprichwort lautet „Geschwindigkeit ist keine Hexerei“. Weshalb die Fähigkeit, schnell und präzise im Kopf rechnen zu können, gerade auch im Rettungsdienst wichtig ist, wurde bereits im einleitenden Text dieses Kapitels beschrieben. Sofern man nicht unter einer ausgeprägten Dyskalkulie (Rechenschwäche) leidet, braucht man sich vor den gestellten Anforderungen nicht zu fürchten, denn die Aufgabenstellungen sind in aller Regel einfach. Allerdings müssen die Aufgaben im Test sehr schnell gelöst werden, sodass Sie immer unter Zeitdruck stehen. Alle gestellten Aufgaben in der jeweils vorgegebenen Zeit zu schaffen, ist meist nicht möglich. Als Faustformel kann man sich daran orientieren, dass 80 % geschaffte und richtig gelöste Aufgaben ein sehr gutes Ergebnis sind.

AUFGABENSTELLUNG

- Versuchen Sie, die Aufgaben so schnell wie möglich zu lösen, lassen Sie es aber dennoch nicht an der notwendigen Sorgfalt mangeln.
- Alle Aufgaben müssen im Kopf gelöst werden, schriftliche Nebenrechnungen sind nicht erlaubt.
- Die Regel „Punktrechnung geht vor Strichrechnung" gilt für die gestellten Aufgaben nicht.
- Es werden jeweils zwei einfache Aufgaben gestellt. Subtrahieren Sie nach dem Lösen beide Ergebnisse voneinander. Ziehen Sie dabei die kleinere von der größeren Zahl ab.
- Für die folgenden 20 Aufgaben haben Sie acht Minuten Zeit.

BEISPIEL

8 – 6 + 5 =
9 + 13 – 7 =

Lösung: 8 – 6 + 5 = **7**
9 + 13 – 7 = **15**
15 – 7 = **8**

Die Zahl **8** ist das richtige Ergebnis der Beispielaufgabe.

1.	7	+	8	–	3	=	
	9	x	5	–	45	=	
				–		=	
2.	6	+	4	–	8	=	
	12	x	2	–	22	=	
				–		=	
3.	8	+	6	+	9	=	
	5	x	4	+	6	=	
				–		=	
4.	8	x	7	–	5	=	
	5	+	5	–	9	=	
				–		=	
5.	3	+	3	+	4	=	
	6	x	3	–	15	=	
				–		=	
6.	9	+	8	–	5	=	
	6	x	8	–	23	=	
				–		=	
7.	5	+	9	–	7	=	
	6	x	7	+	8	=	
				–		=	

8.	23	–	17	+	6	=	
	63	–	12	+	5	=	
				–		=	
9.	8	x	8	+	5	=	
	163	–	95	x	2	=	
				–		=	
10.	78	+	5	+	22	=	
	6	x	9	+	123	=	
				–		=	
11.	5	+	9	–	3	=	
	14	x	3	+	5	=	
				–		=	
12.	25	–	18	+	9	=	
	6	x	6	–	30	=	
				–		=	
13.	28	x	3	+	5	=	
	150	–	66	+	8	=	
				–		=	
14.	99	–	17	+	23	=	
	8	x	6	+	9	=	
				–		=	
15.	45	+	17	–	9	=	
	222	–	56	+	8	=	
				–		=	
16.	87	+	5	–	12	=	
	9	x	9	–	16	=	
				–		=	
17.	7	+	9	x	3	=	
	66	+	5	x	2	=	
				–		=	
18.	28	+	54	+	99	=	
	42	x	3	+	11	=	
				–		=	
19.	98	–	55	+	78	=	
	6	x	7	+	17	=	
				–		=	
20.	257	–	60	+	33	=	
	61	x	3	–	68	=	
				–		=	

Die Lösungen zu diesem Test finden Sie ab *S. 233*.

5.4.2 Fachrechnen

Beim Fachrechnen unterscheiden wir zwei Zielgruppen. Gruppe 1 sind diejenigen von Ihnen, die sich auf eine Ausbildung im Rettungsdienst bewerben und keine fachlichen Vorkenntnisse besitzen. Bei der Gruppe 2 handelt es sich um Bewerber bzw. Teilnehmer am Auswahlverfahren, die sich auf eine Stelle z. B. als Notfallsanitäter bewerben, eine entsprechende Ausbildung absolviert haben und somit über fachliche Vorkenntnisse verfügen.

Dennoch geht es beim Fachrechnen in beiden Fällen bzw. bei beiden Zielgruppen nicht darum zu testen, ob Wirkung, Anwendung usw. der jeweiligen Medikamente und Mittel beherrscht werden, sondern einzig und allein darum herauszufinden, ob das Ergebnis einer (mehr oder weniger) komplexen Textaufgabe richtig berechnet werden kann.

Die vorauszusetzenden Fachkenntnisse der Gruppe 2 können in Fachkompetenztests bei Auswahlverfahren umfangreicher geprüft werden, als sie im Rahmen der folgenden Beispielrechnungen dargestellt sind.

AUFGABENSTELLUNG

Generelle Hinweise zur Bearbeitung:

- Lesen Sie sich die folgenden Aufgabenstellungen gut und gründlich durch!
- Versuchen Sie, die Aufgaben selbstständig zu lösen, und schauen Sie sich nicht vorher die Lösungen an!
- Achten Sie auf das Zeitlimit, aber lassen Sie sich davon nicht gleich unter Zeitdruck setzen. Wenn Sie es beim ersten Mal nicht in der vorgegebenen Zeit schaffen, üben Sie einfach weiter, bis es Ihnen gelingt.
- Konzentrieren Sie sich auf die Zahlen und die damit verbundenen Aufgabenstellungen. Lassen Sie sich nicht von den Mengenangaben oder medizinischen Details verwirren.

TIPP

Sollten Sie während des Tests Verständnisfragen haben, mit der Aufgabenstellung nicht zurechtkommen oder die gestellte Aufgabe nicht verstehen, so können Sie sich jederzeit an die Aufsicht führende Person wenden.

Aufgabe 1

Berechnung von Medikamenten und Dosierungen I

Wir fangen klein an, indem wir zunächst die Dosierung einer Wirkstofflösung berechnen:

In einer Ampulle sind 3 ml enthalten. In diesen 3 ml sind wiederum 150 mg Wirkstoff des Medikamentes enthalten. Sie benötigen insgesamt zwei Ampullen des Medikaments. Dies entspricht 300 mg Wirkstoff in 6 ml. Das Medikament wird mit 44 ml einer anderen Flüssigkeit verdünnt. Der Patient soll von dieser Lösung 10 mg des Medikaments bzw. des Wirkstoffes erhalten.

AUFGABENSTELLUNG

- Wie viel Milligramm (mg) des Wirkstoffes befinden sich in einem Milliliter (ml) der Lösung?
- Wie viel Milliliter dieser Lösung muss der Patient erhalten, wenn er 10 mg des Wirkstoffes bekommen soll?
- Schauen Sie nicht vorher auf die Lösung, sondern versuchen Sie, die Aufgabe selbstständig zu lösen.
- Es sind keine Hilfsmittel (Taschenrechner, Handys usw.) erlaubt.
- Sie haben für diese Aufgabe vier Minuten Zeit.

Aufgabe 2

Berechnung von Medikamenten und Dosierungen II

Im Rettungsdienst ist es unabdingbar, dass Sie Gesamtdosierungen von Wirkstoffen auf der Grundlage des Körpergewichts des Patienten berechnen können:

Eine Ampulle enthält 1 ml, in dem 15 mg Wirkstoff enthalten sind. Der Patient wiegt 84 kg und soll 0,3 mg des Wirkstoffes pro Kilogramm Körpergewicht erhalten.

AUFGABENSTELLUNG

- Wie viel Milliliter müssen dem Patienten verabreicht werden?
- Wie viele Ampullen des Medikaments benötigen Sie?
- Schauen Sie nicht vorher auf die Lösung, sondern versuchen Sie, die Aufgabe selbstständig zu lösen.
- Sie haben für diese Aufgabe vier Minuten Zeit.

Aufgabe 3

Berechnung der benötigten Menge Sauerstoff I

Wie lange reicht der Sauerstoffvorrat in einer Sauerstoffflasche, wenn Sie einen beatmeten Patienten über eine längere Strecke transportieren müssen? Es wäre fatal, wenn Ihnen unterwegs der Sauerstoff ausgeht, nur weil Sie nicht (richtig) berechnen konnten, wie lange dieser reichen wird.

Zur Berechnung müssen Sie nicht Mathematik studiert haben oder von Natur aus ein Mathegenie sein. In der folgenden Aufgabe sollen Sie lediglich zeigen, dass Sie mithilfe der Grundrechenarten und etwas Grundverständnis für die Zusammenhänge in der Lage sind, das richtige Ergebnis zu ermitteln:

Sie haben auf Ihrem Fahrzeug zwei Sauerstoffflaschen mit einem Fassungsvermögen von je 10 l. Eine Flasche davon hat einen Druck von 200 bar, die zweite Flasche hat einen Druck von 140 bar.

AUFGABENSTELLUNG

- Berechnen Sie, wie viel Liter Sauerstoff Ihnen zur Verfügung stehen.
- Einen verbleibenden Restdruck müssen Sie nicht berücksichtigen.
- Schauen Sie nicht vorher auf die Lösung, sondern versuchen Sie, die Aufgabe selbstständig zu lösen.
- Es sind keine Hilfsmittel (Taschenrechner, Handys usw.) erlaubt.
- Sie haben für diese Aufgabe zwei Minuten Zeit.

Berechnung der benötigten Menge Sauerstoff II

Aufgabe 4

Mit dieser Aufgabe erhöhen wir den Schwierigkeitsgrad. Nun sollen Sie nicht nur den zur Verfügung stehenden Gesamtvorrat berechnen, sondern auch die Zeit bis zum vollständigen Verbrauch:

In Ihrem Fahrzeug befinden sich zwei Sauerstoffflaschen mit einem Fassungsvermögen von je 10 l. Eine Flasche hat einen Druck von 180 bar, die zweite einen Druck von 150 bar. Ihr Patient muss mit 8 l Sauerstoff pro Minute beatmet werden.

AUFGABENSTELLUNG

- Berechnen Sie den Gesamtvorrat, der an Sauerstoff zur Verfügung steht.
- Berechnen Sie, wie lange Sie den Patienten mit dem errechneten Vorrat beatmen können.
- Einen verbleibenden Restdruck müssen Sie nicht berücksichtigen.
- Schauen Sie nicht vorher auf die Lösung, sondern versuchen Sie, die Aufgabe selbstständig zu lösen.
- Sie haben für diese Aufgabe sechs Minuten Zeit.

Berechnung von (Desinfektions-)Lösungen I

Aufgabe 5

In den folgenden Aufgaben geht es nicht in erster Linie darum, dass Sie in der Lage sind, eine Desinfektionslösung herzustellen, sondern darum, dass Sie die Aufgabe inhaltlich richtig erfassen und richtig berechnen können:

Stellen Sie 1 000 ml einer 1%igen Desinfektionslösung her.

AUFGABENSTELLUNG

- Berechnen Sie,
  a) wie viel Milliliter Konzentrat Sie dafür benötigen, und
  b) wie viel Milliliter Wasser Sie dafür benötigen.
- Es sind keine Hilfsmittel (Taschenrechner, Handy usw.) erlaubt.
- Sie haben für diese Aufgabe sechs Minuten Zeit.

Aufgabe 6 **Berechnung von (Desinfektions-)Lösungen II**

Stellen Sie 5 l einer 2,5%igen Desinfektionslösung her.

AUFGABENSTELLUNG

- Berechnen Sie,
  a) wie viel Milliliter Konzentrat Sie dafür benötigen, und
  b) wie viel Milliliter Wasser Sie dafür benötigen.
- Sie haben für diese Aufgabe vier Minuten Zeit.

Um Ihre Kenntnisse zu festigen, können Sie die hier aufgeführten Aufgabenstellungen variieren: Hierzu können Sie z. B. die obenstehenden Textaufgaben verwenden und sie mit anderen Ausgangswerten versehen. So bleiben Inhalt und Rechenweg stets gleich, jedoch müssen Sie dann mit jeweils anderen Zahlen rechnen und erhalten dementsprechend ein anderes Ergebnis.

TIPP

Sollten Sie generelle Probleme bei dieser Art von Textaufgaben haben, ziehen Sie unbedingt eine Person zurate, mit der Sie üben können, bis Sie in der Lage sind, den Rechenweg nachzuvollziehen und derartige Aufgaben sicher zu lösen.

TIPP

Literatur zur Vorbereitung:

- Dudenredaktion (2017) Basiswissen Schule – Mathematik 5. – 10. Klasse: Das Standardwerk für Schüler. 6. Aufl., Berlin: Dudenverlag.
- https://www.lernhelfer.de/

Die Lösungen zu diesem Test finden Sie ab S. 235.

5.5 Geschichte und Naturwissenschaften

Auch in diesem Teil können wir Ihnen lediglich einige Beispiele aus dem breiten Fundus möglicher Fragestellungen aus dem Bereich des Allgemeinwissens über Geschichte und Naturwissenschaften anbieten. Es handelt sich damit um Beispiele, die höchstens eine vage Aussage über den Grad Ihres Allgemeinwissens auf diesen Gebieten zulassen, nicht aber über Ihre Eignung für eine Tätigkeit im Rettungsdienst. Auch ist es eher unwahrscheinlich, dass Ihnen solche Fragen im Rahmen eines Auswahlverfahrens für einen Arbeitsplatz im Rettungsdienst gestellt werden, wohl aber kann es sein, dass Ihnen derlei Fragen bei einem Auswahlverfahren für einen Ausbildungsplatz begegnen. Dies liegt daran, dass bei Auswahlverfahren für Ausbildungsplätze Fachkompetenztests (außer im Bereich der Ersten Hilfe) nicht infrage kommen und sich somit der Schwerpunkt zwangsläufig auf Allgemeinwissenstests verlagert. Damit wird ein zusätzliches Auswahlkriterium angelegt, welches eine weitere Objektivierungsmöglichkeit bietet und um die Auswahl von geeigneten Bewerbern auf die zahlenmäßig limitierten Ausbildungsplätze einzugrenzen. Rechnen Sie daher immer damit, dass Ihnen speziell bei Auswahlverfahren für einen Ausbildungsplatz im Rettungsdienst solche Fragen begegnen.

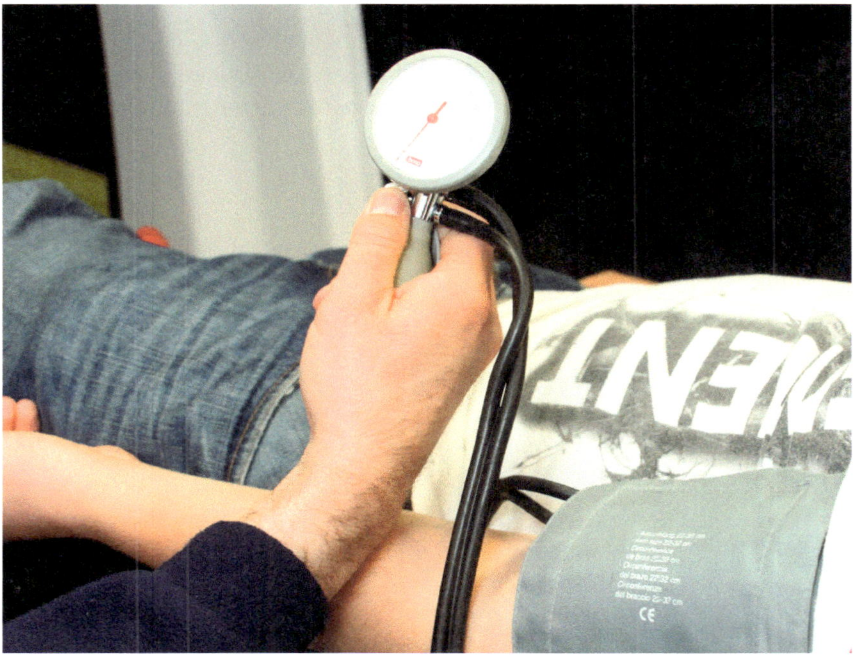

Abb. 8: Das Gebiet Allgemeinwissen über Geschichte und Naturwissenschaften ist ein weites Feld – möglich sind aber auch hier Fragen mit medizinischem Bezug, z. B.: „Wer gilt als der Erfinder eines Blutdruckmessgeräts?"

AUFGABENSTELLUNG

- Lesen Sie sich die nachfolgenden 20 Fragen gut durch und versuchen Sie, diese ohne Hilfsmittel zu beantworten.
- Zur Beantwortung der Fragen haben Sie zehn Minuten Zeit.

1. Auf welchem Forschungsgebiet machte Marie Curie bahnbrechende Entdeckungen?

- ☐ a) Pflanzenkunde
- ☐ b) Herzchirurgie
- ☐ c) Radioaktivität
- ☐ d) Weltraumforschung
- ☐ e) Quantenphysik

2. Welchen Eid schwören Ärzte im Hinblick auf die Grundsätze ihres Berufs? Es ist der Eid des ...

- ☐ a) Sokrates.
- ☐ b) Hippokrates.
- ☐ c) Platon.
- ☐ d) Pythagoras.

3. Schon im Altertum wurde der Wirkstoff Acetylsalicylsäure (bekannt als ASS und enthalten in Aspirin®) als Schmerzstiller genutzt. Woraus wurde er gewonnen?

- ☐ a) Weidenrinde
- ☐ b) Froschbeinen
- ☐ c) Flechten
- ☐ d) Hanfsamen

4. Wer entdeckte das Penicillin?

- ☐ a) Alexander Fleming
- ☐ b) Marie Curie
- ☐ c) Albert Nobel
- ☐ d) Carl Leverkus

5. Wer entdeckte das Tuberkulosebakterium?

- ☐ a) Rainer Arbogast
- ☐ b) Robert Koch
- ☐ c) Max Planck
- ☐ d) Hwang Woo-suk

6. **Wer gilt als der „Vater“ der Evolutionstheorie?**
   - ☐ a) Sigmund Freud
   - ☐ b) Alfred Brehm
   - ☐ c) Charles Darwin
   - ☐ d) Aristoteles

7. **Wann wurde die erste Herztransplantation an einem Menschen durchgeführt?**
   - ☐ a) 1938
   - ☐ b) 1942
   - ☐ c) 1967
   - ☐ d) 1975

8. **Was sind die Keplerschen Gesetze?**
   - ☐ a) Gesetze über die Planeten und deren Laufbahn
   - ☐ b) Gesetze über die Geschwindigkeit von Teilchen
   - ☐ c) Gesetze über das Teilen von Zellen

9. **Welche Entdeckungen sind Robert Koch zuzuordnen?**
   (Es können mehrere Antworten richtig sein.)
   - ☐ a) die Entdeckung des Tuberkulosebakteriums
   - ☐ b) die Entdeckung des Milzbranderregers
   - ☐ c) die Entdeckung des Phänomens der erworbenen Immunität
   - ☐ d) die Entdeckung des Vogelgrippevirus

10. **Wer entdeckte das AB0-Blutgruppen-System?**
   - ☐ a) Karl Landsteiner
   - ☐ b) Alfred Brehm
   - ☐ c) Alfred Nobel
   - ☐ d) Marie Curie

11. **Wer gehört zu den Entdeckern des Aids-Virus (HIV)?**
   (Es können mehrere Antworten richtig sein.)
   - ☐ a) Louis Pasteur
   - ☐ b) Alexander Fleming
   - ☐ c) Robert Gallo
   - ☐ d) Luc Montagnier

12. **Wer gilt als der Erfinder des Buchdrucks?**
   - ☐ a) Aristoteles
   - ☐ b) Louis Pasteur
   - ☐ c) Galileo Galilei
   - ☐ d) Johannes Gutenberg

13. **Wer gilt als der „Vater“ der Atombombe?**

☐ a) Albert Einstein
☐ b) Robert Oppenheimer
☐ c) Alfred Nobel
☐ d) Otto Hahn

14. **Welche der genannten Personen war nie Präsident der USA?**

☐ a) George Washington
☐ b) Thomas Jefferson
☐ c) William T. Sherman
☐ d) Abraham Lincoln
☐ e) Theodore Roosevelt

15. **Wer gilt als einer der Erfinder des Telefons?**

☐ a) William Arnold Anthony
☐ b) Nicolas Appert
☐ c) Augustus Applegath
☐ d) Alexander Graham Bell
☐ e) Frederick Scott Archer

16. **Wer gilt als Erfinder des Dynamits?**

☐ a) Frederick Grant Banting
☐ b) John Barber
☐ c) Alfred Nobel
☐ d) Benjamin Biram

17. **Wer machte das Prinzip des Gleichstroms nutzbar?**

☐ a) Samuel Blumer
☐ b) Thomas Alva Edison
☐ c) Alan Dower Blumlein
☐ d) Nikola Tesla
☐ e) Theobald Böhm

18. **Wer machte das Prinzip des Wechselstroms nutzbar?**

☐ a) Samuel Blumer
☐ b) Thomas Alva Edison
☐ c) Alan Dower Blumlein
☐ d) Nikola Tesla
☐ e) Theobald Böhm

19. Wer gilt als der Erfinder des Fließbandes/der Fließbandproduktion?

- ☐ a) Adam Opel
- ☐ b) Henry Ford
- ☐ c) Nicolaus Otto
- ☐ d) Rudolf Diesel
- ☐ e) Carl Benz

20. Wer erfand den Phonographen bzw. wer machte die Aufnahme und Wiedergabe von Tönen möglich?

- ☐ a) Johann Sebastian Bach
- ☐ b) Thomas Alva Edison
- ☐ c) Ludwig van Beethoven
- ☐ d) Emil Berliner

TIPP

Literatur zur Vorbereitung:

- Brück J (2007) Allgemeinbildung aktuell. Das Wissen unserer Zeit. München: Compact.
- o. A. (2013) Das große Buch der Allgemeinbildung. Allgemeinbildung in Frage und Antwort. München: Compact.

Die Lösungen zu diesem Test finden Sie ab S. 240.

5.6 Religion

Religion spielt bei über sechs Milliarden Anhängern verschiedener Konfessionen in allen Gesellschaftsordnungen und in allen Ländern eine große Rolle, daher gehört ein gewisses Maß an Wissen über die Religionen zwangsläufig zum Fundus des Allgemeinwissens. Außerdem ist die Tätigkeit im Rettungsdienst durchaus auch durch religiöse Werte wie Nächstenliebe, Barmherzigkeit und Humanität geprägt.

Da in Deutschland sehr viele Gläubige aus allen Religionen leben, wird man im täglichen Einsatz zwangsläufig mit gläubigen/religiösen Menschen aller Konfessionen konfrontiert. Zwei der großen Hilfsorganisationen und Betreiber von Rettungsdiensten haben eine religiöse Grundausrichtung bzw. einen religiösen Ursprung (JUH: evangelisch; MHD: katholisch).

Trotz all dieser Gründe werden Fragen zur Religion im Rahmen von Auswahlverfahren eher die Ausnahme sein und sollen an dieser Stelle daher nicht überbewertet werden. Da aber auch der Prozess der Entwicklung und Gestaltung von Auswahlverfahren dynamisch ist, können folgende Tipps und Hinweise gegeben werden:

- Grundkenntnisse über die Religionen gehören zum Allgemeinwissen und könnten in einem Allgemeinwissenstest, speziell bei den Leistungserbringern mit religiösem Hintergrund, durchaus einmal vorkommen.
- Wenn Sie sich bei einer solchen Organisation bewerben, sollten Sie sich bei der Vorbereitung auf ein Auswahlverfahren mit den Werten und Grundsätzen dieser Organisation und deren Glauben etwas intensiver beschäftigen.

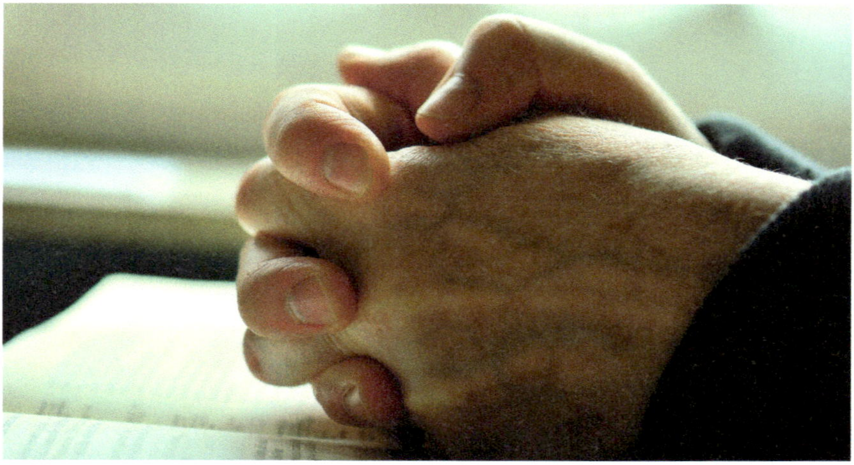

Abb. 9: Im Rettungsdienst kommen Sie mit Menschen verschiedener Religionen und Glaubensrichtungen in Kontakt. Ein Grundwissen zu den religiösen Vorstellungen und den Ritualen ist für den verständnisvollen Umgang beim Rettungseinsatz hilfreich.

- Die in Deutschland vorherrschende Religion ist das Christentum in den beiden Hauptglaubensausrichtungen katholisch und evangelisch, daher sind Fragen aus diesem Themenkreis die wahrscheinlichsten. Fragen zu anderen Glaubensrichtungen, wie z. B. zum Islam, sind eher unwahrscheinlich, aber dennoch möglich.

Die folgenden Fragen sind nur Beispiele für religiöses Allgemeinwissen.

AUFGABENSTELLUNG

- Arbeiten Sie die Fragen ohne Hilfsmittel durch.
- Ein Zeitlimit gibt es nicht.

1. Wie viele große Weltreligionen gibt es?

☐ a) zwei
☐ b) vier
☐ c) fünf
☐ d) acht

2. Nennen Sie alle großen Weltreligionen.

____

____

____

____

____

____

____

____

____

____

____

3. Was feiern Christen mit dem Osterfest?

☐ a) die Geburt Jesu Christi
☐ b) die Taufe Jesu Christi
☐ c) die Auferstehung Jesu Christi
☐ d) den Tod Jesu Christi am Kreuz

4. **Was war das Geheimzeichen der ersten Christen?**

- ☐ a) Kreuz
- ☐ b) Fisch
- ☐ c) Stern
- ☐ d) Kerze

5. **Wie hießen die Eltern von Jesus Christus?**

- ☐ a) Adam und Eva
- ☐ b) Josef und Maria
- ☐ c) Franziskus und Elisabeth
- ☐ d) Simon und Josefa

6. **Was bedeutet „Konfession"?**

- ☐ a) Vermutung
- ☐ b) Bekenntnis
- ☐ c) Glaube
- ☐ d) Verleumdung

7. **In welchen Sprachen wurde die Bibel ursprünglich geschrieben?**

- ☐ a) Israelitisch und Römisch
- ☐ b) Latein und Deutsch
- ☐ c) Hebräisch und Griechisch

8. **Wer empfing die Zehn Gebote auf dem Berg Sinai?**

- ☐ a) Moses
- ☐ b) Jesus
- ☐ c) Luther
- ☐ d) Noah

9. **Wie heißt die Heilige Schrift der Juden?**

- ☐ a) Tanach
- ☐ b) Koran
- ☐ c) Bibel
- ☐ d) Veden

10. **Welches ist das Symbol der jüdischen Religion?**

- ☐ a) Kreuz
- ☐ b) Polarstern
- ☐ c) Davidstern
- ☐ d) roter Halbmond

11. Wie ist der alttestamentliche/hebräische Name Gottes?

- ☐ a) Allah
- ☐ b) Jahwe
- ☐ c) Shiwa
- ☐ d) Jesus

12. Was versteht man unter „Sabbat"?

- ☐ a) Bezeichnung für das jüdische Weihnachtsfest
- ☐ b) Gedenktag für alle Verstorbenen des Jahres
- ☐ c) Sonntag
- ☐ d) jüdischer Ruhetag mit bestimmten Ritualen

13. Das Passahfest ist ein fester Bestandteil der jüdischen Tradition. Was feiern Juden an diesem Tag?

- ☐ a) Weihnachten
- ☐ b) Empfang der Zehn Gebote durch Moses
- ☐ c) Taufe eines Kindes
- ☐ d) Auszug ihres Volkes aus Ägypten (Exodus)

14. Was ist „Bar Mitzwa"?
(Es können mehrere Antworten richtig sein.)

- ☐ a) jüdische Hochzeit
- ☐ b) religiöse Mündigkeit eines jüdischen Jungen mit 13 Jahren
- ☐ c) Feier zur religiösen Mündigkeit jüdischer Jungen
- ☐ d) Feier zur Verlobung

15. Wie nennt man eine Person, die dem Islam angehört?

- ☐ a) Muezzin
- ☐ b) Israelit
- ☐ c) Moslem
- ☐ d) Moschee

16. Wer gilt als Begründer des Islam?

- ☐ a) Buddha
- ☐ b) Mohammed
- ☐ c) Zeus
- ☐ d) Isaak

17. Wie heißt die Heilige Schrift des Islam?

- ☐ a) Thora
- ☐ b) Koran
- ☐ c) Bibel
- ☐ d) Veden

18. **Was ist Muslimen aufgrund ihres Glaubens untersagt?**
(Es können mehrere Antworten richtig sein.)

- ☐ a) Annahme von Bluttransfusionen
- ☐ b) Verzehr von Lebensmitteln, die als „haram“ gelten
- ☐ c) Heiraten
- ☐ d) Verzehr von Schweinefleisch und Alkohol

19. **Das muslimische Gotteshaus hat einen bestimmten Namen. Welchen?**

- ☐ a) Kirche
- ☐ b) Moschee
- ☐ c) Synagoge
- ☐ d) Kapelle

20. **Wodurch unterscheidet sich der Hinduismus grundlegend von vielen anderen Religionen?**

- ☐ a) Verehrung eines Dämons
- ☐ b) kennt keinen Gott
- ☐ c) ist polytheistisch (Verehrung mehrerer Götter)
- ☐ d) ist monotheistisch (Verehrung eines Gottes)

21. **Wie lauten die vier Ziele, nach denen Hindus streben?**

- ☐ a) Lebensfreude, Wohlstand, Erlösung, Tugend
- ☐ b) Verzicht, Armut, Demut, Klarheit
- ☐ c) Freiheit, Gleichheit, Wahrheit, Nächstenliebe
- ☐ d) Gerechtigkeit, Freiheit, Einheit, Brüderlichkeit

22. **Was ist ein zentrales Element des Hinduismus?**

- ☐ a) Glaube an Macht
- ☐ b) Glaube an Reichtum
- ☐ c) Glaube an Reinkarnation
- ☐ d) Glaube an die Vergebung aller Sünden

23. **Welche der folgenden Schriften ist die unter den Hindus mehrheitlich als heilig betrachtete?**

- ☐ a) Thora
- ☐ b) Koran
- ☐ c) Veden
- ☐ d) Bibel

24. In welchem Land hat der Hinduismus seinen Ursprung?

- [ ] a) Afghanistan
- [ ] b) Saudi-Arabien
- [ ] c) Indien
- [ ] d) Malaysia

25. Wer gilt als Begründer des Buddhismus?

- [ ] a) Siddhartha Gautama
- [ ] b) Jesus
- [ ] c) Gandhi
- [ ] d) Mohammed

26. Was geschieht nach Ansicht der Buddhisten nach ihrem Tod?

- [ ] a) Die Seele gelangt ins Paradies.
- [ ] b) Sie werden wiedergeboren.
- [ ] c) Sie erstehen wieder auf.
- [ ] d) Nichts.

27. Wie nennt man die wichtigste religiöse Übung im Buddhismus?

- [ ] a) Gebet
- [ ] b) Kung Fu
- [ ] c) Meditation
- [ ] d) Karate

28. In welchem Land ist der Buddhismus entstanden?

- [ ] a) Indien
- [ ] b) Afrika
- [ ] c) Malaysia
- [ ] d) Indonesien

TIPP

Literatur zur Vorbereitung:

- Dudenredaktion (Hrsg.) (2015) Das große Buch der Allgemeinbildung. Was jeder wissen muss. 3. Aufl., Berlin: Dudenverlag.
- Hutter M (2016) Die Weltreligionen. 5. Aufl., München: C. H. Beck.
- Das Online-Portal „Lexas Weltreligionen" bietet ebenfalls einen ersten Überblick: weltreligionen.lexas.org.
- gängige Nachschlagewerke und Universallexika wie z. B. „Brockhaus"

Die Lösungen zu diesem Test finden Sie ab S. 242.

5.7 Organisationsspezifische Fragen

Es wird immer hilfreich sein, wenn Sie sich vor einem Auswahlverfahren ausführlich über Ihren zukünftigen Arbeitgeber oder Ihren Ausbildungsbetrieb informiert haben. Viele Untersuchungen haben inzwischen ergeben, dass die Identifikation mit dem Unternehmen eine erhebliche Bedeutung für die Mitarbeiterzufriedenheit, die Leistungsbereitschaft der Mitarbeiter und damit für den wirtschaftlichen Erfolg und das Image des Unternehmens hat (vgl. Kolle 2013). Um dies evaluieren zu können, wird am häufigsten ein sogenannter „Psychologischer Integritätstest" (PIT®) eingesetzt. Dies passiert wiederum am häufigsten bei Mitarbeitern, die bereits längere Zeit im Unternehmen tätig sind, sie können aber auch Bestandteil von strukturierten Interviews, Assessment-Center oder Vorstellungs- bzw. Bewerbungsgesprächen sein. Items und Skills von PIT® sind unter anderem Fragestellungen wie z. B. (vgl. Reiß 2007):

- *„Wofür steht unser Unternehmen?"*
- *„Warum arbeiten Sie hier?"*
- *„Macht Sie Ihre Arbeit/Tätigkeit glücklich?"*
- *„Haben Sie Ängste und Sorgen im Hinblick auf Ihren Arbeitsplatz?"*
- *„Arbeiten Sie lieber mit anderen zusammen, als mit ihnen im Wettstreit zu stehen?"*
- *„Sind Sie eher ein vernünftiger oder ein abenteuerlicher Typ?"*

Abb. 10: In Auswahlverfahren steht häufig auch die Identifikation mit dem späteren Arbeitgeber im Mittelpunkt. Sie sollten sich mit den ethischen Grundsätzen und Leitlinien des Unternehmens identifizieren können und nach diesen handeln.

Vor allem aber wird bei Auswahlverfahren im Rettungsdienst häufig die Identifikation mit dem Unternehmen bzw. der Organisation – sprich ASB, DRK, JUH, MHD, private Unternehmen – in den Mittelpunkt gestellt (vgl. Hündorf 2016, Kreß 2016). Hierbei werden Ihnen im Rahmen der Bewerbungsgespräche, Interviews und Assessment-Center/schriftlichen Tests u. a. Fragen gestellt, die sich auf das Unternehmen selbst, dessen Aufbaustruktur, Geschichte, Ziele sowie die Grund- und Leitsätze bzw. Grundwerte der Organisation beziehen. Es wird dabei vorausgesetzt, dass Sie sich, z. B. durch Internetrecherche, über die Organisation eingehend informiert haben und Ihr Wissen wiedergeben können, um Ihre Identifikation mit der Organisation sowie deren Zielen und Leitgedanken glaubhaft darlegen zu können. So legt etwa das DRK aufgrund seiner internationalen Reputation großen Wert darauf, dass sich die Mitarbeiter insbesondere mit den Leitlinien und Grundsätzen identifizieren und nach diesen handeln. Das betrifft selbstverständlich auch Sie als späteren Auszubildenden.

TIPP

Informieren Sie sich z. B. über die Grundsätze und Leitlinien des DRK unter:
www.drk.de/das-drk/auftrag-ziele-aufgaben-und-selbstverstaendnis-des-drk/

Fragen, wie sie nachfolgend (beispielhaft) dargestellt sind, können durchaus im Vorstellungsgespräch oder den Interviews (s. Kap. 4), die mit Ihnen im Rahmen des Auswahlverfahrens geführt werden, auftauchen. Es schadet also nicht, wenn Sie sich von den folgenden Fragestellungen zumindest den Teil anschauen, der sich auf Ihren künftigen Arbeitgeber oder Ausbildungsbetrieb bezieht.

Wir haben bei der Auswahl der Fragen versucht, die wichtigsten Eckdaten der jeweiligen Organisation zu erfassen, die jeder, der in der betreffenden Organisation arbeitet, wissen sollte. Dabei konnten allerdings nur die Dachorganisationen auf Bundesebene berücksichtigt werden. Diese sind allerdings tatsächlich als allgemeingültig anzusehen. Die Details zu den regionalen Strukturen Ihres künftigen Arbeitgebers bzw. Ausbildungsbetriebes sollten Sie vor dem Auswahlverfahren in geeigneter Art und Weise selbst noch einmal recherchieren.

Folgende Fragen könnten beispielsweise auftauchen:

- *„Was wissen Sie noch über unsere (regionale) Struktur und unsere Aufgaben?"*
- *„Wissen Sie, was wir in dieser Region alles machen?"*
- *„Wissen Sie, wie viele Rettungswachen (oder andere Einrichtungen) wir in dieser Region haben?"*

In der Regel geben das Internet allgemein und die Webseiten der regionalen Organisation im Besonderen ausreichend Auskünfte über diese Fragen. Auch ein Blick in die Regionalpresse lohnt sich unter Umständen vor einem Auswahlverfahren. Hier können Sie u. a. erfahren, was im Hinblick auf den Rettungsdienst in Ihrer Region aktuell vor sich geht, an welchen Einsätzen Ihr zukünftiger Ausbildungsbetrieb ggf. beteiligt war und was die Organisation sonst noch in der

Region tut (z. B. Kursangebote, etwa zur Ersten Hilfe o. Ä., Mahlzeitenservices, Behindertenbetreuung, Engagement für Migranten usw.).

Die Anzahl der (Beispiel-)Fragen zu den einzelnen Organisationen variiert, dies stellt jedoch keine Wertung im Hinblick auf die Größe oder Wichtigkeit der jeweiligen Organisation dar.

AUFGABENSTELLUNG

- Beantworten Sie die nachfolgenden Fragen.
- Für die Beantwortung der Fragen gibt es kein Zeitlimit.

Deutsches Rotes Kreuz

5.7.1 Deutsches Rotes Kreuz (DRK)

1. **Wer gilt als Begründer der Internationalen Rotkreuz- und Rothalbmond-Bewegung?**
   - ☐ a) Albert Einstein
   - ☐ b) Albert Schweitzer
   - ☐ c) Mutter Theresa
   - ☐ d) Max Planck
   - ☐ e) Henry Dunant

2. **Welches Ereignis gilt als Auslöser für die weltweite Rotkreuz- und Rothalbmond-Bewegung?**
   - ☐ a) Schlacht bei Solferino
   - ☐ b) Schlacht von Stalingrad
   - ☐ c) Dreißigjähriger Krieg
   - ☐ d) Schlacht bei St. Georgen

3. **Was wird allgemein als der Grundstein des heute gültigen humanitären Völkerrechts angesehen?**
   - ☐ a) amerikanische Unabhängigkeitserklärung
   - ☐ b) erste Genfer Konvention
   - ☐ c) Vertrag von Verdun
   - ☐ d) Versailler Vertrag

4. **Was sind (u. a.) die erklärten Grundsätze des DRK?**
   - ☐ a) Freiheit, Gleichheit, Brüderlichkeit
   - ☐ b) Menschlichkeit, Unparteilichkeit, Neutralität, Unabhängigkeit
   - ☐ c) Schnelligkeit, Unbeugsamkeit, Hilfsbereitschaft
   - ☐ d) Sauberkeit, Hygiene, Ästhetik

5. **Was regelt das DRK-Gesetz?**
   (Es können mehrere Antworten richtig sein.)
   - ☐ a) Aufgaben und Rechtsstellung des DRK
   - ☐ b) Schutz des Zeichens und der Bezeichnung
   - ☐ c) Vergütung und Finanzierung
   - ☐ d) Ausstattung mit Material und Personal

6. **Wann wurde das Rote Kreuz in Deutschland gegründet?**
   - ☐ a) 1846
   - ☐ b) 1888
   - ☐ c) 1921
   - ☐ d) 1933

7. **Welches Jahr gilt als die Geburtsstunde der Internationalen Rotkreuz- und Rothalbmond-Bewegung?**
   - ☐ a) 1820
   - ☐ b) 1859
   - ☐ c) 1900
   - ☐ d) 1960

8. **Wie viele hauptamtliche Mitarbeiter hat das DRK in Deutschland?**
   - ☐ a) ca. 500 000
   - ☐ b) ca. 300 000
   - ☐ c) ca. 160 000
   - ☐ d) ca. 50 000

9. **Wie viele Freiwillige engagieren sich ehrenamtlich im DRK in Deutschland?**
   - ☐ a) ca. zwei Millionen
   - ☐ b) ca. eine Million
   - ☐ c) ca. 400 000
   - ☐ d) ca. 50 000

10. **Wo befindet sich der Sitz des DRK?**
    - ☐ a) Bonn
    - ☐ b) München
    - ☐ c) Berlin
    - ☐ d) Nürnberg

11. **Welche erklärten Schwerpunkte beinhaltet die Arbeit des DRK?**

- ☐ a) politisches Engagement, Erzielung wirtschaftlichen Gewinns
- ☐ b) humanitäre Hilfe, humanitäres Völkerrecht, Sozialarbeit
- ☐ c) Interessenvertretung der arbeitenden Bevölkerung, Arbeitsschutz

DIE JOHANNITER
Aus Liebe zum Leben

5.7.2 Johanniter-Unfall-Hilfe (JUH)

1. **Was ist der Johanniterorden?**

- ☐ a) Arbeiterverein
- ☐ b) politischer Verein
- ☐ c) Ritterorden
- ☐ d) Die richtige Antwort ist nicht dabei.

2. **Wann und wo wurde die Gründung der Johanniter-Unfall-Hilfe in Deutschland beschlossen?**

- ☐ a) 1860 in Nürnberg
- ☐ b) 1945 in Berlin
- ☐ c) 1952 in Hannover
- ☐ d) 1963 in Bonn

3. **Was beinhaltet die Ordensregel des Johanniterordens?**

- ☐ a) Bekenntnis zu Jesus Christus und der Evangelischen Kirche sowie den Dienst am Nächsten
- ☐ b) Bekenntnis zur Katholischen Kirche sowie den Dienst am Nächsten
- ☐ c) Bekenntnis zur Demokratie und die Hilfe für Kranke und Verletzte
- ☐ d) Bekenntnis zum religiösen Leben und den Verzicht auf persönlichen Besitz

4. **Wie hieß der Johanniterorden ursprünglich?**

- ☐ a) Orden vom Spital der heiligen St. Johanna zu Jerusalem
- ☐ b) Orden vom Spital des heiligen St. Johannes zu Akkon
- ☐ c) Orden vom Spital der heiligen St. Johanna zu Akkon
- ☐ d) Orden vom Spital des heiligen St. Johannis zu Jerusalem

5. **Was ist die Johanniter-Unfall-Hilfe?**
(Es können mehrere Antworten richtig sein.)

- ☐ a) Universität
- ☐ b) Ordenswerk des Johanniterordens
- ☐ c) Feuerwehr
- ☐ d) Rettungsdienst

6. **Wann wurde der heutige Johanniterorden in etwa gegründet?**

- ☐ a) um 1100
- ☐ b) um 1300
- ☐ c) um 1500
- ☐ d) um 1800

7. **Wie viele hauptamtliche Mitarbeiter sind derzeit in der Johanniter-Unfall-Hilfe in Deutschland beschäftigt?**

- ☐ a) ca. 100 000
- ☐ b) ca. 50 000
- ☐ c) ca. 20 000
- ☐ d) ca. 5 000

8. **Wie viele Ehrenamtliche engagieren sich in der Johanniter-Unfall-Hilfe in Deutschland?**

- ☐ a) ca. 100 000
- ☐ b) ca. 50 000
- ☐ c) ca. 35 000
- ☐ d) ca. 5 000

5.7.3 Arbeiter-Samariter-Bund (ASB)

1. **Auf was ist die Entstehung des ASB zurückzuführen?**

- ☐ a) auf das Ende des Zweiten Weltkrieges und die dadurch hervorgerufene Not der Arbeiter
- ☐ b) auf die Initiativen von Arbeitern und Handwerkern zur Selbsthilfe im Bereich der Notfallrettung und der Ausbildung in Erster Hilfe
- ☐ c) auf die Genfer Konventionen
- ☐ d) Die richtige Antwort ist nicht dabei.

2. **Wann wurde der ASB in Deutschland in etwa gegründet?**

- ☐ a) um 1100
- ☐ b) um 1300
- ☐ c) um 1500
- ☐ d) um 1900

3. **Wer ist seit 2013 Präsident des ASB in Deutschland?**

- ☐ a) Angela Merkel
- ☐ b) Joachim Gauck
- ☐ c) Franz Müntefering
- ☐ d) Gerhard Schröder

4. **Welche Aufgaben nimmt der ASB u. a. wahr?**
   (Es können mehrere Antworten richtig sein.)
   - ☐ a) Rettungsdienst, Katastrophenschutz
   - ☐ b) Sicherheitsdienst, Eventmanagement
   - ☐ c) Sozialarbeit, Altenheime, Essen auf Rädern
   - ☐ d) Rückholdienste, Flüchtlingsbetreuung

5. **Wie viele hauptamtliche Mitarbeiter beschäftigt der ASB in Deutschland?**
   - ☐ a) ca. 5 000
   - ☐ b) ca. 15 000
   - ☐ c) ca. 40 000
   - ☐ d) ca. 50 000

6. **Wie viele Ehrenamtliche engagieren sich im ASB in Deutschland?**
   - ☐ a) ca. 2 000
   - ☐ b) ca. 20 000
   - ☐ c) ca. 30 000
   - ☐ d) ca. 35 000

Malteser
...weil Nähe zählt.

5.7.4 Malteser Hilfsdienst (MHD)

1. **Seit wann gibt es den Malteser Hilfsdienst in Deutschland?**
   - ☐ a) 1863
   - ☐ b) 1928
   - ☐ c) 1945
   - ☐ d) 1953

2. **Wie lautet der Leitsatz des Malteserordens?**
   - ☐ a) „Glaube, Hoffnung, Nächstenliebe"
   - ☐ b) „Armut, Demut, Gottesfurcht"
   - ☐ c) „Bezeugung des Glaubens und Hilfe den Bedürftigen"
   - ☐ d) „Liebe Deinen Nächsten wie Dich selbst"
   - ☐ e) Die richtige Antwort ist nicht dabei.

3. **Was ist das höchste Zentralorgan der Malteser?**
   - ☐ a) Generalsekretariat
   - ☐ b) Bundesverband
   - ☐ c) Präsidium
   - ☐ d) geschäftsführender Vorstand

4. **Welche Haupttätigkeitsbereiche hat der Malteser Hilfsdienst?**
   - ☐ a) Kindergärten, Altenheime, Krankenhäuser
   - ☐ b) Behindertenwerkstätten, Sozialstationen, Hospize
   - ☐ c) Bahnhofsdienste, Armenküchen, Kleiderkammern
   - ☐ d) Ausbildung, Notfallvorsorge, Jugendarbeit, soziale Dienste
   - ☐ e) Die richtige Antwort ist nicht dabei.

5. **Wie viele hauptamtliche Mitarbeiter arbeiten beim Malteser Hilfsdienst in Deutschland?**
   - ☐ a) ca. 200 000
   - ☐ b) ca. 100 000
   - ☐ c) ca. 31 000
   - ☐ d) ca. 5 000

6. **Wie viele Ehrenamtliche engagieren sich im Malteser Hilfsdienst in Deutschland?**
   - ☐ a) ca. 150 000
   - ☐ b) ca. 100 000
   - ☐ c) ca. 50 000
   - ☐ d) ca. 5 000

TIPP

Literatur zur Vorbereitung:
- Sarnowsky J (2011) Die Johanniter. Ein geistlicher Ritterorden in Mittelalter und Neuzeit. München: C. H. Beck.
- Schomann S (2013) Im Zeichen der Menschlichkeit. Geschichte und Gegenwart des Deutschen Roten Kreuzes. München: DVA.
- Staehle E (2002) Geschichte der Johanniter und Malteser. 3 Bd., Gnas: Weishaupt.
- Wedekind EL (2008): Geschichte des Johanniter-Ordens. Die Ritter und die Ordensgeschichte unter besonderer Berücksichtigung des Heermeistertums Sonnenburg oder der Ballei Brandenburg. Leipzig: Bohmeier.
- https://www.asb.de/ueber-uns
- https://www.falck.de/de/falckgermany/standorte/

Die Lösungen zu diesem Test finden Sie ab S. 245.

5.8 Erste Hilfe

Fragen zur Ersten Hilfe (EH) werden immer dann auftauchen, wenn Sie sich auf einen Ausbildungsplatz im Rettungsdienst bewerben. Ein großes Interesse an dieser Thematik ist faktisch die Grundvoraussetzung für eine Ausbildung und spätere Tätigkeit im Rettungsdienst.

Für die Ausbildung zum Rettungssanitäter wird die Absolvierung eines Erste-Hilfe-Kurses genauso vorausgesetzt wie für den Erwerb des Führerscheins. In der Regel darf der Erste-Hilfe-Kurs bei Beginn der Ausbildung nicht länger als ein halbes Jahr zurückliegen. Auch für die Ausbildung zum Rettungsassistenten war dieser eine festgeschriebene Voraussetzung.

Da Bewerber auf einen Ausbildungsplatz in aller Regel gerade erst ihre schulische Laufbahn beendet haben und damit noch sehr jung sind und oftmals auch noch nicht über einen Führerschein verfügen (Voraussetzung für die Ausbildung zum Rettungsassistenten war u. a. noch ein Mindestalter von 18 Jahren), ist es sehr wahrscheinlich, dass sie auch noch keinen EH-Kurs absolviert haben.

Fast alle Ausbildungsbetriebe legen jedoch großen Wert darauf, dass Sie größeres Interesse an der Berufsthematik zeigen und verstehen, dass auch Rettungsdienst mit Erster Hilfe beginnt (Stichwort „Rettungskette"). Häufig wird auch die Frage *„Wie wichtig ist die Erste Hilfe?"* gestellt, die dann in der Gruppe diskutiert

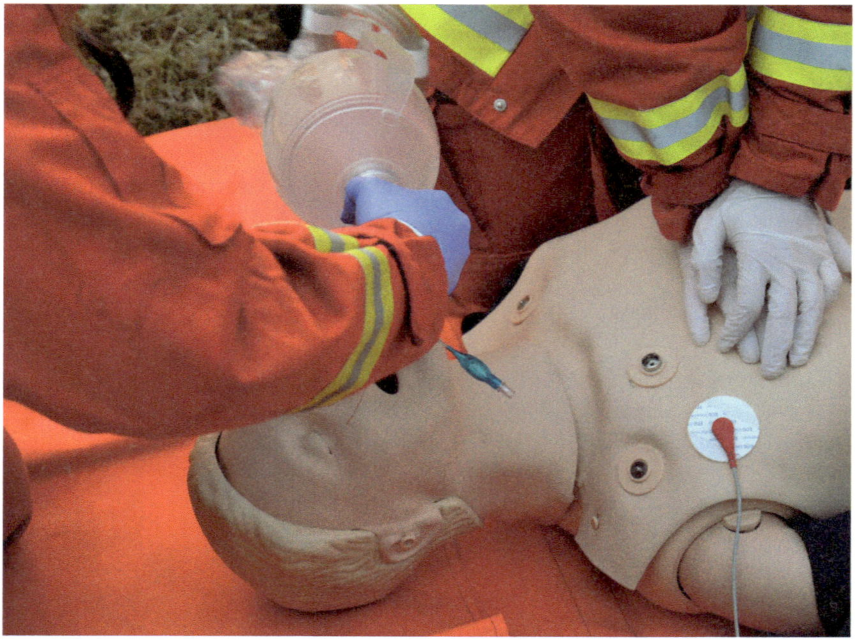

Abb. 11: Wenn Sie sich auf einen Ausbildungsplatz zum Notfallsanitäter bewerben, sollten Sie zuvor einen Erste-Hilfe-Kurs absolviert haben.

werden soll. In der Diskussion können die Bewerber u. a. durch richtige und nachvollziehbare Argumentation unter Beweis stellen, wie sehr Sie das Thema verinnerlicht und verstanden haben. In der Diskussion geht es aber auch um soziales Verhalten und Kommunikationsformen: Welchen Platz nimmt ein Bewerber in der Gruppe ein? Wie argumentiert er? Was für ein Typ ist er? usw. Dies wäre ein Beispiel für die Verknüpfung eines Tests mit inhaltlichem/fachlichem Schwerpunkt und einem Test zur Sozialkompetenz, z. B. in Form einer Gruppenübung (s. Kap. 5.12). Außerdem sind natürlich das Verständnis der Inhalte der Ersten Hilfe und die Kenntnis über entsprechende Maßnahmen sehr wichtig für den zukünftigen Beruf.

In letzter Zeit gehen die Ausbildungsbetriebe dazu über, nicht nur theoretische Fragen zur EH zu stellen, sondern auch praktische Übungen durchzuführen. Besonders häufig wird die Durchführung einer Reanimation (Ein-Helfer-Methode, s. u.) und das Herstellen der stabilen Seitenlage als praktische Leistungskontrolle verlangt. Auch die gleichzeitige Erstversorgung mehrerer leicht Verletzter (z. B. mit Kopfplatzwunde, Schürfwunden oder Brüchen) kann im Sinne der Überprüfung von EH-Kenntnissen, aber auch im Sinne eines Stresstests (s. Kap. 5.10.5) durchgeführt werden. Demnach raten wir Ihnen dringend, vor der Teilnahme an einem rettungsdienstlichen Auswahlverfahren einen EH-Kurs zu absolvieren, auch wenn dies nach Notfallsanitätergesetz (NotSanG) keine Voraussetzung für die Ausbildung ist.

5.8.1 Praxistest

Im Folgenden werden die notfallmedizinischen Basismaßnahmen, auf die Sie sich auf jeden Fall einstellen sollten, erklärt und veranschaulicht.

Handeln beim Herz-Kreislauf-Stillstand

Im Rahmen eines Auswahlverfahrens kann Ihnen die Aufgabe gestellt werden, eine Herz-Lungen-Wiederbelebung an einer entsprechenden Puppe (Reanimationsphantom) praktisch durchzuführen. Wenn Sie noch keine Erfahrungen oder Grundausbildung im Rettungsdienst haben, so wird dies auf dem Niveau eines Erste-Hilfe-Kurses geschehen. Sie müssen keine Angst davor haben, dass Ihnen Aufgaben gestellt werden, die das Erste-Hilfe-Niveau überschreiten und denen Sie demzufolge nicht gewachsen wären. Aufgaben, die tatsächlich rettungsdienstliche Erfahrungen voraussetzen, werden den Bewerbern gestellt, die bereits eine Grundausbildung, zum Beispiel als Rettungshelfer (RettH) oder Rettungssanitäter (RettSan), absolviert haben.

Grundsätzlich unterscheidet man bei der Laienreanimation die Ein-Helfer- und die Zwei-Helfer-Methode. Meist wird die Durchführung der Ein-Helfer-Methode verlangt. Es kann aber auch sein, dass Sie mit einem anderen Bewerber gemeinsam die Zwei-Helfer-Methode demonstrieren müssen, um zu zeigen, ob Sie auch im Team die Maßnahmen beherrschen und entsprechend arbeiten können.

INFO

Grundsätzliches Vorgehen:

1. Erkennen eines Herz-Kreislauf-Stillstandes:
   - keine Reaktion auf Ansprechen oder Anfassen, Patient ist bewusstlos
   - keine Atmung erkennbar, fühlbar oder hörbar (es reicht, wenn der Verdacht besteht)
2. Notruf 112 durchführen oder veranlassen.
3. Ist ein Defibrillator (AED) in der Nähe, holen Sie ihn/lassen Sie ihn bringen.

Die AED-Geräte sind einfach zu bedienen. Das Vorgehen wird Ihnen durch entsprechende Piktogramme auf dem Display des Geräts dargestellt. Nach dem Anlegen der Elektroden (Abb. 13) werden Sie durch eine Sprachausgabe beim weiteren Vorgehen angeleitet.

Atemwege freimachen

Machen Sie die Atemwege folgendermaßen frei:

- Überstrecken Sie den Kopf des Patienten nach hinten und bringen Sie ihn durch Anheben des Kinns in eine günstige Position.
- Öffnen Sie vorsichtig so weit wie möglich den Mund des Patienten.
- Schauen Sie hinein, und entfernen Sie sichtbare Fremdkörper wie z. B. Prothesen, Erbrochenes usw. grob mit den Fingern.

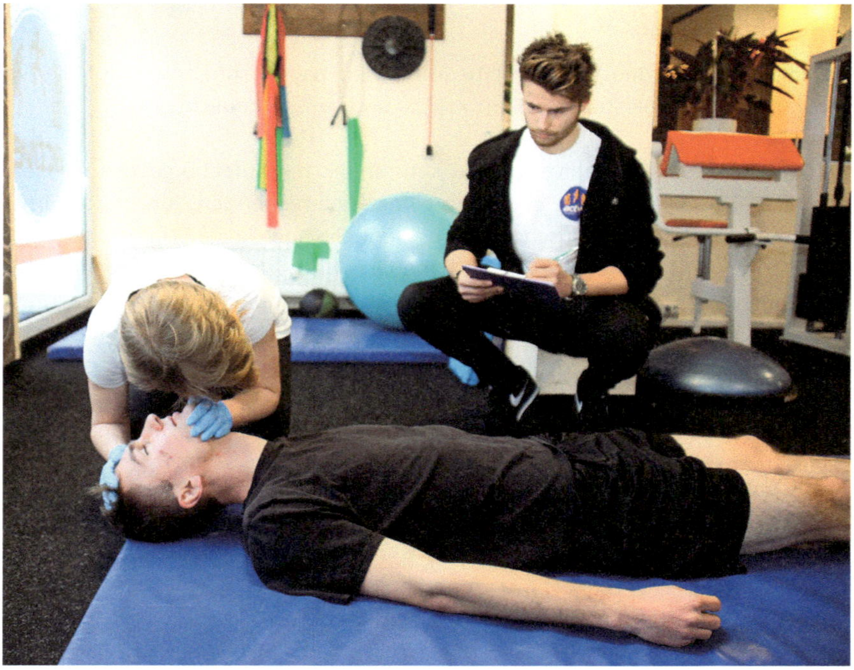

Abb. 12: Überprüfung der Atmung

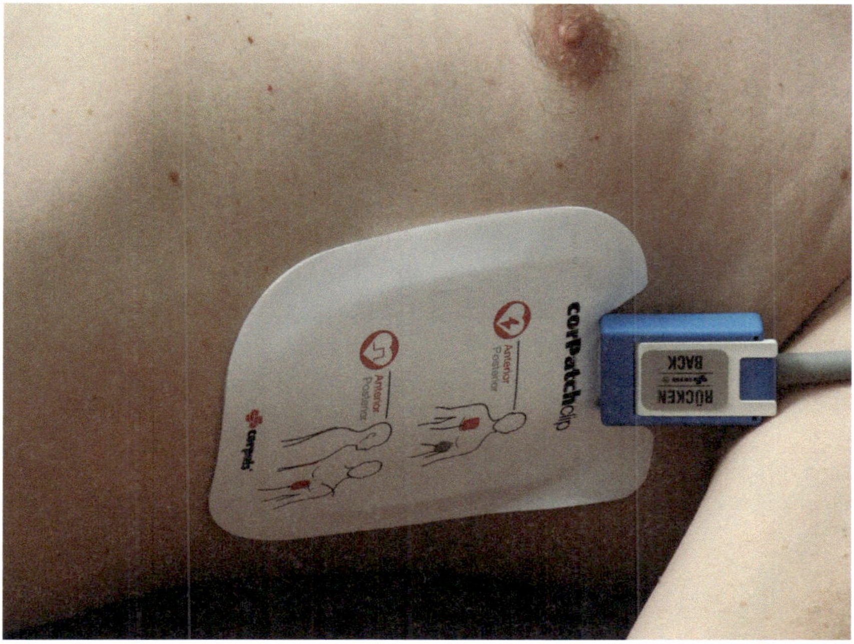

Abb. 13: Positionierung der Elektroden

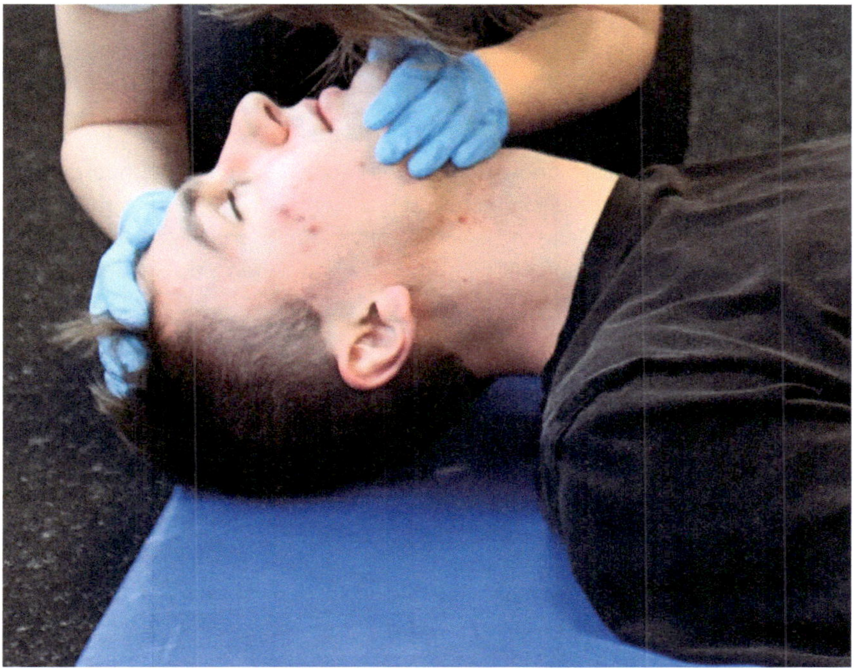

Abb. 14: Überstrecken des Kopfes durch Anheben des Kinns

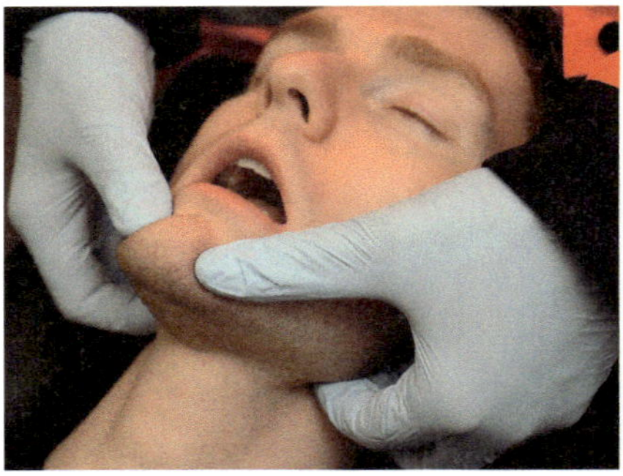
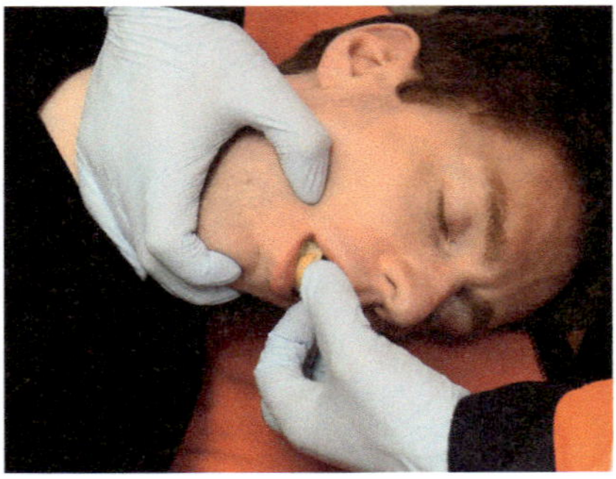

Abb. 15 und 16: Haben Sie den Kopf des Patienten in eine günstige Position gebracht, öffnen Sie dessen Mund und schauen Sie hinein. Entfernen Sie ggf. vorsichtig Fremdkörper.

Hinsichtlich der Herzdruckmassage und der Atemspende ist Folgendes unbedingt zu beachten:

INFO

Beginnen Sie so früh wie möglich ...
1. mit der Herzdruckmassage (30-mal) und
2. der Atemspende durch Mund-zu-Mund- (oder Mund-zu-Nase-)Beatmung (2-mal) jeweils im Wechsel.

Herzdruckmassage und Atemspende werden so lange durchgeführt, bis ein Rettungsteam eintrifft oder der Patient von selbst zu atmen beginnt.

Mund-zu-Mund-Beatmung

Eine Atemspende bei der Mund-zu-Mund-Beatmung geben Sie folgendermaßen:
- Verschließen Sie mit Daumen und Zeigefinger die Nase des Patienten und drücken Sie dessen Nasenflügel zusammen. Ihre Hand liegt dabei auf der Stirn des Patienten auf. Mit der anderen Hand halten Sie sein Kinn hoch und öffnen seinen Mund.
- Atmen Sie normal ein und umschließen Sie mit Ihren Lippen den geöffneten Mund des Patienten.
- Blasen Sie über ca. 1 – 2 Sekunden gleichmäßig Luft in den Mund des Patienten, bis sich dessen Brustkorb sichtbar hebt.
- Atmen Sie erneut ein und wiederholen Sie die Atemspende.
- Setzt die Atmung wieder ein, so bringen Sie den Patienten in die stabile Seitenlage.
- Setzt die Atmung nicht wieder ein, so beginnen Sie unverzüglich mit der Herzdruckmassage (30-mal, s. u.), führen Sie danach zwei weitere Atemspenden durch.
- Wiederholen Sie beide Maßnahmen im Wechsel 30 : 2 so lange, bis der Rettungsdienst eintrifft.

Abb. 17: Ein Beatmungshub bei der Mund-zu-Mund-Beatmung sollte etwa 1 – 2 Sekunden dauern.

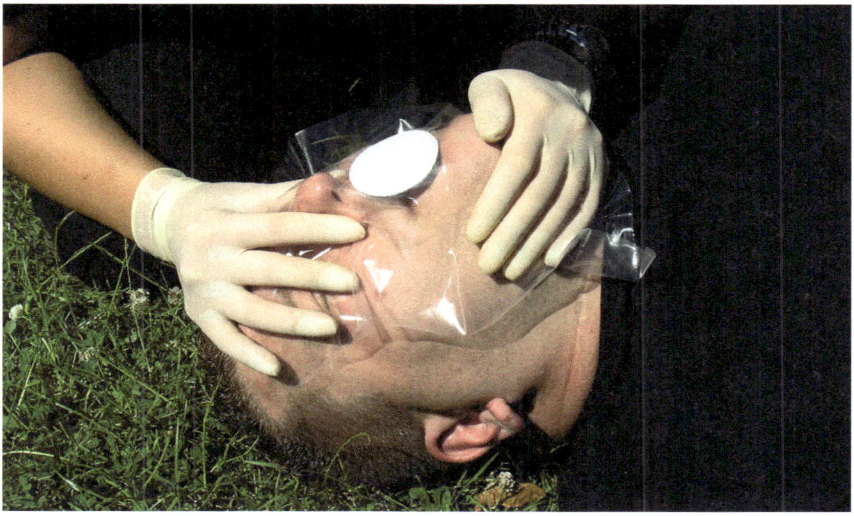

Abb. 18: Notfallbeatmungstuch

TIPP

Benutzen Sie bei der Durchführung der Maßnahmen Handschuhe und ein Notfallbeatmungstuch (Abb. 18). Diese werden Ihnen in der Regel, z. B. in einem Verbandkasten, bereitgestellt.

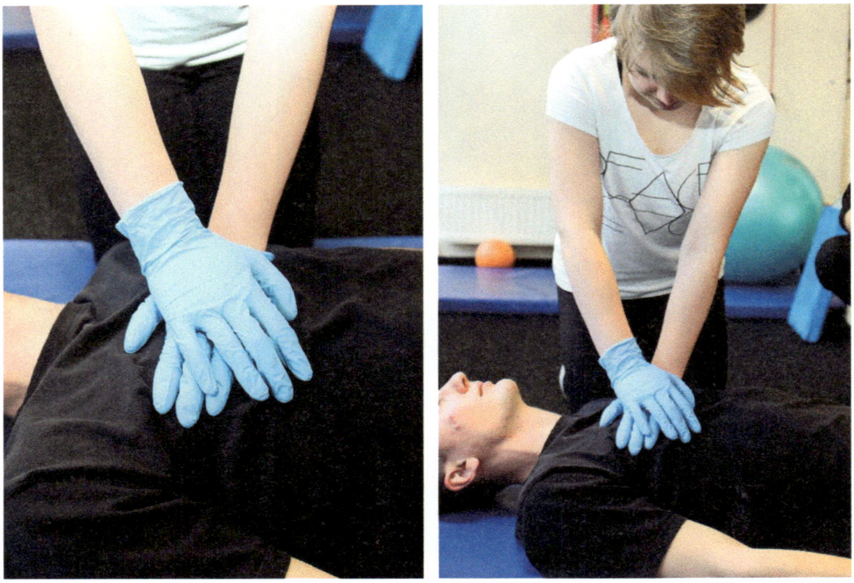

Abb. 19 und 20: Platzieren Sie bei der Herzdruckmassage Ihre Hände in der Mitte des Brustkorbs des Patienten. Strecken Sie Ihre Arme durch, und drücken Sie den Oberkörper des Patienten durch Gewichtsverlagerung 30-mal ca. 5 – 6 cm tief ein.

Herzdruckmassage

Bei der Herzdruckmassage gehen Sie nach den folgenden Schritten vor:

- Knien Sie sich neben dem Betroffenen in Höhe des Brustkorbs hin.
- Platzieren Sie den Ballen einer Hand in der Mitte des Brustkorbs. Den Ballen der anderen Hand setzen Sie auf die erste Hand auf. Strecken Sie Ihre Arme durch, und drücken Sie den Brustkorb des Patienten durch Gewichtsverlagerung Ihres Oberkörpers 30-mal ca. 5 – 6 cm tief ein. Die Frequenz der Kompressionen sollte 100 – 120 pro Minute betragen.
- Beenden Sie Herzdruckmassage und Atemspende erst, wenn der Rettungsdienst eintrifft und die Maßnahmen selbst weiterführt oder der Patient eindeutige Lebenszeichen zeigt. Diese können sein:
  a) normale Atmung
  b) Husten, Schlucken
  c) sonstige Bewegung (z. B. von Armen und Beinen).

TIPP

Es ist allen Bewerbern dringend anzuraten, vor der Teilnahme an einem Auswahlverfahren einen Erste-Hilfe-Kurs zu absolvieren. Dieser sollte ungefähr drei bis vier Monate vor dem Termin des Auswahlverfahrens durchgeführt werden. Die Inhalte, Fertigkeiten und auch praktischen Fähigkeiten der Ersten Hilfe sollten danach gelernt und geübt werden.

5.8.2 Theoretischer Test

Aufgrund der inhaltlichen und thematischen Nähe zwischen Rettungsdienst und Erster Hilfe werden die Ergebnisse der EH-Fragen in der Gesamtbewertung meist höher bewertet und gewichtet, als dies zum Beispiel bei den Fragen zu Geschichte und Naturwissenschaft der Fall ist (s. Kap. 5.5). In der Regel wird ein Gewichtungsfaktor (Multiplikator) von 5 – 10 in diesem Bereich angelegt.

AUFGABENSTELLUNG

- Beantworten Sie die folgenden 20 Fragen. Sie haben dafür zehn Minuten Zeit.

1. **Womit steht der Name „Rautek“ in Verbindung?**
   - ☐ a) mit der Marke einer Rettungstrage
   - ☐ b) mit einem speziellen Rettungsgriff
   - ☐ c) mit einer speziellen Therapie von Brüchen
   - ☐ d) mit einem medizinischen Gerät

2. **Mit welcher Frequenz sollte der Brustkorb bei der Herzdruckmassage gedrückt werden?**
   - ☐ a) etwa 40- bis 50-mal pro Minute
   - ☐ b) etwa 50- bis 60-mal pro Minute
   - ☐ c) etwa 70- bis 80-mal pro Minute
   - ☐ d) etwa 100- bis 120-mal pro Minute

3. **Wie lautet die Faustregel für Herzdruckmassage und Beatmung?**
   - ☐ a) 30-mal drücken, 2-mal beatmen
   - ☐ b) 3-mal drücken, 2-mal beatmen
   - ☐ c) 30-mal drücken, 10-mal beatmen
   - ☐ d) 30-mal drücken, 15-mal beatmen

4. **Was ist der erste Schritt bei der Versorgung einer blutenden Wunde?**
   - ☐ a) vor dem Verbinden der Wunde mögliche Fremdkörper entfernen
   - ☐ b) vor dem Verbinden die Wunde desinfizieren
   - ☐ c) vor dem Verbinden die Wunde gründlich auswaschen
   - ☐ d) die Wunde wie vorgefunden keimfrei abdecken

5. **Wie gehen Sie vor, wenn eine hilfsbedürftige Person zwar bewusstlos ist, aber noch atmet?**
   - ☐ a) Herz-Lungen-Wiederbelebung durchführen und Notruf wählen
   - ☐ b) in Schocklage bringen und Notruf wählen
   - ☐ c) in stabile Seitenlage bringen und Notruf wählen
   - ☐ d) Notruf wählen und auf Hilfe warten

6. **Sonnenstich – was ist als Erstes zu tun?**
   - ☐ a) Patienten im Wasser baden, damit der Körper gekühlt wird.
   - ☐ b) Patienten mit reichlich kühler Sonnenmilch einreiben.
   - ☐ c) Patienten sofort aus der Sonne holen und an einen kühlen Ort bringen.

7. **Das Unfallopfer hat eine stark blutende Wunde, in der ein Fremdkörper steckt. Sie wollen einen Druckverband anlegen. Was müssen Sie dabei beachten?**
   - ☐ a) Laien sollten den Fremdkörper möglichst nicht entfernen. Die Blutung könnte noch schlimmer werden, oder das Objekt könnte abbrechen.
   - ☐ b) Der Fremdkörper muss entfernt werden. Sonst lässt sich der Druckverband nicht anlegen.
   - ☐ c) Fremdkörper sollten vorsichtig und mit sterilen Handschuhen herausgezogen werden, weil sich die Wunde ansonsten entzündet.

8. **Wie ist die Gesichtsfarbe von Patienten mit Schock?**
   - ☐ a) leicht bläulich
   - ☐ b) sehr blass
   - ☐ c) normale Gesichtsfarbe
   - ☐ d) rot

9. **Wie lange müssen Sie Herzdruckmassage und Beatmung bei einer Herz-Lungen-Wiederbelebung durchführen?**
   - ☐ a) Bis der Betroffene wieder normal zu atmen beginnt oder der Notarzt bzw. Rettungsdienst eintrifft und die Maßnahmen fortführt.
   - ☐ b) maximal 10 Minuten, da sonst der Ersthelfer ermüden könnte
   - ☐ c) Wenn die Atmung nach 15 Minuten noch nicht eingesetzt hat, darf der Ersthelfer die Herz-Lungen-Wiederbelebung beenden.

10. **Nach einigen Minuten Herz-Lungen-Wiederbelebung setzt die Atmung wieder ein. Was nun?**
    - ☐ a) Der Verletzte sollte weiter auf dem Rücken liegen, die Beine sollten am besten auf einem Gegenstand erhöht liegen.
    - ☐ b) Der Betroffene wird warm zugedeckt.
    - ☐ c) Bei ausreichender Atmung wird der Bewusstlose in die stabile Seitenlage gebracht.

11. **Unter welcher Telefonnummer erreicht man europaweit den Notruf?**
    - ☐ a) 911
    - ☐ b) 112
    - ☐ c) 110

12. Bei Motorradunfällen darf der Helm des Verletzten ...

- ☐ a) abgenommen werden, wenn der Rettungsdienst eintrifft.
- ☐ b) nur abgenommen werden, wenn mindestens zwei Helfer zur Verfügung stehen.
- ☐ c) nie abgenommen werden.
- ☐ d) nur vom Arzt entfernt werden.

13. Was sollte man bei einem Verletzten zuerst machen?

- ☐ a) Herzdruckmassage
- ☐ b) in stabile Seitenlage bringen
- ☐ c) Mund-zu-Mund-Beatmung
- ☐ d) Bewusstsein überprüfen

14. Warum sollen Bewusstlose in die stabile Seitenlage gebracht werden?

- ☐ a) Damit der Mund des Bewusstlosen zum tiefsten Punkt des Körpers wird und keine Erstickungsgefahr durch z. E. Blut oder Erbrochenes droht.
- ☐ b) Damit man sie besser beatmen kann.
- ☐ c) Damit die Herzdruckmassage einfacher ist.
- ☐ d) Damit sie bequemer liegen.

15. Wie funktioniert die Wiederbelebung bei Säuglingen und Kleinkindern?

- ☐ a) erst Herzdruckmassage, dann beatmen
- ☐ b) genauso wie bei Erwachsenen
- ☐ c) erst beatmen, dann Herzdruckmassage
- ☐ d) ohne Herzdruckmassage, es wird nur beatmet

16. Ein kleines Kind hat von einem Spülmittel getrunken. Was sollte man in diesem Fall *nicht* tun?

- ☐ a) Erbrechen auslösen
- ☐ b) Reste des Reinigers aus dem Mund entfernen
- ☐ c) dem Kind beruhigend zureden

17. Was unternehmen Sie als Sofortmaßnahme, um plötzliches Nasenbluten zu stoppen?

- ☐ a) Ich lege meinen Kopf tief in den Nacken, damit das Blut zurückfließen kann.
- ☐ b) Ich beuge meinen Kopf nach vorn, damit das Blut aus der Nase fließen kann, und kühle Nacken und Stirn.
- ☐ c) Ich drücke meine Nasenflügel fest zusammen.

18. **Nach einer Verstauchung sollte man nach einer bestimmten Regel vorgehen. Wie heißt diese Regel?**
    - ☐ a) AUA-Regel (A wie Abbinden, U wie Unterstützen, A wie Ausruhen)
    - ☐ b) KALB-Regel (K wie Kühlung, A wie Ausruhen, L wie Lagerung, B wie Blutung stoppen)
    - ☐ c) PECH-Regel (P wie Pause, E wie Eis, C wie Compression, H wie Hochlagerung)

19. **Jemandem ist ein winziges Stück Glas ins Auge geraten. Wie leisten Sie am besten Erste Hilfe?**
    - ☐ a) Ich bitte den Betroffenen, sanft über das Auge zu reiben, damit sich das Glasstück im Augenwinkel ablagert.
    - ☐ b) Ich lege einen Schutzverband über das Auge und fahre den Betroffenen zum Augenarzt oder in ein Krankenhaus.
    - ☐ c) Ich versuche, das Glasstück mit einer sterilen Pinzette zu entfernen. Gelingt dies nicht, informiere ich den Notarzt.

20. **Was tun Sie, wenn eine Person einen epileptischen Anfall hat?**
    - ☐ a) Ich halte die Person so gut wie möglich fest, damit sie sich und anderen keinen Schaden zufügen kann.
    - ☐ b) Ich räume Gegenstände beiseite, damit sich die Person nicht verletzen kann.
    - ☐ c) Ich schreie die Person an – meist beruhigt das die Betroffenen.

TIPP

Literatur zur Vorbereitung:

- Enke K et al. (Hrsg.) (2015) LPN. Lehrbuch für präklinische Notfallmedizin. 3 Bd., Bd. 1: Grundlagen der Patientenversorgung und spezielle Notfallmedizin. 5. Aufl., Edewecht: Stumpf + Kossendey.
- Hündorf H-P et al. (Hrsg.) (2018) LPN-San. Lehrbuch für Rettungssanitäter, Betriebssanitäter und Rettungshelfer. 4. Aufl., Edewecht: Stumpf + Kossendey.
- Karutz H, Buttlar M von (2017) Kursbuch Erste Hilfe. 4. Aufl., München: dtv.
- Malteser Hilfsdienst (MHD) (Übers./Bearb.) (2016) Erste-Hilfe-Handbuch. Wissen – Ratschläge – Selbsthilfe. Akt. Neuausg., München: Dorling Kindersley.
- Schnelle R (2011) Startklar für Rettungsdienst und Krankentransport. 2. Aufl., Edewecht: Stumpf + Kossendey.

Die Lösungen zu diesem Test finden Sie ab S. 248.

5.9 Fachkompetenztest

Für Bewerber auf einen Ausbildungsplatz kann als Fachkompetenztest der Erste-Hilfe-Test (s. Kap. 5.8) gelten. Ein Fachkompetenztest für Bewerber mit bereits vorhandener rettungsdienstlicher Qualifikation ähnelt einer „kleinen" Prüfung, die, je nach der Art des zu besetzenden Arbeitsplatzes, an die jeweils erforderliche Qualifikation angepasst ist (Rettungssanitäter, Rettungsassistent, Lehrrettungsassistent, Notfallsanitäter, Praxisanleiter usw.).

Der Fachkompetenztest kann in mündlicher, schriftlicher und/oder praktischer Form, zum Beispiel als Fallbeispiel/Simulation, durchgeführt werden. Dementsprechend muss man sich auf diesen Test wie für eine Prüfung, wie zum Beispiel zum Rettungssanitäter oder zum Notfallsanitäter, in allen drei Teilen vorbereiten.

Eine Eingrenzung der möglichen Themen und zu bearbeitenden Fälle kann nicht vorgenommen werden, da Fragen und Fallbeispiele aus allen Bereichen des Rettungsdienstes infrage kommen:

- Anatomie/Physiologie
- Grundlagen und Techniken
- Berufskunde/Recht/Berufspolitik
- Organisation und Einsatztaktik
- Pharmakologie
- Traumatologie
- Internistische Notfälle
- Pädiatrische Notfälle
- Behandlungsstandards/Algorithmen/SOPs
- usw.

Abb. 21: Bei Fachkompetenztests können Ihre Fähigkeiten sowohl theoretisch ...

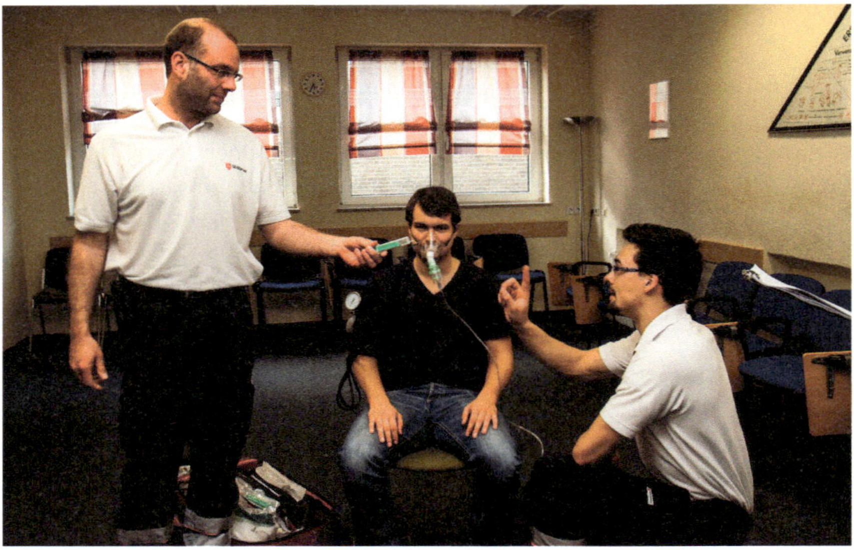

Abb. 22: ... als auch praktisch überprüft werden.

Stay up to date

Es ist also wichtig, dass Sie fachlich fit sind und die Grundlagen Ihres Berufs (entsprechend Ihrer Qualifikation) beherrschen. Darüber hinaus wird im Allgemeinen bei Fachkompetenztests großer Wert auf die Kenntnis aktueller Entwicklungen gelegt. Als gute Beispiele können hier unter anderem die regelmäßig stattfindenden Aktualisierungen der Reanimationsrichtlinien (Guidelines) angeführt werden, etwa des European Resuscitation Council (ERC), der Polytraumaleitlinien der Deutschen Gesellschaft für Unfallchirurgie e. V. (DGU) oder der Leitlinien zur Behandlungen von Schlaganfällen der Deutschen Gesellschaft für Neurologie e. V. (DGN) bzw. der Deutschen Schlaganfall-Gesellschaft (DSG). Diese werden in einem festgelegten Intervall durch die Fachgesellschaften überarbeitet und dem neuesten Stand von Wissenschaft und Forschung angepasst.

Außerdem sind Behandlungsstandards (z. B. SOPs im Hinblick auf erweiterte Maßnahmen), nach denen Rettungsdienstmitarbeiter handeln sollen und die in regionalen Protokollen von den Ärztlichen Leitern festgelegt wurden, gern Gegenstand von Fachkompetenztests. Machen Sie sich daher rechtzeitig schlau, welche SOPs und regionalen Protokolle in dem Bereich, in dem Sie sich bewerben, existieren.

Neben der Wiederholung und Auffrischung von Grundlagen sollten Sie sich also bei der Vorbereitung auf das Auswahlverfahren etwas intensiver mit den Neuerungen auf dem Gebiet der Notfallmedizin beschäftigen. Diese Informationen sind auf den Internetseiten der jeweiligen Fachgesellschaft frei zugänglich. Hilfreich für die Vorbereitung ist es auch, sich die neuesten Ausgaben der einschlägigen Fachzeitschriften (z. B. „Rettungsdienst", „Notfall- und Rettungsmedizin" usw.) zu besorgen und diese aufmerksam zu studieren. In den Fach-

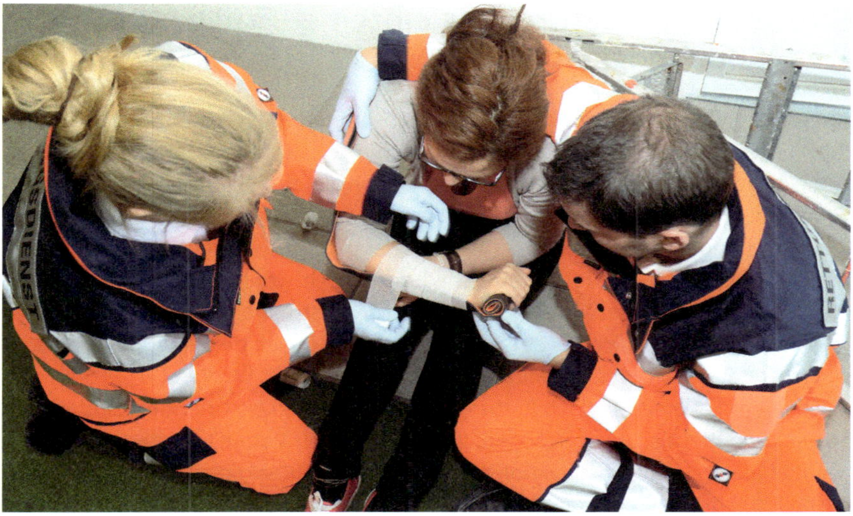

Abb. 23: Der Fachkompetenztest kann auch als Fallbeispiel oder als eine Simulation durchgeführt werden.

zeitschriften werden in der Regel alle Neuerungen und aktuellen Entwicklungen eingehend besprochen. Außerdem werden in den Auswahlverfahren auch gern Fragen gestellt wie: *„Lesen Sie regelmäßig Fachzeitschriften?"*, *„Welche sind das?"*, *„Können Sie uns etwas über den Inhalt der letzten Ausgabe/n berichten?"*

TIPP

In Fachkompetenztests können Ihnen (entsprechend Ihrer Qualifikation) Fragen aus allen Bereichen des Rettungsdienstes gestellt werden. Neben mündlichen und schriftlichen Tests sind auch praktische Tests möglich, wie zum Beispiel das Durchführen einer Reanimation (Säugling, Kind, Erwachsener) oder die praktische Bearbeitung eines Fallbeispiels (internistischer Notfall, traumatologischer Notfall usw.). Neben der Auffrischung Ihres theoretischen Wissens und Ihrer praktischen Fähigkeiten sollten Sie sich mit den aktuellen Entwicklungen auf dem Gebiet der Notfallmedizin ausführlich beschäftigen. Hierzu sollten Sie die im Internet verfügbaren Informationen der Fachgesellschaften nutzen und sich in den aktuellen Fachzeitschriften zum Rettungsdienst und zur Notfallmedizin informieren.

5.10 Tests zur Beurteilung einzelner Fähigkeiten und Fertigkeiten

Abgesehen von zu besetzenden Führungspositionen spielen aus der großen Vielfalt von Eignungstests zur Ermittlung bestimmter Fähigkeiten und Fertigkeiten nur wenige tatsächlich eine Rolle für den Rettungsdienst. Während für die Besetzung von Führungspositionen Tests wie die „Postkorbübung", EDV-Kenntnis-Tests und andere mehr durchaus sinnvoll sein können, haben sie für den „normalen" Rettungsdienst oder die Ausbildung jedoch wenig oder gar keine Relevanz. Ebenso sind Kreativitätstests, Tests zur Abstraktionsfähigkeit, Logik und Mechanik wenig hilfreich bei der Entscheidung zur Besetzung einer Stelle als Rettungssanitäter oder Notfallsanitäter.

Durchaus relevant für den Rettungsdienst und tätigkeitsorientiert sind jedoch Tests zum Orientierungsvermögen, zum räumlichen Vorstellungsvermögen, zur Merkfähigkeit und zur Reaktionsgeschwindigkeit (Reaktionstests). Auch wird gerne im Rahmen eines sog. Stressinterviews überprüft, wie Sie sich unter Stress verhalten. Einige Beispiele dazu werden auf den folgenden Seiten vorgestellt.

Es sei an dieser Stelle jedoch noch einmal darauf hingewiesen, dass es durchaus erhebliche Unterschiede bei der Zusammensetzung von Tests im Rahmen von Auswahlverfahren/Assessment-Centern gibt. Insbesondere bei Feuerwehr und Bundeswehr werden z. B. Testverfahren zu Mechanik, Logik, Chemie, Physik usw. eingesetzt. Informieren Sie sich deshalb stets rechtzeitig darüber, welche Tests im jeweiligen Ausbildungsbetrieb angewendet werden. Eine Auswahl von Links für weitere Informationen finden Sie auch im Anhang.

5.10.1 Ortskundeprüfung und Ortskenntnisnachweis

In den meisten Rettungsdiensten werden für Neueinsteiger sogenannte Ortskundeprüfungen durchgeführt. Mit „Neueinsteigern" sind grundsätzlich alle gemeint, die neu bei einem bestimmten Rettungsdienst beginnen, unabhängig davon, ob sie bereits über eine Qualifikation verfügen oder ob es sich um Auszubildende handelt.

In vielen Bundesländern ist die Ortskundeprüfung heute nicht mehr verpflichtend und wird nur fakultativ durchgeführt. In den Bundesländern, in denen für die Tätigkeit im Rettungsdienst noch die Pflicht zur Erlangung der Fahrgastbeförderung besteht (Personenbeförderungsschein nach Personenbeförderungsgesetz und Fahrerlaubnisverordnung, kurz „P-Schein" oder „Taxi-Schein" genannt), etwa Sachsen und Brandenburg, muss diese Prüfung im Rahmen des Genehmigungs- bzw. Erteilungsverfahrens bei der zuständigen Behörde abgelegt werden. In diesem Fall nennt sich die Ortskundeprüfung „Ortskenntnisnachweis". Dieser ist in nur wenigen Bundesländern verpflichtend für das Rettungsdienstpersonal geregelt. Bitte informieren Sie sich daher, welche Regelung in Ihrem Bundesland gilt. Diese Information kann Ihnen in der Regel jeder Rettungsdienstmitarbeiter oder die Rettungsdienstleitung geben.

Abb. 24: Trotz technischer Annehmlichkeiten (wie Navigationsgeräten) benötigen Sie im Rettungsdienst auch entsprechende Ortskenntnisse, um schnellstmöglich den Einsatzort oder z. B. die versorgende Klinik erreichen zu können.

Der wesentliche Unterschied zwischen der Ortskundeprüfung im Rettungsdienst und dem Ortskenntnisnachweis zur Erlangung des Personenbeförderungsscheins liegt in der Durchführung bzw. dem Inhalt der Prüfung:

Ortskenntnisnachweis

Beim behördlichen Ortskenntnisnachweis werden Fragen zu bekannten Sehenswürdigkeiten und Gebäuden, öffentlichen Einrichtungen oder Stadtteilen gestellt und Fahrstrecken abgefragt, wobei Start- und Zielpunkt vorgegeben werden und vom Prüfling verlangt wird, den kürzesten Weg zum Zielort möglichst detailliert und präzise, z. B. durch die Nennung der Straßennamen in der richtigen Reihenfolge, anzugeben. Der Ortskenntnisnachweis wird in schriftlicher Form abgelegt.

Ortskundeprüfung

Die Ortskundeprüfung im Rettungsdienst orientiert sich stärker an den spezifischen Notwendigkeiten. Hier werden vor allem die Standorte von Kliniken, Arztpraxen, Alten- und Pflegeheimen, Hospizen, Geburtshäusern und sonstigen relevanten Einrichtungen mit Wegbeschreibung abgefragt. Zwei Beispiele dazu:

BEISPIEL

(A) Sie befinden sich auf Ihrer Rettungswache in der Schillerstraße 5. Sie erhalten den Auftrag, einen Krankentransport von der Arztpraxis Müller in der Victoria-Allee 8 in die Klinik Bachstraße 25 durchzuführen.

Beschreiben Sie die kürzeste Fahrstrecke zunächst zur Arztpraxis und anschließend zur Klinik anhand der Straßennamen in der richtigen Reihenfolge entsprechend dem Fahrweg.

(B) Sie befinden sich auf der Rückfahrt zur Wache. Ihr momentaner Standort ist die Hauptstraße 38 in Höhe des Rathauses. Sie erhalten den Auftrag, mit Sondersignal in die Sportarena in der Cäcilienstraße 1 zu fahren.
Beschreiben Sie die kürzeste bzw. schnellste Fahrstrecke anhand der Straßennamen in der richtigen Reihenfolge entsprechend dem Fahrweg.

Außerdem gibt es in jedem Rettungsdienstbereich spezielle geografische Punkte mit besonderer rettungsdienstlicher Relevanz, wie z. B. Rendezvous-Punkte, Forstrettungspunkte, beliebte Ausflugsziele, Badeseen usw., die ebenfalls abgefragt werden. Die Vorgabe von Start und Zielpunkten mit anschließender Abfrage der kürzesten bzw. schnellsten Strecke ist identisch mit dem behördlichen Ortskenntnisnachweis.

Auf beide Prüfungsarten muss man sich einstellen, da trotz des behördlichen Ortskenntnisnachweises aufgrund ihrer Spezifik und Relevanz oftmals eine zusätzliche Ortskundeprüfung von den Rettungsdiensten durchgeführt wird.

Sie werden nicht ins offene Messer laufen gelassen

Wenn diese Prüfungen durchgeführt werden, können Sie immer davon ausgehen, dass Ihnen dies rechtzeitig vorher mitgeteilt wird. Sie erhalten in diesem Fall meist auch (umfangreiche) Unterlagen und/oder Hinweise darüber, was Sie konkret für die Prüfung lernen müssen.

Im ersten Schritt sollten Sie so viel wie möglich auswendig lernen. Im zweiten Schritt ist es hilfreich, sich von einem Freund abfragen zu lassen, bis Sie das Gefühl haben, die notwendige (Treff-)Sicherheit erlangt zu haben.

5.10.2 Merkfähigkeitstest

Dieser Test wird vor allem bei der Bundeswehr, Polizei und Feuerwehr durchgeführt. Rettungsdienste der Hilfsorganisationen oder private Unternehmen verwenden diesen Test (bislang) kaum. Beim Merkfähigkeitstest kommt es darauf an, sich den Inhalt eines Textes so genau wie möglich zu merken, um ihn anschließend entweder frei wiedergeben oder gezielte Fragen dazu beantworten zu können.

Die folgende Aufgabe ist nur ein Beispiel dafür, wie Tests zur Evaluation der Merkfähigkeit aufgebaut sein können. Das Thema spielt dabei keine entscheidende Rolle, sondern allein die im Text versteckten Fakten. Für die Beispielaufgabe wurde ein Text mit rettungsdienstlicher Thematik gewählt, Sie können aber durchaus davon ausgehen, dass Ihnen im Auswahlverfahren auch andere Themen vorgelegt werden.

AUFGABENSTELLUNG

- Lesen Sie sich den Text gründlich durch, und versuchen Sie, sich so viel wie möglich zu merken.
- Sie haben dazu zwei Minuten Zeit.

- Versuchen Sie, den Inhalt des Textes so genau wie möglich zu erfassen und bei der Beantwortung der Fragen auf der Folgeseite wiederzugeben.
- Schauen Sie sich vor dem Lesen des Textes nicht die Fragen an.
- Schummeln Sie nicht, indem Sie bei der Beantwortung in den Text schauen, sondern beantworten Sie die Fragen allein aus Ihrem Gedächtnis heraus!

Abwandlung der Aufgabe: Der Text kann auch vorgelesen werden. In diesem Fall ist die Aufgabe etwas schwieriger, da der visuelle Eindruck entfällt. Es kann jedoch erlaubt sein, dass Sie sich während des Vorlesens Notizen machen dürfen.

Aufgabe

Text zur Merkfähigkeit

Sie werden zu einem Patienten gerufen, der über Herzbeschwerden klagt und über ein Stechen in der Brust, das in die linke Schulter ausstrahlt. Der Patient heißt Werner Pawlik, ist 55 Jahre alt, zeigt ein sehr ordentliches äußeres Erscheinungsbild, ist sportlich, 193 cm groß, wiegt 86 kg, wohnt in der Gartenstraße 58 und ist bei der DAK versichert. In der Wohnung wird Herr Pawlik von Frau Maurer, seiner Schwester, die gerade zu Besuch ist, betreut. Da es Herrn Pawlik anscheinend nicht besonders gut geht, berichtet Frau Maurer, dass ihr Bruder Journalist und gerade von einer Dienstreise aus dem Sudan zurückgekehrt sei. Seit seiner Rückkehr klage er über Unwohlsein, Kopfschmerzen und leichtes Fieber. Er nehme daher bereits seit zwei Tagen mehrere Tabletten Aspirin® und ein Mittel gegen Übelkeit ein. Das Stechen in der Brust sei erst vor einigen Stunden aufgetreten und seither schlimmer geworden.

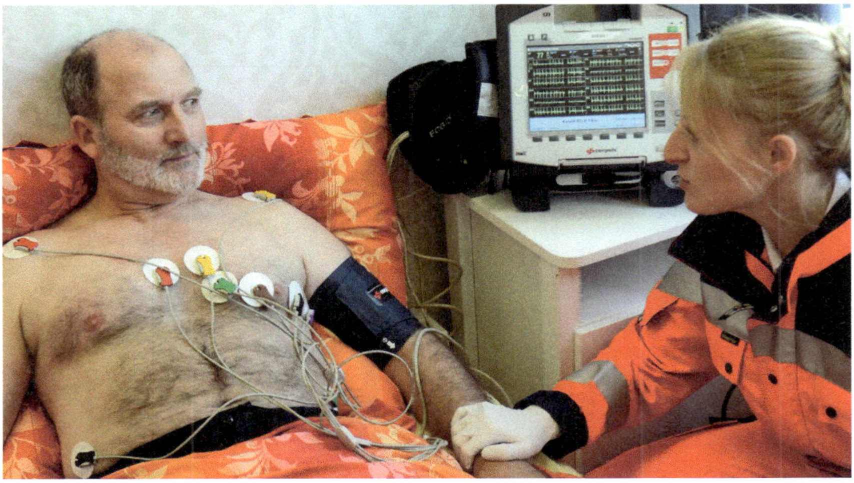

Abb. 25: Beim Merkfähigkeitstest wird anhand eines fiktiven Fallbeispiels, das Ihnen in dieser Form aber durchaus im späteren Arbeitsalltag begegnen wird, Ihre Fähigkeit überprüft, sich an Informationen zu erinnern.

Fragen zur Merkfähigkeit

Wie heißt der Patient?

Welche Verletzung hat der Patient?

Welche Beschwerden hat der Patient aktuell?

Wie viel wiegt der Patient?

Wie groß ist der Patient?

Welche Medikamente nimmt der Patient ein?

Welche Vorerkrankungen hat der Patient?

Wer ist Frau Maurer?

Bei welcher Krankenkasse ist der Patient versichert?

Welchen Beruf übt der Patient aus?

TIPP

Lassen Sie sich nicht ins Bockshorn jagen! Auf manche Fragen gibt es nicht zwingend die eine richtige Antwort, wie zum Beispiel bei der Frage *„Welche Vorerkrankungen hat der Patient?"* Im Text gibt es keinen Hinweis darauf, daher wären mögliche richtige Antworten auf diese Frage *„Es gab keinen Hinweis im Text"* oder *„Vorerkrankungen sind im Text nicht erwähnt"* – lediglich zu den akuten Beschwerden können Sie etwas aussagen, nämlich, dass der Patient über Unwohlsein, Kopfschmerzen und leichtes Fieber klagt.
Wenn Sie sich jedoch unsicher sind, lassen Sie solche Fragen unbeantwortet, bevor Sie etwas Falsches schreiben. Im Normalfall werden bei solchen Aufga-

ben lediglich die richtigen Antworten gezählt, es kann jedoch auch sein, dass es für falsche Antworten Punktabzug gibt. Dies ist eine Entscheidung, die vom Stellenanbieter bzw. von den Durchführenden der Testverfahren getroffen wird. Normalerweise sollte dies bereits bei der Aufgabenstellung angegeben werden. Im Zweifelsfall: Scheuen Sie sich nicht, vor dem Test zu fragen, wie die Bewertung/Auswertung konkret aussieht.

Die Lösungen zu diesem Test finden Sie ab S. 251.

5.10.3 Stadtplantest

Der Stadtplantest wird hauptsächlich bei der Bundeswehr eingesetzt. Bei Polizei, Feuerwehr und den zivilen Rettungsdiensten wird er eher selten verwendet. Durchgeführt wird dieser Test (meist) computergestützt. Auf einem Bildschirm wird für wenige Sekunden eine Karte mit eingezeichneten Piktogrammen eingeblendet, die Sie sich einprägen müssen. Im Anschluss wird eine leere Karte eingeblendet, in der Sie nun die verschiedenen Piktogramme an der jeweils richtigen Stelle platzieren müssen. Bei den Piktogrammen kann es sich unter anderem um Symbole für Krankenhäuser, Apotheken, Postfilialen, Werkstätten usw. handeln.

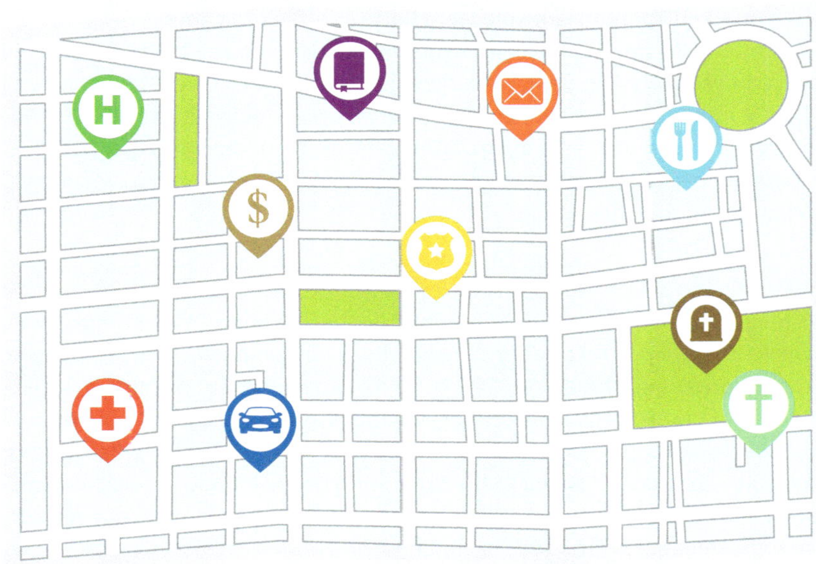

Abb. 26a: Sie müssen sich zunächst die Symbole für die verschiedenen Einrichtungen einprägen, ...

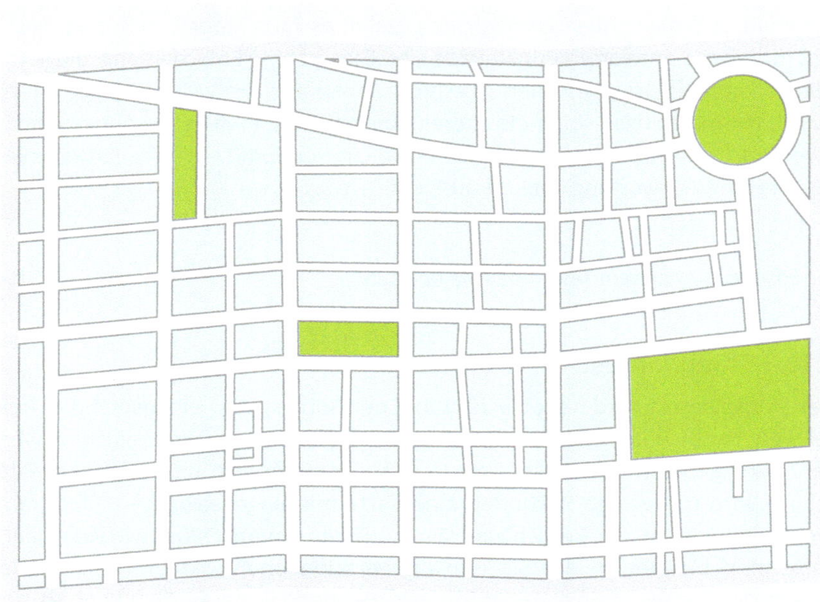

Abb. 26b: ... anschließend müssen Sie diese in die leere Karte einzeichnen können.

Der Test kann auch mit einem Projektor durchgeführt werden. Dabei wird die Karte für wenige Sekunden projiziert. Danach müssen Sie die Piktogramme, die Sie sich merken konnten, auf eine leere Karte (Blatt) einzeichnen.

Bewertet wird der Test nach der Anzahl der richtig platzierten Symbole. Für jedes richtige Symbol an der jeweils richtigen Stelle gibt es einen Punkt.

Der Stadtplantest prüft tatsächlich eher die Merkfähigkeit als den Orientierungssinn, da es hierbei vorrangig darum geht, sich innerhalb weniger Sekunden ein bestimmtes Muster einzuprägen und es anschließend so genau wie möglich reproduzieren zu können.

INFO

Nichtsdestotrotz ist ein ausgeprägter Orientierungssinn im Rettungsdienst sehr wichtig, denn trotz nahezu ausgereifter Navigationstechnik ist es noch immer notwendig, von Zeit zu Zeit in die Karte zu schauen, um sich zu orientieren und den Einsatzort so schnell wie möglich zu erreichen. Technik kann ausfallen oder versagen, daher sind im Rettungsdienst Karten, Ortskenntnis und eine schnelle Auffassungsgabe noch immer die besten und auch notwendigen Back-ups bei der Anfahrt zum Einsatzort, denn es geht oft genug darum, Menschenleben zu retten oder zumindest einen Menschen aus einer für ihn bedrohlichen Situation zu helfen. Wenn es um die Rettung eines Menschenlebens geht, bedarf es keiner weiteren Erläuterung, was Zeit und Schnelligkeit angeht.

Die Hilfe in bedrohlichen, unangenehmen oder Schmerzen verursachenden Situationen sowie die Tatsache, dass diese zeitkritisch sind, untermauern wir gern mit einem beispielhaften Vergleich, der deutlich machen soll, dass die gleiche Zeitspanne in unterschiedlichen Situationen durchaus sehr unterschiedlich wahrgenommen und empfunden wird: Es ist ein großer Unterschied, ob man eine Minute mit einem geliebten Menschen verbringt oder die Hand für eine Minute auf eine heiße Herdplatte legt ... Sie sehen: Zeit ist relativ!

Nehmen Sie die nachfolgenden Testaufgaben daher ernst, und versuchen Sie, Ihre Fähigkeiten weiter auszubauen.

AUFGABENSTELLUNG

- Bei den folgenden Aufgaben haben Sie jeweils fünf Sekunden Zeit, sich die Karte mit Symbolen einzuprägen.
- Danach haben Sie jeweils zwei Minuten Zeit, die Symbole in die leere Karte einzutragen.
- Schummeln Sie nicht, indem Sie bei der Beantwortung auf die ausgefüllte Karte schauen! Am besten legen Sie ein Blatt Papier über die ausgefüllte Grafik.

Symbolerklärung zum Stadtplantest

- 120/80 **Fachklinik**
- **Rettungswache**
- **Apotheke**
- **Arztpraxis**
- ! **Sonstige wichtige Orte**

Aufgabe 1

Abb. 26c: Stadtplantest Aufgabe 1

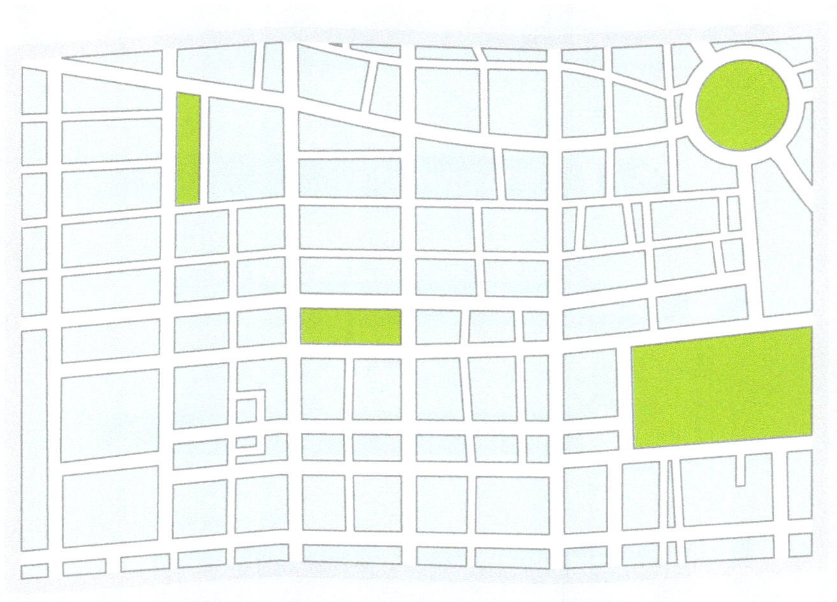

Abb. 26d: Stadtplantest Aufgabe 1

Abb. 26e: Stadtplantest Aufgabe 2

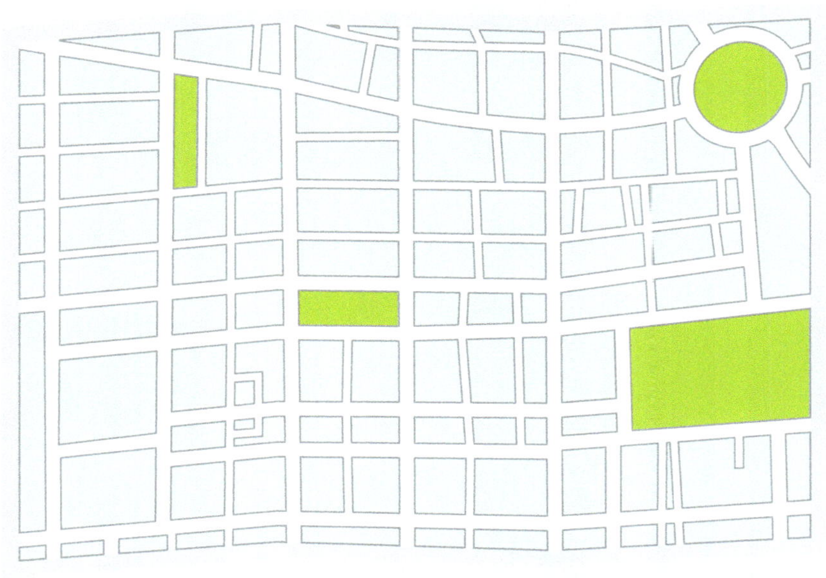

Abb. 26f: Stadtplantest Aufgabe 2

Aufgabe 3

Abb. 26g: Stadtplantest Aufgabe 3

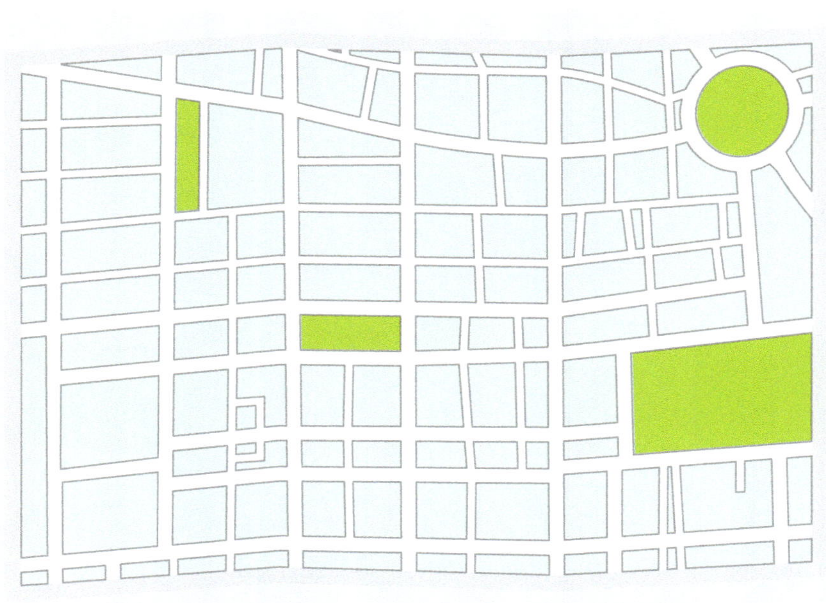

Abb. 26h: Stadtplantest Aufgabe 3

5.10.4 Reaktionstests

Reaktionstests werden heute meist computergestützt durchgeführt. Bei der Bundeswehr und der Polizei finden diese Tests regelhaft statt. Bei der Feuerwehr und den zivilen Rettungsdiensten kommen Reaktionstests im Rahmen von Auswahlverfahren eher selten zum Einsatz. Wie bereits erwähnt, werden Reaktionstests gern an das Ende von Testverfahren gestellt, um herauszufinden, ob Sie in der Lage sind, sich nach einem harten Tag, an dem Sie sich nicht selten bis aufs Äußerste konzentrieren mussten, weiterhin voll und ganz zu konzentrieren und adäquat, d. h. schnell und richtig, reagieren zu können.

Für die Durchführung von Reaktionstest gibt es viele verschiedene Tools. Zwei der am häufigsten verwendeten werden im Folgenden näher erläutert, allerdings kann in Buchform lediglich ein Eindruck von den Tests vermittelt werden.

Reaktionstest 1

AUFGABENSTELLUNG

Auf dem Bildschirm sehen Sie das Bild aus Abbildung 27. Sobald Sie mit der linken Maustaste auf das rote Feld klicken (die Maustaste halten Sie dabei kontinuierlich gedrückt), ...

- beginnt die Zeit zu laufen, und
- die dunkelblauen Felder beginnen, sich relativ schnell innerhalb des hellblauen Kästchens in unterschiedlichen Richtungen zu bewegen.

Ihre Aufgabe ist es, das rote Kästchen so zu bewegen, dass eine Kollision mit den dunkelblauen Feldern und auch dem schwarzen Rand vermieden wird.

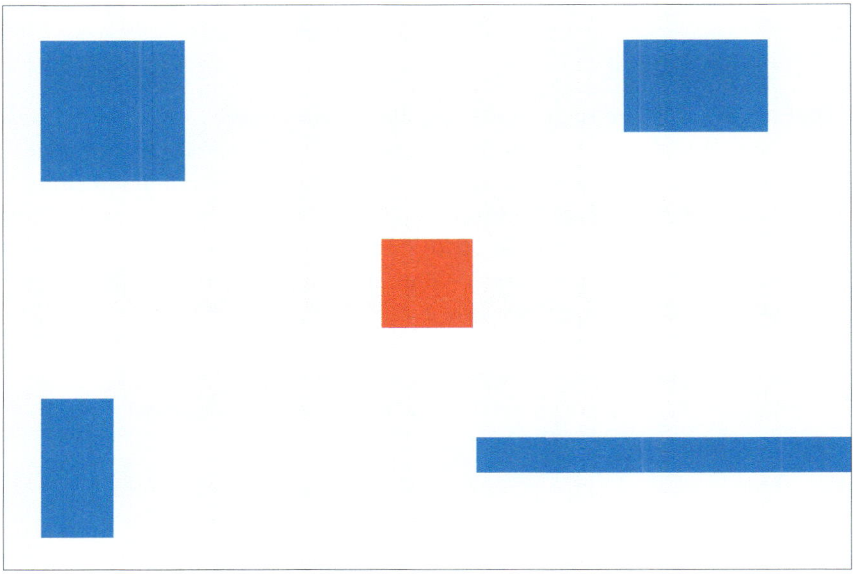

Abb. 27: Variante 1 des Reaktionstests

Dieser Test ist ursprünglich für die Auswahl (angehender) Jetpiloten entwickelt worden. Diese sollen für mindestens zwei Minuten (!) eine Kollision der Kästchen vermeiden können. Für den Bereich Rettungsdienst sind 15 kollisionsfreie Sekunden ein absoluter Spitzenwert und 12 Sekunden immer noch ein gutes Ergebnis.

TIPP

Die Variante 1 des Reaktionstests können Sie hier kostenlos online üben:

http://euxus.eu/spapo.de/multitaskingtest.html

Reaktionstest 2

AUFGABENSTELLUNG

In der zweiten Variante sehen Sie jeweils auf dem Bildschirm für ca. eine Sekunde vier Kästchen (Abb. 28a – c). In einem Kästchen befindet sich ein blauer Pfeil, in einem anderen ein roter Pfeil, die beiden anderen Kästchen sind leer. Ihre Aufgabe ist es, sich die Richtung des blauen Pfeils und die Position des roten Pfeils einzuprägen.
Unmittelbar danach verschwindet der Bildschirminhalt mit den Pfeilen, und es erscheinen vier leere Kästchen. Nun müssen Sie mit der Maus zuerst auf das Kästchen, das der Richtung des blauen Pfeils entspricht, klicken und anschließend auf das Kästchen, in dem sich eben noch der rote Pfeil befunden hat.
Nach einer Sekunde verschwinden die leeren Kästchen wieder, und Sie sehen vier neue Kästchen mit wiederum einem roten und einem blauen Pfeil in unterschiedlicher Anordnung und Richtung. Dieser Vorgang wiederholt sich zwischen 20- bis 50-mal.

TIPP

Literatur zur Vorbereitung und Möglichkeiten zum Üben:

- Tiefenbacher A (2011) Gedächtnis trainieren. Lerntechniken anwenden, Merkfähigkeit verbessern. Die erfolgreichsten Tipps, Methoden und Strategien. 10. Aufl., München: Compact.
- Tiefenbacher A, Neuburger R (2010) Das große Buch der Gedächtnistechniken. Merkfähigkeit verbessern – Konzentration fördern – Lerntechniken anwenden – Gedächtnis trainieren. 2. Aufl., München: Compact.

Um Ihre Merkfähigkeit zu trainieren, lassen sich auch eine Reihe von (z. T. kostenpflichtigen) Online-Angeboten nutzen, z. B. unter www.der-eigungstest.de.

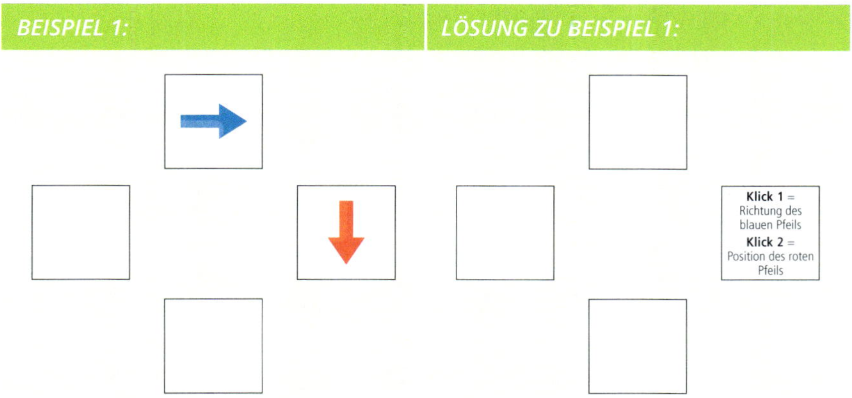

Abb. 28a: Variante 2 des Reaktionstests

Abb. 28b: Variante 2 des Reaktionstests

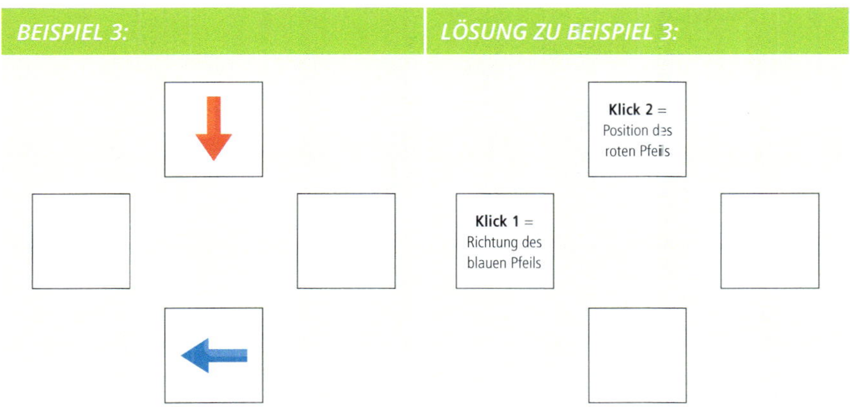

Abb. 28c: Variante 2 des Reaktionstests

5.10.5 Stresstest / Stressinterview

Der sogenannte Stresstest (oder das Stressinterview) soll dazu dienen, Ihre Belastbarkeit (sogenannte Stressresistenz oder Frustrationstoleranz) und Ihr Verhalten in kritischen Situationen einschätzen zu können.

Grundsätzlich kommen hier zwei Möglichkeiten in Betracht:

- Bei der ersten Form werden Sie im Rahmen einer praktischen Übung – wie zum Beispiel der Durchführung der stabilen Seitenlage oder der Wiederbelebung (s. Kap. 5.8.1) – unter Zeitdruck gesetzt oder es wird „künstlicher" Druck durch umstehende „Gaffer" und „Besserwisser" erzeugt, die versuchen, Sie mit Kommentaren zu stören, wie z. B. *„Ich würde das aber so und so machen!"* oder Fragen wie *„Haben Sie schon den Notruf gewählt?"* Simuliert wird hier eine durchaus realistische Situation, mit der Sie auch in Ihrer späteren beruflichen Laufbahn häufig konfrontiert werden können.
- In der zweiten Form werden Sie im Rahmen eines Interviews oder einer Unterhaltung verbal provoziert. Dies kann zum Beispiel durch provokante oder unzulässige bzw. absurde Fragestellungen geschehen wie *„Trinken Sie regelmäßig Alkohol?"*, *„Wie ist Ihr Verhältnis zum anderen Geschlecht?"*, *„Meinen Sie nicht, dass Sie mit dieser Tätigkeit überfordert sind?"*, *„Was würden Sie tun, wenn ...?"* oder durch verbale Angriffe wie *„Nach allem was wir bisher von Ihnen gesehen und gehört haben, halten wir Sie nicht für den Beruf geeignet."*

Abb. 29: Wie stressresistent sind Sie? Im Rettungsdienst geraten Sie auch an schwierige Patienten oder Angehörige, in potenziell gefährlichen Situationen ist deeskalierendes Verhalten wichtig. Im Stressinterview wird man testen, wie Sie sich unter großem psychischem Druck verhalten.

Wie bei allen Testverfahren sind auch bei diesem viele unterschiedliche Konstellationen möglich. So können z. B. auch Konfliktsituationen mit einem Vorgesetzten oder einem schwierigen Patienten dargestellt werden, in denen Sie Ihr Konfliktverhalten und Ihre Empathiefähigkeit unter Beweis stellen müssen.

Was können Sie in solchen Situationen tun? Wenn Sie die folgenden Hinweise beachten, dürfte es Ihnen in den meisten Fällen gelingen, das Stressinterview oder den Stresstest souverän zu meistern (vgl. Hesse und Schrader 2015a: 113 ff.):

- Seien Sie sich dessen bewusst, dass Sie sich in einem Auswahlverfahren befinden und mit solchen Techniken rechnen müssen.
- Die Fragen oder Szenarien sind nicht darauf ausgelegt, Sie persönlich anzugreifen, sondern dienen lediglich dazu herauszufinden, wie Sie in stressigen und/oder unangenehmen Situationen regieren/wie Sie sich verhalten. Vergessen Sie das nicht!
- Versuchen Sie, sich Techniken zurechtzulegen, wie Sie in solchen Situationen gelassen und souverän wirken könnten. Dies kann unter anderem dadurch erreicht werden, dass Sie sich Freiräume bzw. Bedenkzeit „ergaunern", indem Sie auf zuvor zurechtgelegte Antwortmöglichkeiten zurückgreifen wie z. B.: *„Das möchte ich nicht kommentieren"*, *„Darüber muss ich erst einmal nachdenken"* oder *„Wenn Sie tatsächlich dieser Meinung sind, muss ich dies wohl akzeptieren."* Scheuen Sie sich aber auch nicht, einfach nachzufragen und die Kontrolle über das Gespräch selbst in die Hand zu nehmen, wie z. B.: *„Habe ich Sie richtig verstanden, dass Sie mich für ungeeignet halten? Könnten Sie mir bitte erklären, warum Sie dieser Meinung sind?"*
- Bei den praktischen Übungen konzentrieren Sie sich voll und ganz auf die gestellte Aufgabe. Versuchen Sie, diese so gut und professionell wie möglich zu erledigen. Auf Zwischenrufe müssen Sie nicht unbedingt reagieren. Sie können z. B. aber auch ruhig und bestimmt sagen *„Danke für Ihren Hinweis. Ich werde mich gleich darum kümmern"* oder *„Könnten Sie das bitte für mich tun?"* (z. B. den Notruf absetzen).
- Bleiben Sie stets ruhig und sachlich.
- Lassen Sie sich nicht zu Gefühlsausbrüchen verleiten.

5.11 Persönlichkeitstests

5.11.1 Allgemeines

Persönlichkeitstest versuchen, ein breites Spektrum an (Charakter-)Eigenschaften bzw. Persönlichkeitsmerkmalen zu erfassen. Im Einzelnen sind dies in der Regel Eigenschaften wie ...

- Kontaktfähigkeit,
- Leistungsbereitschaft,
- Fähigkeit, Vertrauen zu jemandem zu entwickeln oder in etwas zu haben (z. B. zu sich selbst und zu anderen),
- Veränderungsbereitschaft,
- Ausgeglichenheit und
- Durchsetzungsvermögen.

In der praktischen Anwendung wird dies durch Fragestellungen erreicht, die in unterschiedlich abgestuften Skalen beantwortet (wie z. B. „stimmt“, „teils-teils“, „stimmt nicht“, „trifft voll und ganz zu“, „trifft zu“, „trifft zum Teil zu“ oder „trifft nicht zu“) und anschließend ausgewertet werden können. Die Anzahl der Fragen schwankt, je nach Test, zwischen 20 und 120. Einzeltests zu den o. g. Persönlichkeitsmerkmalen, also beispielsweise Tests ausschließlich zu Eigenschaften wie Kontaktfähigkeit oder Durchsetzungsvermögen, werden heute kaum noch

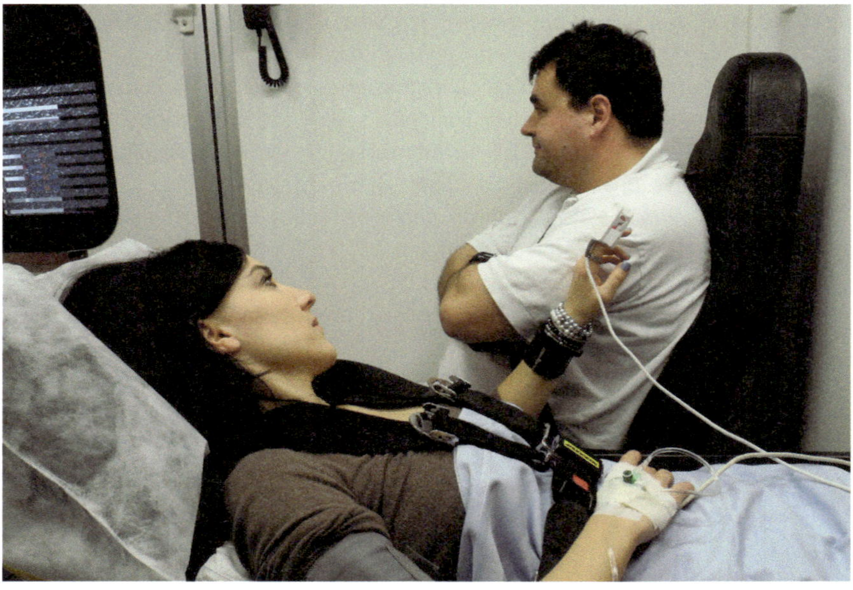

Abb. 30: Eine Tätigkeit im Rettungsdienst erfordert auch eine entsprechende Persönlichkeit. Menschen mit z. B. mangelnder Empathie sind für die Tätigkeit als Notfallsanitäter wenig geeignet.

durchgeführt. An ihre Stelle sind Tests zur Teamfähigkeit getreten (wie z. B. der NASA-Test, Gruppendiskussionen, Rollenspiele, Selbstpräsentationen oder Interviews), mit deren Hilfe das soziale Verhalten (Sozialkompetenz) in Gruppen, aber auch Eigenschaften wie Durchsetzungsfähigkeit und Kompromissbereitschaft beurteilt werden sollen (s. Kap. 5.12).

Diese Verfahren sind im weitesten Sinne auch Persönlichkeitstests, die jedoch nicht auf einer Selbsteinschätzung beruhen, sondern auf das Verhalten in einer konkreten Situation innerhalb einer Gruppe abzielen. Andere Tests, wie z. B. mathematische Aufgaben usw., fokussieren Eigenschaften wie Konzentrationsfähigkeit oder die Fähigkeit zur systematischen und priorisierenden Arbeitsweise usw.

Im Rettungsdienst ist Teamarbeit das A und O bei der Patientenversorgung. Notärzte, Rettungsassistenten, Notfallsanitäter, Rettungssanitäter und Rettungshelfer arbeiten auf den Fahrzeugen, an den Einsatzstellen und auf den Wachen zusammen, wobei jeder Einzelne völlig unterschiedliche Aufgaben und Verantwortlichkeiten zu erfüllen hat. Von der Qualität der Zusammenarbeit hängt daher vieles ab. Nicht nur das Wohl des Patienten bei der Notfallversorgung, sondern auch der Umgang mit Angehörigen, das Zusammenspiel bei der Vor- und Nachbereitung von Einsätzen, das Verhalten gegenüber Vorgesetzten, das Verhalten in kritischen (Einsatz-)Situationen, wie z. B. beim Massenanfall von Verletzten (MANV) oder Terrorlagen, und letztendlich auch das „Zusammenleben" mit den Kollegen auf der Wache in der einsatzfreien Zeit sind von bestimmten Charaktereigenschaften abhängig. Bei der Personalauswahl sollten diese Dinge also eine wichtige Rolle spielen und berücksichtigt werden, denn schließlich sind Geschäftsführung, Personalleitung und Vorgesetzte nicht nur für die Qualität der fachlichen Arbeit oder den freundlichen und kompetenten Umgang mit Patienten und Angehörigen, sondern auch für das Klima im Betrieb, auf den Wachen und an den Schnittstellen (z. B. Umgang mit dem Leitstellenpersonal, dem Klinikpersonal, der Polizei usw.) verantwortlich. All das sind bereits hinreichende Gründe für die Verantwortlichen, in irgendeiner geeigneten Art und Weise bei der Personalauswahl darauf zu schauen, um was für einen Menschen es sich bei dem jeweiligen Bewerber handelt.

> ***INFO***
>
> So sind beispielsweise Menschen mit einem ausgeprägten Narzissmus, Soziopathen mit mangelnder Empathie oder Menschen mit Kommunikationsstörungen für eine Tätigkeit im Rettungsdienst eher weniger geeignet.
>
> Persönlichkeitstests sind in der Lage, die Ausprägung verschiedener Eigenschaften herauszufiltern (s. u.).

Dennoch werden (zurzeit) umfängliche Persönlichkeitstest bei Auswahlverfahren im Rettungsdienst nur sehr selten durchgeführt. Grund dafür sind die oft wenig wissenschaftlich fundierten, kaum konkreten bzw. aussagekräftigen und daher auch kaum verwertbaren Erkenntnisse über die tatsächlichen persönlichen Eigenschaften des Bewerbers.

Persönlichkeitstests wurden nicht für spezifische Berufe entwickelt, sondern eher dazu, um die vielfältigen menschlichen Verhaltensweisen zu messen. Natürlich gibt es viele Bereiche, die nichts mit dem Job zu tun haben und von denen man schon gar nicht möchte, dass Kollegen oder gar der Chef genauestens darüber Bescheid wissen, wie man dort „tickt". Hierbei handelt es sich zum Beispiel um Fragen zur Familienplanung, zum Sexualverhalten usw. (s. a. Kap. 1.3). Selbst bei Tests, die von namhaften, renommierten Unternehmen und Institutionen entwickelt wurden, sind zum Teil Fragen dieser Art enthalten. Außerdem sind die Tests allesamt von der Testperson manipulierbar, sobald diese erkannt hat, dass es sich um einen Persönlichkeitstest handelt und welche Strategie dahintersteckt.

Da jedoch bei der derzeitigen Entwicklung der Rekrutierungsverfahren im Rettungsdienst die Wahrscheinlichkeit größer wird, mit diesen Tests konfrontiert zu werden, werden wir mit dem Big-Five-Test auf den nächsten Seiten ein Beispiel für einen häufig verwendeten Persönlichkeitstest vorstellen.

5.11.2 Big-Five-Test

Der „Big-Five-Test"– im Deutschen auch „Fünf-Faktoren-Modell" (FFM) genannt – ist ein wissenschaftlicher Persönlichkeitstest, der fünf Persönlichkeitseigenschaften messbar machen soll. Das Modell basiert auf Forschungsergebnissen aus mehr als 3 000 wissenschaftlichen Studien und ist das mit Abstand international anerkannteste und am häufigsten verwendete Tool für Persönlichkeitstests. Es unterscheidet im Wesentlichen zwischen einer niedrigen und einer hohen Ausprägung der folgenden Faktoren (vgl. Hesse und Schrader 2015b):

- Extraversion,
- Offenheit,
- Verträglichkeit,
- Gewissenhaftigkeit,
- Neurotizismus (emotionale Labilität).

Extraversion

Eine geringe Ausprägung von Extraversion bedeutet, zurückhaltend, ruhig und eher passiv zu sein, keinen großen Drang nach Kontakt zu anderen Menschen, Geselligkeit oder dauernder Aktivität zu verspüren.

Eine hohe Ausprägung bedeutet, einen großen Drang nach Aktivität und Geselligkeit zu verspüren, aktiv, kontaktfreudig, begeisternd und enthusiastisch im Umgang mit anderen Menschen zu sein (vgl. Köbler 2009: 201).

Offenheit

Eine niedrige Ausprägung von Offenheit bedeutet, verschlossen gegenüber Neuerungen und Veränderungen zu sein, sich nicht für Kunst, Kultur oder aktuelle Entwicklungen in jeder Hinsicht zu interessieren, sondern lieber bei Traditionellem zu bleiben, bei den Dingen, die man kennt.

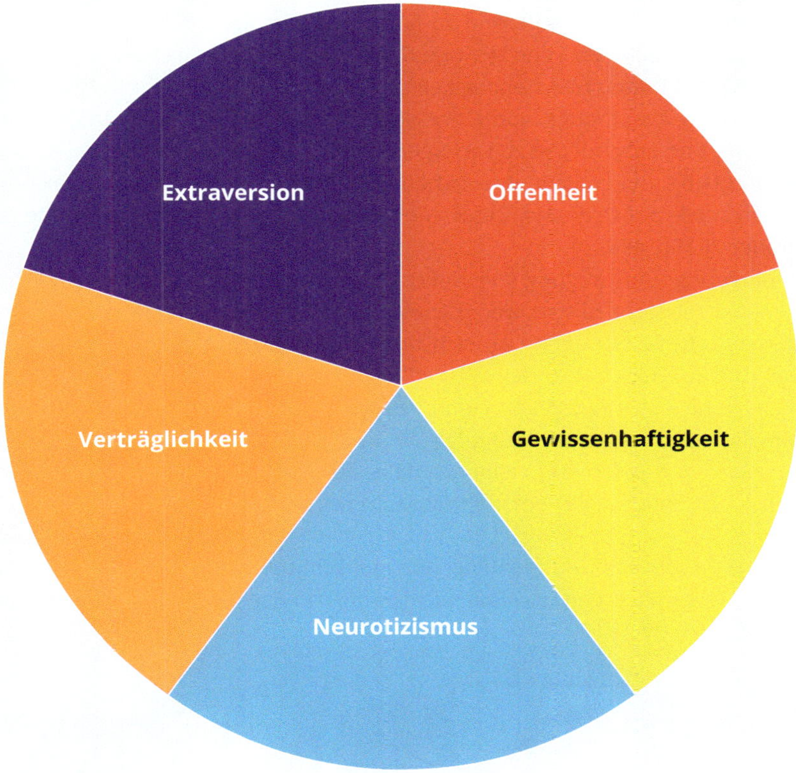

Abb. 31: Elemente des Big-Five-Tests

Eine hohe Ausprägung von Offenheit bedeutet, neugierig, aufgeschlossen und offen für verschiedene Arten von Erfahrungen zu sein, vielseitige, oft intellektuelle Interessen zu haben, kreativ und fantasievoll zu sein, sich mit Kunst und Kultur zu beschäftigen und sich von diesen Dingen tief emotional bewegt zu fühlen (vgl. Köbler 2009: 201).

Verträglichkeit

Eine niedrige Ausprägung von Verträglichkeit bedeutet, sich anderen Menschen gegenüber feindselig und hart zu verhalten, Konflikte im negativen Sinne auszutragen, kritisch und misstrauisch gegenüber den Absichten anderer zu sein und hauptsächlich auf seine eigenen Interessen zu achten.

Eine hohe Ausprägung von Verträglichkeit bedeutet, anderen Menschen gegenüber rücksichtsvoll und empathisch zu sein, Konflikte konstruktiv zu lösen, primär gute Absichten hinter dem Verhalten anderer zu vermuten und sich kooperativ, altruistisch (uneigennützig) sowie hilfsbereit zu verhalten (vgl. Hesse und Schrader 2015b: 483).

Gewissenhaftigkeit

Eine geringe Ausprägung von Gewissenhaftigkeit bedeutet, sich leicht von seinen langfristigen Zielen ablenken zu lassen, nachlässig, locker und spontan in den Tag hineinzuleben, eine geringe Selbstkontrolle/Selbstreflexion zu haben und wenig auf Details und Genauigkeit zu achten.

Eine hohe Ausprägung von Gewissenhaftigkeit bedeutet, langfristige Ziele hartnäckig und ausdauernd zu verfolgen, ohne sich ablenken zu lassen, strukturiert, sorgfältig und geplant vorzugehen, eine hohe Selbstkontrolle/-reflexion zu besitzen sowie auf Ordnung, Details und Genauigkeit zu achten (vgl. Hesse und Schrader 2015b: 488).

Neurotizismus

Eine geringe Ausprägung von Neurotizismus bedeutet, negativen Einflüssen gegenüber resistent zu sein, wenig Ängste oder Sorgen zu verspüren, Stress und negative Gefühle nur selten an sich heranzulassen und generell recht selbstsicher und ausgeglichen zu sein.

Eine hohe Ausprägung von Neurotizismus bedeutet, empfindlich auf negative Einflüsse zu reagieren, häufig Ängste und Sorgen zu verspüren, oft und stark unter negativen Gefühlen zu leiden, anfällig auf Stress zu reagieren und generell oft unsicher, unausgeglichen und leicht reizbar zu sein (vgl. Köbler 2009: 201).

Da es bei diesem Test um grundlegende menschliche Eigenschaften und Verhaltensmuster geht, ist dieser weder fachspezifisch noch variabel. Letzteres heißt,

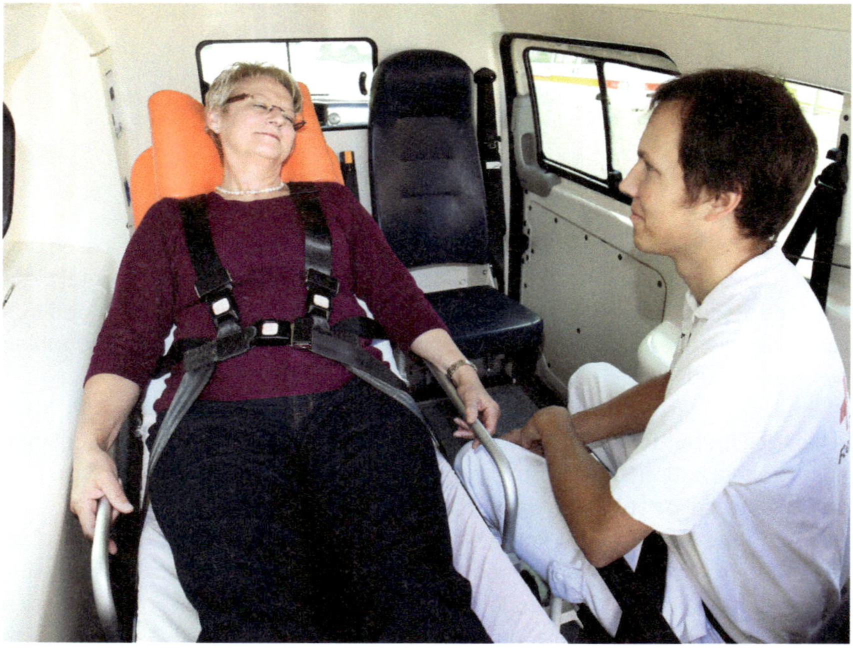

Abb. 32: Lust an Kommunikation und Interesse an Menschen sind wichtige Eigenschaften des Notfallsanitäters.

dass der Test zwar kontinuierlich weiterentwickelt und optimiert wird, dass aber die verwendeten Fragestellungen und Inhalte im Wesentlichen immer gleich sind (vgl. Lang 2009: 83 ff.). Das ist jedoch kein Grund, unbekümmert in den Test zu gehen, da der Teufel – wie so oft – auch hier im Detail steckt. So ist beispielsweise eine Umkehr der Fragestellungen und damit automatisch der daraus folgenden Bewertung möglich.

Zum Beispiel kann die Aussage *„Ich diskutiere gern mit Freunden und Kollegen über neue Entwicklungen"* durch das Einfügen einer einzigen Silbe vollständig umgekehrt werden: *„Ich diskutiere* **un***gern mit Freunden und Kollegen über neue Entwicklungen."* Somit würde sich auch die Bewertung (sehr zutreffend = 1; sehr unzutreffend = 5) ins völlige Gegenteil verkehren.

AUFGABENSTELLUNG

- Lesen Sie sich die Fragestellungen und Aussagen (auch unter Zeitdruck) immer gewissenhaft durch, und machen Sie Ihr Kreuz (Ihren Klick) anschließend bei der Aussage, die auf Sie am ehesten zutrifft.
- Dieser Test wird in der Regel an einem Computer durchgeführt. Auf dem Bildschirm sehen Sie die Fragen und jeweils drei (oder mehr) mögliche Antworten, von denen Sie die für Sie am ehesten zutreffende ankreuzen bzw. anklicken müssen.
- Der Test in diesem Buch besteht aus 50 Fragen. Zur Beantwortung haben Sie zehn Minuten Zeit.
- Eine Auswertung können Sie mithilfe der Bewertungstabelle am Ende dieses Kapitels vornehmen.

Geben Sie beim ersten Durchgang die Aussage an, die Ihrer Meinung nach tatsächlich auf Sie zutrifft. Seien Sie ehrlich und schummeln Sie nicht – nur so erhalten Sie ein realistisches Bild von Ihrem persönlichen „Inneren".
Lassen Sie bei einem weiteren Durchgang die Fragen von Ihrem Partner oder einem Menschen, der Sie schon lange kennt, beantworten. So erhalten Sie ein realistisches Bild davon, wie Sie von anderen Menschen wahrgenommen werden. Oft liegt zwischen Eigen- und Fremdwahrnehmung ein erheblicher Unterschied. Sie können damit versuchen, Ihre tatsächlichen Stärken und Schwächen herauszufinden, und anschließend daran arbeiten, Ihre Stärken weiterzuentwickeln und Ihre Schwächen abzubauen bzw. sich in diesen Punkten zu verbessern.

TESTFRAGEN

1. Ich fühle mich wohl unter Menschen. **Wert**

- ☐ sehr zutreffend 1
- ☐ zutreffend 2
- ☐ teilweise 3
- ☐ unzutreffend 4
- ☐ sehr unzutreffend 5

2. Ich bleibe gern im Hintergrund. **Wert**

- ☐ sehr zutreffend 1
- ☐ zutreffend 2
- ☐ teilweise 3
- ☐ unzutreffend 4
- ☐ sehr unzutreffend 5

3. Ich finde leicht Freunde. **Wert**

- ☐ sehr zutreffend 1
- ☐ zutreffend 2
- ☐ teilweise 3
- ☐ unzutreffend 4
- ☐ sehr unzutreffend 5

4. Ich habe wenig zu sagen. **Wert**

- ☐ sehr zutreffend 1
- ☐ zutreffend 2
- ☐ teilweise 3
- ☐ unzutreffend 4
- ☐ sehr unzutreffend 5

5. Ich bin oft der Mittelpunkt der Party. **Wert**

- ☐ sehr zutreffend 1
- ☐ zutreffend 2
- ☐ teilweise 3
- ☐ unzutreffend 4
- ☐ sehr unzutreffend 5

6. Meine Erlebnisse sind relativ langweilig. **Wert**

- ☐ sehr zutreffend 1
- ☐ zutreffend 2
- ☐ teilweise 3
- ☐ unzutreffend 4
- ☐ sehr unzutreffend 5

7. **Ich weiß, wie ich Menschen begeistern kann.** **Wert**

- ☐ sehr zutreffend 1
- ☐ zutreffend 2
- ☐ teilweise 3
- ☐ unzutreffend 4
- ☐ sehr unzutreffend 5

8. **Ich bin geschickt in sozialen Situationen.** **Wert**

- ☐ sehr zutreffend 1
- ☐ zutreffend 2
- ☐ teilweise 3
- ☐ unzutreffend 4
- ☐ sehr unzutreffend 5

9. **Ich ziehe ungern Aufmerksamkeit auf mich.** **Wert**

- ☐ sehr zutreffend 1
- ☐ zutreffend 2
- ☐ teilweise 3
- ☐ unzutreffend 4
- ☐ sehr unzutreffend 5

10. **Ich rede nicht viel.** **Wert**

- ☐ sehr zutreffend 1
- ☐ zutreffend 2
- ☐ teilweise 3
- ☐ unzutreffend 4
- ☐ sehr unzutreffend 5

11. **Ich habe eine reiche Fantasie.** **Wert**

- ☐ sehr zutreffend 1
- ☐ zutreffend 2
- ☐ teilweise 3
- ☐ unzutreffend 4
- ☐ sehr unzutreffend 5

12. **Ich halte Kunst für wichtig.** **Wert**

- ☐ sehr zutreffend 1
- ☐ zutreffend 2
- ☐ teilweise 3
- ☐ unzutreffend 4
- ☐ sehr unzutreffend 5

13. Ich vermeide philosophisches Denken. **Wert**

- ☐ sehr zutreffend 1
- ☐ zutreffend 2
- ☐ teilweise 3
- ☐ unzutreffend 4
- ☐ sehr unzutreffend 5

14. Ich suche selten nach tieferen Bedeutungen in Gesprächen. **Wert**

- ☐ sehr zutreffend 1
- ☐ zutreffend 2
- ☐ teilweise 3
- ☐ unzutreffend 4
- ☐ sehr unzutreffend 5

15. Ich denke gern über Dinge nach. **Wert**

- ☐ sehr zutreffend 1
- ☐ zutreffend 2
- ☐ teilweise 3
- ☐ unzutreffend 4
- ☐ sehr unzutreffend 5

16. Ich höre gerne neue Ideen. **Wert**

- ☐ sehr zutreffend 1
- ☐ zutreffend 2
- ☐ teilweise 3
- ☐ unzutreffend 4
- ☐ sehr unzutreffend 5

17. Ich bringe die Unterhaltung/Diskussion auf ein höheres Level. **Wert**

- ☐ sehr zutreffend 1
- ☐ zutreffend 2
- ☐ teilweise 3
- ☐ unzutreffend 4
- ☐ sehr unzutreffend 5

18. Ich habe kein Interesse an abstrakten Ideen. **Wert**

- ☐ sehr zutreffend 1
- ☐ zutreffend 2
- ☐ teilweise 3
- ☐ unzutreffend 4
- ☐ sehr unzutreffend 5

19. Ich mag Kunst nicht. **Wert**

- [ ] sehr zutreffend 1
- [ ] zutreffend 2
- [ ] teilweise 3
- [ ] unzutreffend 4
- [ ] sehr unzutreffend 5

20. Ich neige dazu, konservative Parteien zu wählen. **Wert**

- [ ] sehr zutreffend 1
- [ ] zutreffend 2
- [ ] teilweise 3
- [ ] unzutreffend 4
- [ ] sehr unzutreffend 5

21. Ich vermute versteckte Motive hinter den Handlungen anderer. **Wert**

- [ ] sehr zutreffend 1
- [ ] zutreffend 2
- [ ] teilweise 3
- [ ] unzutreffend 4
- [ ] sehr unzutreffend 5

22. Ich habe für jeden nette Worte übrig. **Wert**

- [ ] sehr zutreffend 1
- [ ] zutreffend 2
- [ ] teilweise 3
- [ ] unzutreffend 4
- [ ] sehr unzutreffend 5

23. Ich bin scharfzüngig. **Wert**

- [ ] sehr zutreffend 1
- [ ] zutreffend 2
- [ ] teilweise 3
- [ ] unzutreffend 4
- [ ] sehr unzutreffend 5

24. Ich glaube, dass andere generell gute Absichten haben. **Wert**

- [ ] sehr zutreffend 1
- [ ] zutreffend 2
- [ ] teilweise 3
- [ ] unzutreffend 4
- [ ] sehr unzutreffend 5

25. Ich respektiere andere. **Wert**

- ☐ sehr zutreffend 1
- ☐ zutreffend 2
- ☐ teilweise 3
- ☐ unzutreffend 4
- ☐ sehr unzutreffend 5

26. Ich zahle es anderen gern heim. **Wert**

- ☐ sehr zutreffend 1
- ☐ zutreffend 2
- ☐ teilweise 3
- ☐ unzutreffend 4
- ☐ sehr unzutreffend 5

27. Ich akzeptiere Menschen so, wie sie sind. **Wert**

- ☐ sehr zutreffend 1
- ☐ zutreffend 2
- ☐ teilweise 3
- ☐ unzutreffend 4
- ☐ sehr unzutreffend 5

28. Ich nehme andere verbal auseinander. **Wert**

- ☐ sehr zutreffend 1
- ☐ zutreffend 2
- ☐ teilweise 3
- ☐ unzutreffend 4
- ☐ sehr unzutreffend 5

29. Ich möchte, dass sich andere wohlfühlen. **Wert**

- ☐ sehr zutreffend 1
- ☐ zutreffend 2
- ☐ teilweise 3
- ☐ unzutreffend 4
- ☐ sehr unzutreffend 5

30. Ich beleidige Menschen. **Wert**

- ☐ sehr zutreffend 1
- ☐ zutreffend 2
- ☐ teilweise 3
- ☐ unzutreffend 4
- ☐ sehr unzutreffend 5

31. Ich arbeite nur soviel wie nötig. Wert

- ☐ sehr zutreffend 1
- ☐ zutreffend 2
- ☐ teilweise 3
- ☐ unzutreffend 4
- ☐ sehr unzutreffend 5

32. Ich bringe Dinge nicht zu Ende. Wert

- ☐ sehr zutreffend 1
- ☐ zutreffend 2
- ☐ teilweise 3
- ☐ unzutreffend 4
- ☐ sehr unzutreffend 5

33. Ich bin immer vorbereitet. Wert

- ☐ sehr zutreffend 1
- ☐ zutreffend 2
- ☐ teilweise 3
- ☐ unzutreffend 4
- ☐ sehr unzutreffend 5

34. Ich achte auf Details. Wert

- ☐ sehr zutreffend 1
- ☐ zutreffend 2
- ☐ teilweise 3
- ☐ unzutreffend 4
- ☐ sehr unzutreffend 5

35. Es fällt mir schwer, mit der Arbeit anzufangen. Wert

- ☐ sehr zutreffend 1
- ☐ zutreffend 2
- ☐ teilweise 3
- ☐ unzutreffend 4
- ☐ sehr unzutreffend 5

36. Ich erledige Routinearbeiten so bald wie möglich. Wert

- ☐ sehr zutreffend 1
- ☐ zutreffend 2
- ☐ teilweise 3
- ☐ unzutreffend 4
- ☐ sehr unzutreffend 5

37. Ich neige dazu, Zeit zu vertrödeln. **Wert**

- ☐ sehr zutreffend 1
- ☐ zutreffend 2
- ☐ teilweise 3
- ☐ unzutreffend 4
- ☐ sehr unzutreffend 5

38. Ich setze meine Pläne in die Tat um. **Wert**

- ☐ sehr zutreffend 1
- ☐ zutreffend 2
- ☐ teilweise 3
- ☐ unzutreffend 4
- ☐ sehr unzutreffend 5

39. Ich drücke mich vor Verpflichtungen. **Wert**

- ☐ sehr zutreffend 1
- ☐ zutreffend 2
- ☐ teilweise 3
- ☐ unzutreffend 4
- ☐ sehr unzutreffend 5

40. Ich mache Pläne und halte mich daran. **Wert**

- ☐ sehr zutreffend 1
- ☐ zutreffend 2
- ☐ teilweise 3
- ☐ unzutreffend 4
- ☐ sehr unzutreffend 5

41. Ich fühle mich häufig traurig. **Wert**

- ☐ sehr zutreffend 1
- ☐ zutreffend 2
- ☐ teilweise 3
- ☐ unzutreffend 4
- ☐ sehr unzutreffend 5

42. Ich bin sehr zufrieden mit mir selbst. **Wert**

- ☐ sehr zutreffend 1
- ☐ zutreffend 2
- ☐ teilweise 3
- ☐ unzutreffend 4
- ☐ sehr unzutreffend 5

43. Ich fühle mich wohl in meiner Haut. **Wert**

- ☐ sehr zutreffend 1
- ☐ zutreffend 2
- ☐ teilweise 3
- ☐ unzutreffend 4
- ☐ sehr unzutreffend 5

44. Ich habe häufig Stimmungsschwankungen. **Wert**

- ☐ sehr zutreffend 1
- ☐ zutreffend 2
- ☐ teilweise 3
- ☐ unzutreffend 4
- ☐ sehr unzutreffend 5

45. Ich lasse mich selten ärgern oder reizen. **Wert**

- ☐ sehr zutreffend 1
- ☐ zutreffend 2
- ☐ teilweise 3
- ☐ unzutreffend 4
- ☐ sehr unzutreffend 5

46. Ich gerate leicht in Panik. **Wert**

- ☐ sehr zutreffend 1
- ☐ zutreffend 2
- ☐ teilweise 3
- ☐ unzutreffend 4
- ☐ sehr unzutreffend 5

47. Ich fühle mich selten traurig. **Wert**

- ☐ sehr zutreffend 1
- ☐ zutreffend 2
- ☐ teilweise 3
- ☐ unzutreffend 4
- ☐ sehr unzutreffend 5

48. Ich kann mich nicht leiden. **Wert**

- ☐ sehr zutreffend 1
- ☐ zutreffend 2
- ☐ teilweise 3
- ☐ unzutreffend 4
- ☐ sehr unzutreffend 5

49. Ich bin leicht aus der Ruhe zu bringen. **Wert**

- ☐ sehr zutreffend 1
- ☐ zutreffend 2
- ☐ teilweise 3
- ☐ unzutreffend 4
- ☐ sehr unzutreffend 5

50. Ich bin oft niedergeschlagen. **Wert**

- ☐ sehr zutreffend 1
- ☐ zutreffend 2
- ☐ teilweise 3
- ☐ unzutreffend 4
- ☐ sehr unzutreffend 5

AUSWERTUNG

Extraversion (Frage 1 – 10)
0 – 5 = sehr geringe Extraversion
6 – 15 = geringe Extraversion
16 – 25 = durchschnittliche Extraversion
26 – 35 = deutliche bis hohe Extraversion
36 – 40 = sehr hohe Extraversion

Offenheit für neue Erfahrungen (Frage 11 – 20)
0 – 5 = sehr geringe Offenheit
6 – 15 = geringe Offenheit
16 – 25 = durchschnittliche Offenheit
26 – 35 = deutliche bis hohe Offenheit
36 – 40 = sehr hohe Offenheit

Verträglichkeit (Frage 21 – 30)
0 – 5 = sehr geringe Verträglichkeit
6 – 15 = geringe Verträglichkeit
16 – 25 = durchschnittliche Verträglichkeit
26 – 35 = deutliche bis hohe Verträglichkeit
36 – 40 = sehr hohe Verträglichkeit

Gewissenhaftigkeit (Frage 31 – 40)
0 – 5 = sehr geringe Gewissenhaftigkeit
6 – 15 = geringe Gewissenhaftigkeit
16 – 25 = durchschnittliche Gewissenhaftigkeit
26 – 35 = deutliche bis hohe Gewissenhaftigkeit
36 – 40 = sehr hohe Gewissenhaftigkeit

Neurotizismus (Frage 41 – 50)
0 – 5 = sehr geringer Neurotizismus
6 – 15 = geringer Neurotizismus
16 – 25 = durchschnittlicher Neurotizismus
26 – 35 = deutlicher bis hoher Neurotizismus
36 – 40 = sehr hoher Neurotizismus

Bedeutung des Ergebnisses

Der Big-Five-Test basiert auf dem Prinzip der Normalverteilung, d. h. die meisten Menschen befinden sich ungefähr in der Mitte zwischen einer hohen und niedrigen Ausprägung der fünf Faktoren. Haben Sie eine hohe/sehr hohe oder niedrige/sehr niedrige Ausprägung, so unterscheiden Sie sich in diesem Faktor deutlich von den meisten anderen Menschen. Liegen Sie in der Mitte, so befinden Sie sich im allgemeinen Durchschnitt (vgl. Andresen 2015: 189 ff.).

Dass jemand bei allen fünf Faktoren genau in der Mitte liegt, ist dennoch äußerst selten und damit sehr ungewöhnlich. Kreuzen Sie also bei allen Fragen die Antwort „teilweise" an, so machen Sie sich automatisch verdächtig, den Test manipuliert zu haben, was im schlimmsten Fall wiederum zum sofortigen Abbruch des Auswahlverfahrens führen kann. Beantworten Sie die Fragen/Aussagen hingegen wahrheitsgemäß, so erhalten Sie am Ende des Tests ein sehr realistisches Bild Ihrer Persönlichkeit. Die Auswertung der Tests und die Beurteilung der Testergebnisse sollten immer von einem Psychologen vorgenommen werden.

Bitte beachten Sie, dass alle oben angeführten Fragen zwar echte Fragen aus realen Tests, dennoch aber lediglich Beispiele für mögliche Fragestellungen sind!

Im Zuge der spezifischen Anpassung und Weiterentwicklung von Persönlichkeitstest werden die Fragen verändert und an die jeweiligen Bedürfnisse angepasst. So werden zur Beurteilung der Ausprägung des Faktors „Narzissmus" bei Polizei und Bundeswehr ganz andere Fragen und Fragenkombinationen verwendet, wie zum Beispiel:

Ich übe einen Kampfsport aus.

☐ zutreffend
☐ nicht zutreffend

In Konfliktsituationen setze ich meine Kampfsporterfahrung ein.

☐ sehr zutreffend
☐ zutreffend
☐ teilweise
☐ unzutreffend
☐ sehr unzutreffend

Bei der ersten Frage gibt es lediglich ein schlichtes Ja oder Nein – also „zutreffend" oder „nicht zutreffend". Eine Bewertung oder Gewichtung dieser Antwort erfolgt nicht. Erst die zweite Frage führt in Verbindung mit der ersten zu einer Bewertung der Ausprägung des Faktors „Narzissmus".

Ein weiteres, jedoch diffizileres Beispiel hierfür wäre die Kombination der Fragen:

Ich bin sehr selbstbewusst.

☐ sehr zutreffend
☐ zutreffend
☐ teilweise
☐ unzutreffend
☐ sehr unzutreffend

In Konfliktsituationen verfüge ich über genügend Selbstbewusstsein, um mich durchzusetzen.

☐ sehr zutreffend
☐ zutreffend
☐ teilweise
☐ unzutreffend
☐ sehr unzutreffend

In diesem Fall werden die Antworten auf beide Fragen einzeln bewertet, jedoch die tatsächliche Aussage zur Ausprägung des Faktors „Narzissmus" ergibt sich erst aus der Kombination der Antworten auf beide Fragen.

5.12 Gruppenübungen / Rollen- und Planspiele

5.12.1 Allgemeines

Gruppenübungen sowie Rollen- und Planspiele dienen im Allgemeinen dem Zweck, Qualitäten wie das Gruppenverhalten, gruppendynamische Prozesse, zwischenmenschliche Kommunikation und damit verbundene Eigenschaften (z. B. wie Persönlichkeit, Rhetorik, Führungsstil, Führungsqualität, sowie Teamarbeit, Motivation, Organisation und Integration) der gesamten Gruppe, aber auch hinsichtlich jedes einzelnen Gruppenmitglieds systematisch/strukturiert zu betrachten und zu bewerten und daraus entsprechende Schlüsse sowie ggf. Maßnahmen oder Entscheidungen abzuleiten (vgl. Reich 2008).

Eingesetzt werden solche Übungen im Rahmen von Rekrutierungs- und Auswahlverfahren – auch im Rettungsdienst –, aber durchaus auch gern im Rahmen von Teamcoachings, Führungskräfteschulungen und anderen Personalentwicklungsmaßnahmen.

Abb. 33: Fiktive Überlebensprobe: Beim NASA-Test landen Sie und Ihre Mitbewerber mit einem Raumschiff auf dem Mond not.

MERKE

Im Rettungsdienst ist Teamarbeit das A und O. Ein Rettungsdienst funktioniert nur so gut, wie die einzelnen Einsatzkräfte miteinander harmonieren und zusammenarbeiten, daher hat ein Teamfähigkeitstest einen besonderen Stellenwert und eine besondere Bedeutung innerhalb des Auswahlverfahrens.

Ein häufig verwendeter Test dieser Art von Übungen und Aufgaben ist der sogenannte NASA-Test. Der Test, mitunter auch „NASA-Weltraumspiel" oder „NASA-Game" genannt, wurde Mitte der 70er-Jahre entwickelt.

5.12.2 NASA-Test

Da dieser Test heute häufig in Auswahlverfahren eingesetzt wird, wird er hier ausführlich vorgestellt, damit Sie sich inhaltlich mit der Thematik und Aufgabenstellung befassen und sich auf diesen oder ähnliche Tests mental vorbereiten können.

AUFGABENSTELLUNG

Sie mussten während eines Erkundungsflugs mit Ihrem Raumschiff auf dem Mond notlanden. Die Landung war äußerst hart, dabei ist Ihr Raumschiff und ein Großteil der darin befindlichen Ausrüstung zerstört worden. Der nächste Stützpunkt ist ca. 200 km von Ihrem Standort entfernt. Ihr Überleben hängt davon ab, dass Sie mit Ihrer Besatzung zu Fuß den Stützpunkt erreichen. Sie müssen entscheiden, welche der nicht zerstörten Gegenstände auf dem Weg dorthin hilfreich sein können und welche dabei am wichtigsten sind.
Liste unzerstörter Ausrüstungsgegenstände:

- 1 Schachtel Streichhölzer
- 1 Tube Lebensmittelkonzentrat
- 20 m Nylonseil
- 30 m^2 Fallschirmseide
- 1 tragbares Heizgerät
- 2 Pistolen, inkl. Munition
- 1 Dose Trockenmilch
- 2 Sauerstofftanks à 50 l
- 1 Sternenkarte (Mondkonstellation)
- 1 Rettungsfloß mit CO_2-Flaschen
- 1 Magnetkompass
- 20 l Wasser
- Signalpatronen (brennen auch im luftleeren Raum)
- 1 Erste-Hilfe-Koffer
- 1 Funkgerät mit Sonnenenergie betrieben

Ordnen Sie die Gegenstände entsprechend Ihrer Wichtigkeit von 1 (= sehr wichtig) bis 15 (= nicht wichtig) zunächst für sich selbst ein. Anschließend diskutieren Sie Ihr Ergebnis in der Gruppe.

Sie müssen in jedem Punkt eine Einstimmigkeit in der Gruppe erreichen. Vermeiden Sie dabei, Ihre Meinung den anderen aufzuzwingen. Vermeiden Sie aber auch, nur um Konflikte zu vermeiden und um des lieben Friedens willen, sich „kampflos" der Meinung der anderen anzuschließen. Gehen Sie keinen „Kuhhandel" ein und behalten Sie die Zeit im Auge.
Sobald Sie sich untereinander auf eine Rangordnung der Gegenstände geeinigt haben, soll das Ergebnis von einem gewählten Vertreter der Gruppe oder der gesamten Gruppe den Beobachtern präsentiert und erläutert werden.

Während der gesamten Übung werden Beobachter zugegen sein.

Jeder Teilnehmer bekommt je eine Aufgabenstellung mit Instruktionen und eine leere Tabelle (Rangordnungsschema, Tab. 9) ausgehändigt. Tragen Sie die Namen der Gruppenmitglieder samt ihrer Gewichtung der Gegenstände sowie die in der Gruppe festgelegte Nummer der Rangordnung (1 – 15) in das Rangordnungsschema ein, sobald ein gemeinsam getragenes Ergebnis feststeht.
Sie haben dafür 30 Minuten Zeit.

Tab. 9: Rangordnungsschema des NASA-Tests

Gegenstand	Name	Name	Name	Name	Name	Gruppenrangordnung
Streichhölzer						
Lebensmittelkonzentrat						
Nylonseil						
Fallschirmseide						
tragbares Heizgerät						
Pistolen						
Trockenmilch						
Sauerstofftanks						
Sternenkarte						
Rettungsfloß						
Magnetkompass						
Wasser						
Signalpatronen						
Erste-Hilfe-Koffer						
Funkgerät						

Tab. 10: Bewertungsschema NASA-Test							
Name des Gruppen-mitglieds	Durch-setzungs-vermö-gen	Grad der Team-fähigkeit / Kom-promiss-fähigkeit	Eigen-initiative	Rollen-über-nahme	Koopera-tion	Auftreten	Struktu-riertheit
Mittelwert:							

Auswertung & Bewertung

Es werden mindestens zwei Beobachter eingesetzt, die Sie und die anderen Gruppenmitglieder bewerten. Bewertet werden bei jedem einzelnen Gruppenmitglied folgende Kriterien:

- Durchsetzungsvermögen,
- Grad der Teamfähigkeit/Kompromissfähigkeit,
- Eigeninitiative,
- Rollenübernahme,
- Kooperation,
- Auftreten,
- Strukturiertheit.

Jeder Beobachter trägt in ein Bewertungsschema ein (Tab. 10), wie er das jeweilige Gruppenmitglied für jedes Kriterium einschätzt. Bewertet werden die einzelnen Kriterien nach dem Schulnotensystem (von Note 1 = sehr gut bis Note 6 = ungenügend). Anschließend errechnet jeder der Beobachter aus den verschiedenen Einzelbewertungen einen Mittelwert für jeden Teilnehmer. Die Mittelwerte aller Beobachter werden abschließend zusammengeführt und ergeben den Gesamtdurchschnitt (erreichte Schulnote für den NASA-Test).

Präsentation der Ergebnisse

Durch die abschließende Entscheidung der Gruppe über die Art der Präsentation der Ergebnisse (Präsentation durch einen gewählten Vertreter oder durch die ganze Gruppe) zeigt sich, ob es in Ihrer Gruppe ein akzeptiertes „Alpha-Tier" gibt oder ob die Gruppe eher homogen ist.

> **INFO**
>
> In der Realität werden demokratisch gewählte „Alpha-Tiere“ als potenzielle Führungspersönlichkeiten angesehen. In der Regel haben diese auch den größten Teil bei der Bearbeitung der Gruppenaufgabe übernommen bzw. den größten Teil dazu beigetragen. Dies wird in den meisten Fällen positiv bewertet, es sei denn, dass sich ausgeprägte negative narzisstische Eigenschaften gezeigt haben. Insofern erhält der Präsentator meist eine bessere Gesamtbewertung als die restlichen Gruppenmitglieder.

Auch wenn das Ergebnis von der gesamten Gruppe präsentiert wird, so stellt sich doch in den meisten Fällen eine gewisse Rangordnung innerhalb der Gruppe heraus. Diese Rangordnung ergibt sich aus subjektiven Wahrnehmungen der Beobachter, die sich im Wesentlichen aus folgenden Faktoren ergeben:

- Wie haben sich die einzelnen Gruppenmitglieder in die Bearbeitung eingebracht (qualitativ/quantitativ)?
- Wie setzen sich die einzelnen Gruppenmitglieder argumentativ (also mit ihrer eigenen Meinung) in der Gruppe durch?
- Wie kompromissbereit sind die einzelnen Gruppenmitglieder im Interesse einer gemeinsam akzeptierten und im Zeitlimit zustande kommenden Lösung?
- Gibt es negative Wahrnehmungen bzgl. des Verhaltens eines bestimmten Gruppenmitglieds (diese müssen konkret benannt werden)?
- Welche Rolle nehmen die einzelnen Gruppenmitglieder in der Gruppe ein (subjektiv empfundene Rolle)?

Die Besprechung der Gruppenarbeitsphase beginnt mit dem Austausch der inhaltlichen Ergebnisse, sollte dann aber den Interaktionsprozess reflektieren:

- Wie kam der Gruppenkonsens zustande?
- Wie wurden die persönlichen Rangfolgen eingebracht und vertreten?
- Setzten sich Gruppenmitglieder besonders durch?
- Wurden (wichtige) Diskussionsbeiträge unterdrückt?
- Wie wurde das Entstehen der Gruppenrangordnung erlebt?
- War man mit den Ergebnissen zufrieden?
- etc.

Ob die durch die Gruppe erarbeitete Rangliste der Gegenstände logisch ist, spielt eine untergeordnete Rolle bzw. ist nicht allzu relevant. Relevant sind vielmehr die Ausprägungen der o. g. Bewertungskriterien bei jedem einzelnen Gruppenmitglied. Aus den bisherigen Erfahrungswerten sind die abschließenden Argumentationen und Begründungen der Gruppe, weshalb einem bestimmten Gegenstand gerade diese Priorität zugeordnet wurde, aber immer schlüssig.

Abb. 34: Die Rangordnung der Gegenstände ist nicht das Entscheidende beim NASA-Test, sondern wie Sie sich innerhalb der Gruppe verhalten bzw. bei der Lösung hervortun.

MERKE

Es geht bei diesem Test also einzig und allein darum, wie Sie sich selbst (als einzelnes Individuum) in die Gruppe und zur Lösung des Problems eingebracht haben. Allein Sie selbst und Ihr Verhalten in der Gruppe werden beobachtet und bewertet. Die in den Instruktionen festgelegten Verhaltensregeln (kein Kuhhandel, nicht in den Vordergrund stellen usw.) wirken sich nicht negativ auf Ihre Note aus, sofern Sie nicht selbst daran beteiligt waren.

Am Ende werden Sie mit Ihren ganz persönlichen Eigenschaften, nicht aber die ganze Gruppe bewertet:

- Es wird sich also herausstellen, ob Sie eine Führungspersönlichkeit oder eher ein „Herdentier" sind, ob Sie sich durchsetzen können und ob Sie sich dabei in den Vordergrund stellen oder nicht.
- Andersherum wird sich aber vielleicht auch herausstellen, dass Sie eben nicht unbedingt mit dem Kopf durch die Wand gehen, sondern geschickt die guten und möglicherweise besseren Vorschläge und Argumente von anderen Gruppenmitgliedern nutzen und umsetzen können, weil Sie vielleicht einen Fehler gemacht oder wichtige Dinge bei Ihrer ersten Entscheidung außer Acht gelassen bzw. nicht berücksichtigt haben, ohne dass Sie dabei das Gesicht verlieren.

TIPP

Kurzum: Bleiben Sie bei diesem Test authentisch und Sie selbst. Versuchen Sie nicht, in eine Rolle zu schlüpfen, die Ihnen nicht steht und der Sie nicht auf Dauer gewachsen sind. Bleiben Sie bei diesem Test stets ruhig, gelassen und vor allem fair gegenüber den anderen Gruppenmitgliedern. Das ist das Beste, was Sie tun können.

Die Rangliste ist übrigens von Fachleuten der NASA tatsächlich für den Ernstfall aufgestellt worden (vgl. Stangl 2016):

1. Sauerstofftanks: wird zum Atmen gebraucht (lebensnotwendig!)
2. Wasser: ohne Wasser überlebt der Mensch nicht lange
3. Sternenkarte: eines der wichtigsten Orientierungsmittel
4. Lebensmittelkonzentrat: notwendige Tagesration
5. Funkmeldeempfänger/-sender: eventuelle Verbindung zum Mutterschiff
6. Nylonseil: nützlich beim Zusammenbinden von Verletzten und beim Klettern
7. Erste-Hilfe-Koffer: Medikamente können wertvoll sein
8. Fallschirmseide: Schutz gegen Sonnenstrahlen
9. Rettungsfloß: CO_2-Flaschen zum Selbstantrieb über Klüfte etc.
10. Signalpatronen: Notruf, wenn in Sichtweite
11. Pistolen: können zur Herstellung von Selbstantriebsaggregaten dienen
12. Trockenmilch: Nahrung, bei Mischung mit Wasser trinkbar
13. tragbares Heizgerät: nützlich nur bei Landung auf dunkler Seite des Mondes
14. Magnetkompass: keine Magnetpole – unbrauchbar
15. Streichhölzer: kein Sauerstoff auf dem Mond – wenig oder gar nicht zu gebrauchen

Wüstenübung und Seenottest

Statt des NASA-Tests können auch andere Gruppenübungen im Rahmen von Auswahlverfahren zur Anwendung kommen. Diese haben dann andere Namen wie z. B. Wüstenübung, Seenottest o. Ä. Inhaltlich sind diese Gruppenaufgaben allerdings völlig identisch und werden nach den gleichen Grundsätzen beobachtet und bewertet. Bei der Wüstenübung müssen Sie sich nach einem Flugzeugabsturz in der Wüste zu einem Rettungspunkt durchschlagen, beim Seenottest in einem Rettungsboot auf offenem Meer überleben. Dabei stehen Ihnen wiederum jeweils 15 Gegenstände zur Verfügung.

5.13 Tests zur körperlichen Leistungsfähigkeit – Sport- und Fitnesstests

HINWEIS

Für alle in diesem Kapitel dargestellten Übungen gibt es, je nach Betrieb bzw. Einrichtung, teilweise erheblich voneinander abweichende Mindestanforderungen (Zeiten, Strecken, Anzahl der Wiederholungen usw.). Daher werden bei den Erklärungen der Übungen die den Autoren bekannten Maximalwerte verwendet.
Erkundigen Sie sich auf jeden Fall rechtzeitig vor dem Auswahlverfahren bei Ihrem möglichen künftigen Arbeitgeber oder Ausbildungsbetrieb über die konkret gestellten Mindestanforderungen. In aller Regel werden diese Informationen für alle Bewerber frei zugänglich gemacht (z. B. online).

5.13.1 Fitness und Gesundheit im Rettungsdienst

Alle Leistungsbereiche des Rettungsdienstes, wie z. B. Krankentransport, Notfallrettung, Intensivtransport, Luftrettung usw., sind dadurch gekennzeichnet, dass Patienten versorgt und transportiert werden müssen. In der Notfallrettung arbeitet man häufig unter extrem erschwerten Umgebungs- und Einsatz- sowie belastenden Arbeitsbedingungen. Bereits der Weg zum Patienten ist durch ...

- Zeitdruck und Eile,
- den Transport der Ausrüstung (Rucksack, EKG-Gerät, Absaugpumpe, zusätzliche spezielle und einsatzbezogene Sets wie Trauma-Pack, Kinder-Packs usw.) und

Abb. 35: Elementare Bestandteile von Auswahlverfahren im Rettungsdienst sind Sport- und Fitnesstests, denn eine entsprechende körperliche Eignung ist unabdingbar für die Tätigkeit als Notfallsanitäter.

- schwierige Arbeitsbedingungen und -umgebungen, wie
  - enge Räume und Treppenhäuser,
  - Überwindung mehrerer Etagen oder langer Strecken,
  - unebenes Gelände und
  - schlechte Witterungsverhältnisse,

oft deutlich erschwert.

Gleiches gilt für die Versorgung, Rettung sowie den anschließenden Transport des Patienten. Oft muss hier in völlig unergonomischen Positionen und Körperhaltungen (Verdrehung des Körpers, im Knien usw.) gearbeitet werden. Auch muss beim Transport des Patienten von der Notfallstelle in den Rettungswagen neben dem Gewicht des Patienten zusätzlich das der Ausrüstung (Trage, angeschlossene Überwachungs- und Therapiegeräte) bewältigt werden. Hier kommen schnell Lasten > 50 kg für den einzelnen Mitarbeiter zusammen. Diese sind dann auch noch unter den oben genannten schlechten ergonomischen Bedingungen über weitere Strecken zu tragen.

Im Krankentransport, dem Intensivtransport und in der Luftrettung gilt im Prinzip das Gleiche, wobei in jeder Teildisziplin jeweils andere Parameter in stärkerer oder geringerer Ausprägung zum Tragen kommen. So entfällt im Krankentransport zum Beispiel der enorme Zeitdruck, der auf dem Weg zu einem Notfallpatienten der Fall ist, dafür werden hier in einer Schicht aber meist deutlich mehr Patienten von einem wesentlich kleineren Team (zwei Personen) als in der Notfallrettung (meist vier Personen, da RTW- und NEF-Besatzung) bewegt.

Heben & Tragen im Rettungsdienst

Mit dem Inkrafttreten der Lastenhandhabungsverordnung wurde durch die Bundesanstalt für Arbeitsschutz und Arbeitsmedizin (BAuA) und dem Länderausschuss für Arbeitsschutz und Sicherheitstechnik (LASI) eine ergänzende „Leitmerkmalmethode zur Beurteilung von Heben, Halten, Tragen" herausgegeben. Hiermit kann eine Überprüfung auf eine gesundheitsgefährdende Belastung in Bezug auf Heben, Tragen und Halten durchgeführt werden. Eine von den Autoren durchgeführte interne Gefährdungsanalyse der Tätigkeiten im Rettungsdienst und Krankentransport hat ergeben, dass hier regelhaft die zulässigen Werte deutlich überschritten werden.

INFO

Dies wird auch in einer Publikation der Bundesanstalt für Arbeitsschutz und Arbeitsmedizin belegt (vgl. Lüther 2006: 8, 12). Diese stellt heraus, dass das Heben und Tragen unter ungünstigen und meist kaum beeinflussbaren Umständen die physiologische Hauptbelastung der Tätigkeit im Rettungsdienst und Krankentransport darstellt.

Trotz des technischen Fortschritts und vieler sowohl technischer als auch operativer Innovationen, die in den letzten Jahren für Rettungsdienst und Krankentrans-

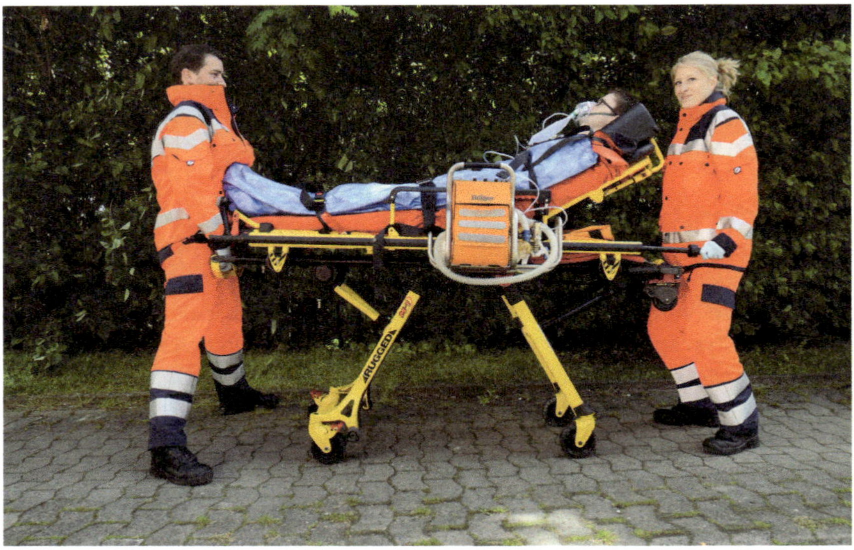

Abb. 36: Auch wenn technische Entwicklungen die tägliche Arbeit erleichtern, bleibt die Tätigkeit im Rettungsdienst eine körperlich sehr anstrengende Arbeit, die eine entsprechende Fitness erfordert.

port entwickelt wurden (z. B. Tragestühle, die ohne aktive Trageunterstützung durch das Personal Treppen überwinden können, Schulungen zum rückenschonenden Arbeiten usw.), bleibt es bei einer sehr hohen körperlichen Belastung des Personals und daraus resultierend bei weiterhin potenziell gesundheitsschädlichen Arbeitsbedingungen.

MERKE

Es ist daher nur logisch, dass sich Arbeitgeber bei der Auswahl des Personals dessen körperlicher Fitness und Belastbarkeit vergewissern!

Ärztliches Attest

Außerdem ist der Nachweis der gesundheitlichen Eignung zur Ausübung des Berufs als Notfallsanitäter oder Rettungsassistent per Gesetz vorgeschrieben (NotSanG § 8, RettAssG § 5). Es wird zumindest für die Zulassung zur Ausbildung und zur Erteilung der Berufserlaubnis ein Ärztliches Attest verlangt, welches dem zuständigen Regierungspräsidium vorzulegen ist. Dieses Attest kann durch den Hausarzt ausgestellt werden und unterliegt keinen näheren Bestimmungen, was die Angaben von z. B. Körpermaßen, Body-Mass-Index, Blut- und Blutdruckwerten, EKG- und Ergometerbefunden oder Hör- und Sehfähigkeit usw. angeht, oder darüber, welche Untersuchungen konkret vorzunehmen bzw. für die Tätigkeit relevant sind. Daher ist das Ärztliche Attest lediglich ein formales Dokument ohne besondere Aussagekraft. Allein die Bescheinigung, dass zum Zeitpunkt der Untersuchung bzw. der Ausstellung des Dokuments keine ansteckenden Krankheiten vorlagen, ist von gewisser Aussagekraft. Allerdings ist auch diese juristisch nur begrenzt relevant, da z. B. einem HIV-positiven Menschen der Zugang zur Ausbildung oder gar ein Arbeitsverhältnis aufgrund seiner Krankheit nicht verwehrt werden darf.

INFO

Das Ärztliche Attest wird trotz seiner geringen Aussagekraft regelhaft noch immer als Teil der Bewerbungsunterlagen vom (künftigen) Arbeitgeber bzw. Ausbildungsbetrieb verlangt. Allerdings sind Arbeitgeber aus arbeitsschutzrechtlichen und präventiven Gesichtspunkten heraus per Gesetz dazu verpflichtet, sowohl Einstellungsuntersuchungen als auch wiederkehrende Vorsorgeuntersuchungen anzubieten und durchzuführen (sogenannte arbeitsmedizinische G-Untersuchungen).

Sport- & Fitnesstests

Ergänzend hierzu werden in Auswahlverfahren mehr und mehr Fitnesstests durchgeführt, mit deren Hilfe sich der Arbeitgeber bzw. Ausbildungsbetrieb einen besseren Eindruck von Ihrer körperlichen Leistungsfähigkeit machen kann.

Die beiden am häufigsten eingesetzten Tests bei rettungsdienstlichen Auswahlverfahren sind ...

- das Heben und Tragen von Patienten (Kap. 5.13.3) sowie
- der Cooper-Test (Kap. 5.13.4).

Die gesundheitliche Eignung von Mitarbeitern ist in privaten Rettungsdiensten oder solchen der Hilfsorganisationen noch ein weitaus größerer Unsicherheitsfaktor für die persönliche Zukunft als dies bei verbeamteten Arbeitsverhältnissen der Fall ist (z. B. als Rettungsassistent/Notfallsanitäter in Berufsfeuerwehren). Die gesundheitliche Eignung ist, wie bereits erwähnt, Voraussetzung für die staatliche Genehmigung zur Ausübung des Berufs (s. RettAssG, NotSanG sowie die Rettungsdienstgesetze der Länder bzw. deren Durchführungsbestimmungen). Die Genehmigung erlischt automatisch bzw. muss zurückgenommen werden, wenn diese Eignung nicht mehr gegeben ist. In vielen Rettungsdiensten wird daher versucht, rechtzeitig arbeitserleichternde Modelle, z. B. für ältere Mitarbeiter, zu schaffen oder alternative Arbeitsplätze, z. B. auf der Rettungsleitstelle oder in anderen Bereichen, anzubieten. Arbeitserleichternde Modelle sind beispielsweise die Versetzung in eine Tagdienst- oder KTW-Gruppe. Hier würde u. a. der Schichtdienst (Nachtschichten) entfallen. Weiterhin käme eine Reduzierung der Arbeitszeit (z. B. auf 75 %) infrage, die ebenfalls zur Entlastung des betroffenen Mitarbeiters beitragen könnte. Ist all dies (aus betrieblichen Gründen) nicht möglich, so bleibt letztendlich nur die Entlassung des betroffenen Mitarbeiters, wobei sich auch hier der Arbeitgeber seiner Fürsorgepflicht nicht entziehen kann und neben der Abfindung für den Verlust des Arbeitsplatzes unterstützende Maßnahmen, wie zum Beispiel ein Outplacement (Außenvermittlung), anbieten muss.

5.13.2 Körpermaße und Body-Mass-Index

Körperliche Leistungsfähigkeit, Belastbarkeit und Fitness haben auch etwas mit genetischer Veranlagung, Ernährungsgewohnheiten und sportlicher Betätigung zu tun. Viele Rettungsdienste gehen inzwischen dazu über, nur Mitarbeiter einzustellen, die auch körperlich leistungsfähig und belastbar sind. Hierzu werden im Rahmen von Auswahlverfahren einerseits Sport- und Fitnesstests durchgeführt (s. u.), andererseits werden aber auch Vorgaben zu Körpermaßen und Body-Mass-Index (BMI) gemacht, die weder unter- noch überschritten werden dürfen.

Körpergröße

Die Vorgaben zur Körpergröße werden aus rein ergonomischen Erwägungen gemacht. Grundlage hierfür sind die Arbeitsbedingungen im Rettungsdienst (Heben, Tragen, Höhe der Fahrzeuginnenräume usw.).

INFO

So hat sich im Laufe der Jahre herausgestellt, dass eine ergonomische Arbeitsweise im Rettungsdienst bei einer Körpergröße von unter 1,62 m und über 1,95 m nur schwer möglich ist.

BMI

Der Body-Mass-Index (Tab. 11) wird von der Weltgesundheitsorganisation (World Health Organization, WHO) wie folgt definiert: *„Der BMI ist ein einfacher Index, der zur Bestimmung des Verhältnisses zwischen Gewicht und Körpergröße verwendet wird, um Normalgewicht, Untergewicht, Übergewicht und Adipositas bei Erwachsenen zu klassifizieren“* (WHO 2006).

Ein Body-Mass-Index von 18,5 – 25,0 (Normalgewicht) als Grundvoraussetzung für eine Einstellung im Rettungsdienst ist aus ähnlichen Gesichtspunkten wie bei der minimalen und der maximalen Körpergröße festgelegt worden. Von Bedeutung ist hierbei der Fakt, dass Menschen mit abweichendem BMI (Über- oder Untergewicht) weniger leistungsfähig sind und auch häufiger krank werden als Menschen mit einem BMI im Normalbereich (vgl. Lademann und Kolip 2005: 46 ff.). Das oben genannte Normalgewicht wäre der erstrebenswerte Idealzustand – allerdings kann hiervon abgewichen werden, wenn keine gravierenden Bedenken zur Leistungsfähigkeit bestehen. Die meisten Rettungsdienste haben hierzu individuelle Festlegungen bzw. Grenzwerte getroffen.

INFO

Der BMI wird wie folgt berechnet:
BMI = m / (l x l)
m = Körpermasse in Kilogramm
l = Körpergröße in Metern
Beispiel:
BMI = 70 kg / (1,75 m x 1,75 m) = 22,86

Tab. 11: Bewertung des Gewichts (nach Hirsch 2015: 327)

BMI	Bewertung
BMI < 18,5	Untergewicht
BMI 18,5 - 25	Normalgewicht
BMI > 25 - 30	Übergewicht, behandlungsbedürftig in Kombination mit anderen Risikofaktoren wie Hypertonie, Diabetes, hohe Blutfettwerte usw.
BMI > 30 - 40	starkes Übergewicht, hat bereits Krankheitswert, auch ohne weitere Risikofaktoren behandlungsbedürftig
BMI > 40	extremes Übergewicht, Krankheit mit besonders hohem Risiko, ärztliche Behandlung ist dringend zu empfehlen

Trotz aller damit verbundenen guten Absichten auf Seite des Arbeitsgebers bleibt allerdings fraglich, ob die Über- oder Unterschreitung von Körpergröße und/oder BMI ein juristisch belastbares, alleiniges Ausschlusskriterium für die Begründung eines Arbeits- oder Ausbildungsverhältnisses ist, wenn sonst alle anderen Voraussetzungen erfüllt sind.

Es sollte für jeden selbstverständlich sein, eine gesunde Lebensweise zu präferieren. Insbesondere gilt dies für Sie als (zukünftigen) Notfallsanitäter – und natürlich für alle Mitarbeiter im Rettungsdienst bzw. im gesamten Gesundheitswesen allgemein. Gesunde Ernährung und körperliche Betätigung bzw. Sport tragen nachweislich zur Gesunderhaltung bei (vgl. Becker et al. 2007: 13 ff.).

Abb. 37: Eine gesunde Lebensweise sollte für Sie als Notfallsanitäter eine Selbstverständlichkeit sein. Dazu gehören eine ausgewogene Ernährung und körperliche Betätigung.

5.13.3 Heben und Tragen

Das Heben und Tragen von Patienten gehört zum Tagesgeschäft im Rettungsdienst und Krankentransport (s. a. Kap. 5.13.1). Leider wiegen Patienten nicht immer 70 kg, sondern oft mehr als 100. Hinzu kommen die ungünstigen Umstände wie räumliche Enge, Überwindung größerer Distanzen, unebenes Gelände usw. sowie der gleichzeitige Transport von Trage, Tragestuhl und medizinischem Gerät.

Im Auswahlverfahren werden in der Regel ein reguläres rettungsdienstliches Gerät (Trage, Tragestuhl, Tragelaken o. Ä.) sowie ein Patienten-Dummy (Puppe, ca. 70 – 80 kg) zur Verfügung gestellt.

Zuerst erfolgt, z. B. durch einen Praxisanleiter, eine kurze Einweisung in den Umgang mit dem jeweiligen Gerät sowie eine Unterweisung in die rückenschonende Arbeitsweise. Danach müssen Gerät und Dummy von jeweils zwei Bewerbern zusammen getragen/transportiert werden. Der Transport kann entweder über eine längere Strecke (z. B. 2 × 250 m) und/oder über eine oder mehrere Etagen eines Treppenhauses erfolgen. Das Gelände beim Transport über eine

Abb. 38: Das Heben und Tragen von Patienten ist Alltag im Rettungsdienst. Nicht immer handelt es sich bei den Patienten um „Leichtgewichte".

bestimmte Strecke kann eben, aber durchaus auch uneben sein. Das Treppenhaus kann großzügig bemessen, aber auch sehr eng und verwinkelt sein. Rechnen Sie daher immer mit den ungünstigsten Bedingungen.

Ein zeitliches Limit gibt es für diese Übung nicht. Sie müssen jedoch damit rechnen, dass Sie bei dieser Übung außer den Patienten-Dummy und das Tragegerät zusätzlich noch andere Ausrüstungsgegenstände wie z. B. einen Notfallrucksack transportieren müssen.

TIPP

Sie sollten bei dieser Übung unbedingt beachten, dass Sie im konkreten Fall zwar einen Dummy transportieren, Sie diesen im Rahmen der Übung aber immer als Patienten betrachten müssen.

Versuchen Sie, sich dies die gesamte Zeit über vor Augen zu halten, und „kommunizieren" Sie auch mit dem Dummy, wenn es auf der Strecke z. B. einmal etwas holprig wird oder wenn Sie sich durch ein enges Treppenhaus quälen müssen – damit können Sie unter Umständen ein paar Pluspunkte bei den Beobachtern sammeln.

MERKE

Was Ihnen jedoch auf gar keinen Fall, sowohl bei dieser Übung als auch später im Arbeitsleben, passieren darf, ist, dass Sie den Dummy bzw. den Patienten ungesichert – sprich: nicht angeschnallt – transportieren und Ihnen dieser von der Trage oder vom Tragestuhl fällt! Auch dürfen Sie ihn in keiner anderen Weise schädigen, z. B. indem Sie ihn in einem engen Treppenhaus mit dem Kopf gegen das Geländer stoßen oder Ähnliches!

Achten Sie daher sehr genau auf die Einweisung am Anfang des Tests. Versuchen Sie, bei der Durchführung alles zu berücksichtigen, was Ihnen in der Einweisung vermittelt wurde.

In manchen Fällen kann es auch vorkommen, dass Sie anstatt mit einem Dummy als Patienten mit einem Mitarbeiter des Rettungsdienstes oder einem Teilnehmer aus Ihrer Bewerbergruppe arbeiten und Sie diesen transportieren müssen. Hier müssen Sie beim Test noch mehr Umsicht walten lassen als beim Transport des Dummys.

TIPP

Sprechen Sie in solchen Fällen mit dem „Patienten", weisen Sie ihn auf ggf. für ihn unangenehme Situationen während des Transports hin und behalten Sie ihn unbedingt im Auge. Es kann nämlich durchaus sein, dass der „Patient" den Verschluss des Gurts öffnet oder andere Manipulationen vornimmt.

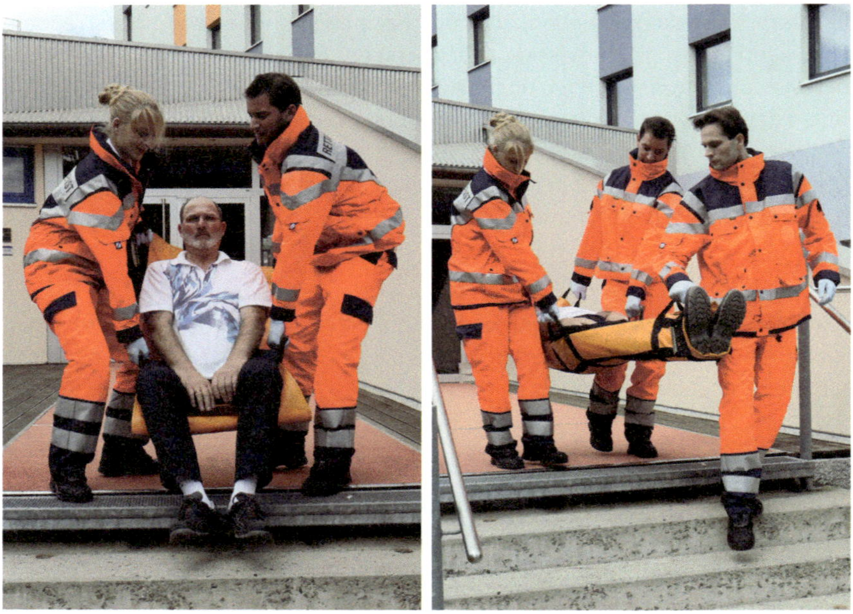

Abb. 39 und 40: Achten Sie beim Testverfahren beständig darauf, dass der Patient nicht geschädigt wird. Kommunizieren Sie auch mit ihm, reden Sie ihm z. B. beruhigend zu.

Solche Manipulationen sind keineswegs als hinterlistig oder als heimtückischer Versuch anzusehen, Sie aufs Glatteis zu führen, sondern sie sollen lediglich – neben der Überprüfung Ihrer körperlichen Fitness, um die es in diesem Test in erster Linie geht – einen zusätzlichen Eindruck Ihrer kommunikativen Fähigkeiten in stressigen Situationen und Ihrer Wachsamkeit vermitteln. Dies gilt besonders dann, wenn Sie Ihre Ausbildung bereits abgeschlossen haben und sich auf einen regulären Arbeitsplatz bewerben.

5.13.4 Sport- und Fitnesstests

Cooper-Test

Beim Cooper-Test (Ausdauerlauf) wird die innerhalb von zwölf Minuten von einem Bewerber zurückgelegte Strecke ermittelt und nach Geschlecht und jeweiliger Altersgruppe bewertet (Tab. 12). Wenn Sie prinzipiell gesund sind und ein paar Wochen vor dem Auswahlverfahren regelmäßig Joggen gehen, dürfte Ihnen dieser Test keine Probleme bereiten.

Eine andere Form des Cooper-Tests ist der einfache Ausdauerlauf. Dieser wird von einigen Einrichtungen alternativ durchgeführt. Beim Ausdauerlauf wird das Erreichen der in Tabelle 13 angegebenen Vorgaben verlangt.

Sprinttest

Beim Sprinttest müssen von Frauen 35 m in maximal 6,2 Sekunden bzw. von Männern in maximal 5,7 Sekunden zurückgelegt werden (nach Coombes und Skinner 2014: 92 ff.).

Tab. 12: Bewertung des Cooper-Tests (nach Cooper 1984, modifiziert)						
Alter		sehr gut	gut	Durchschnitt	schlecht	sehr schlecht
17 – 20	m	> 3 000 m	2 700 – 3 000 m	2 500 – 2 699 m	2 300 – 2 499 m	< 2 300 m
	w	> 2 300 m	2 100 – 2 300 m	1 800 – 2 099 m	1 700 – 1 799 m	< 1 700 m
20 – 29	m	> 2 800 m	2 400 – 2 800 m	2 200 – 2399 m	1 600 – 2 199 m	< 1 600 m
	w	> 2 700 m	2 200 – 2 700 m	1 800 – 2 199 m	1 500 – 1 799 m	< 1 500 m
30 – 39	m	> 2 700 m	2 300 – 2 700 m	1 900 – 2 299 m	1 500 – 1 899 m	< 1 500 m
	w	> 2 500 m	2 000 – 2 500 m	1 700 – 1 999 m	1 400 – 1 699 m	< 1 400 m
40 – 49	m	> 2 500 m	2 100 – 2 500 m	1 700 – 2 099 m	1 400 – 1 699 m	< 1 400 m
	w	> 2 300 m	1 900 – 2 300 m	1 500 – 1 899 m	1 200 – 1 499 m	< 1 200 m
50 +	m	> 2 400 m	2 000 – 2 400 m	1 600 – 1 999 m	1 300 – 1 599 m	< 1 300 m
	w	> 2 200 m	1 700 – 2 200 m	1 400 – 1 699 m	1 100 – 1 399 m	< 1 100 m

Tab. 13: Zu erreichende Distanzen beim Ausdauerlauf		
Geschlecht	Distanz	Zeit
Männer	1 440 m	max. 7 min 30 sec
Frauen	1 170 m	max. 7 min 30 sec

Abb. 41: Bewerber beim Cooper-Test

Pendellauf

Der Pendellauf wird in einer Halle oder auf einem Hartplatz im Freien durchgeführt. Beim Pendellauf gibt es unterschiedliche Distanzen, die zwischen 10 und 25 m betragen können. Diese Distanzen müssen acht- bis zehnmal zurückgelegt werden (hin und her laufen), wobei am Wendepunkt jeweils eine Aktion durchgeführt werden muss, wie z. B.:

- Berühren des Bodens mit der Hand,
- Aufnehmen eines Gegenstandes,
- Hinlegen (Bauchlage mit den Armen auf dem Rücken).

Männer sollten beim kleinen Pendellauf (8 × 10 m) eine Zeit von 25 Sekunden anstreben, Frauen eine Zeit von 30 Sekunden. Diese Zeiten sollten möglichst erreicht werden. Bei Zeitüberschreitungen aller Teilnehmer bekommen diejenigen, die am schnellsten waren und sich der Vorgabe am dichtesten angenähert haben, die meisten Punkte bzw. die beste Note. Das Einzelergebnis wird in der Gesamtschau der Ergebnisse entsprechend gewichtet.

INFO

Gute Zeiten für den großen Pendellauf (8 × 25 m) sind 65 – 70 Sekunden. Je schneller Sie den Test absolvieren, umso besser – aber vermeiden Sie dennoch Fehler (z. B. Sturz oder das Fallenlassen des Gegenstandes).

Der Pendellauf kann auch in abgewandelten Formen, z. B. als „8er-Lauf" oder „Schlängellauf", durchgeführt werden. Der Name ist jeweils Programm: Das heißt, dass Sie beim 8er-Lauf fünfmal eine vorgegebene 8er-Bahn laufen müssen (Zeit: Männer 60 sec, Frauen 70 sec), und beim Schlängellauf müssen Sie eine bestimmte Distanz (10 – 25 m) überwinden, wobei auf der Strecke mehrere Kegel aufgestellt sind, an denen Sie entweder in Schlängellinie vorbeilaufen oder alternativ jeden Kegel einmal vollständig umrunden müssen. Die Zeitvorgabe für den Schlängellauf beträgt für beide Geschlechter ca. 15 Sekunden (modifiziert nach Coombes und Skinner 2014: 287).

Liegestütze

Meist müssen die sogenannten Bundeswehrliegestützen absolviert werden. Dabei sind innerhalb von 90 Sekunden möglichst viele Wiederholungen auszuführen. Die Mindestanforderung beträgt zwölf Wiederholungen (vgl. Kleinöder et al. o. J.):

- Ausgangslage ist die Bauchlage; die Hände befinden sich auf dem Rücken.
- Die Arme werden im 90°-Winkel und leicht abgespreizt vom Körper positioniert (Abb. 42 und 43).
- Drücken Sie Ihren Körper mit beiden Armen hoch.
- Nach dem Hochdrücken mit beiden Armen muss mit einer Hand der andere Arm kurz berührt werden, bevor der Oberkörper wieder auf den Boden abgesenkt wird.

Abb. 42 und 43: Liegestütze

- Nach dem Ablegen müssen die Hände wieder auf dem Rücken zusammengeführt werden (Klatschen), und der Zyklus beginnt von vorne.

Klimmzüge

Beim Klimmzug hängen Sie an einer horizontal angebrachten Stange und müssen Ihren Körper aus dem Hang hochziehen, bis Sie mit der Brust die Stange berühren (Abb. 44 und 45). Diese Position wird fünf Sekunden lang gehalten, anschließend lassen Sie sich wieder hinab.

Männer sollten in der Lage sein, sechs bis acht Wiederholungen zu schaffen, Frauen erzielen mit vier bis sechs Wiederholungen ein akzeptables Ergebnis.

MERKE

Eine Abwandlung der Klimmzüge ist der sogenannte Beugehang. Dieser ist faktisch ein einzelner Klimmzug, bei dem die Körperspannung (Beugung der Oberarme im Hang) gehalten werden muss. Hier sollte man mindestens 45 Sekunden aushalten (vgl. Kleinöder et al. o. J.).

Schwimmen

Schwimmtests werden bei rettungsdienstlichen Auswahlverfahren eher selten durchgeführt (Ausnahme: Berufsfeuerwehren). Falls dieser Test verlangt wird, müssen Sie in der Regel 200 m in einem beliebigen Schwimmstil in maximal 6 Minuten zurücklegen (vgl. Kleinöder et al. o. J.)

Sit-ups

Sit-ups sind Übungen, die die Bauchmuskulatur trainieren. Hierbei wird aus der Ausgangsposition (im 90°-Winkel angewinkelte Beine, flach auf dem Rücken liegend, Hände sind hinter dem Kopf gefaltet) der Oberkörper durch Kontraktion der Bauchmuskeln mehrfach hintereinander angehoben und wieder abgelegt (Abb. 46).

Die Zielgröße für Sit-ups (m/w) sind ca. 25 – 40 Wiederholungen (Quelle: https://bundeswehr-einstellungstest.de/lektionen/sit-ups/).

Abb. 44 und 45: Klimmzug

Abb. 46: Sit-up

Ergometer

Beim Ergometertest (Fahrradergometer, Abb. 47) wird mit 50 Watt gestartet und alle zwei Minuten die Stufe um jeweils 25 Watt erhöht. Frauen müssen 150 Watt erreichen, Männer 200 Watt.

Puls und Blutdruck werden über den gesamten Zeitraum (bis zum Erreichen der o. g. Wattzahlen) gemessen. Die Werte von RR (Blutdruck) 150/90 mmHg und Puls 100/min sollen nicht überschritten werden (modifiziert nach Björkman et al. 2016).

Bankdrücken

Beim Bankdrücken (Abb. 48) wird mit Hantelgewichten (bei Frauen 45 %, bei Männern 60 % des jeweiligen Körpergewichtes) gearbeitet. Männer sollen ca. 30 Wiederholungen mit 35 kg und Frauen ca. 20 Wiederholungen mit 25 kg ausführen können (vgl. Silbernagel o. J.):

- Diese Übung wird in Rückenlage ausgeführt. Das Gewicht/die Hantel liegt in der dafür vorgesehenen Ablage ca. 40 cm über Ihnen.
- Nach dem Fassen der Hantel mit beiden Händen wird diese zunächst im 90°-Winkel aus der Ablage gehoben/gedrückt und, so oft es Ihnen möglich ist, zum Brustkorb abgesenkt und wieder nach oben gestemmt.
- Ein Betreuer/Beobachter steht dabei an Ihrem Kopfende und kann im Fall der Erschöpfung eingreifen.

Abb. 47: Test auf dem Ergometer

Abb. 48: Bankdrücken

MERKE

Der Fitnesstest ist ein zentraler Bestandteil von Auswahlverfahren im Rettungsdienst und wird immer – bei der Polizei, der Feuerwehr, der Bundeswehr und bei den Hilfsorganisationen – durchgeführt. Es ist daher ratsam, dass Sie Ihre eigene Leistungsfähigkeit kritisch beurteilen und ggf. frühzeitig mit einem Fitnesstraining (Joggen, Fitnessstudio o. Ä.) beginnen, sofern Sie sich bisher nicht oder nur wenig sportlich betätigt haben. Es reicht jedoch meist nicht, wenn Sie erst 14 Tage vor dem Auswahlverfahren mit dem Training beginnen. Sie sollten mindestens vier bis sechs Wochen regelmäßig trainieren und Ihre Leistungsfähigkeit verbessern/steigern. Oft kann gerade der Fitnesstest das Zünglein an der Waage sein und darüber entscheiden, ob Sie oder jemand anderes den Ausbildungsplatz erhalten.

TIPP

Eine gute Übersicht über die verschiedenen Sporttests bei Auswahlverfahren der Feuerwehr bieten das Test- und Trainingshandbuch „Physische Eignungsfeststellung für die Berufsfeuerwehr in Deutschland" von Kleinöder et al. (o. J.).
PDF-Download unter:
https://www.vfdb.de/vfdb-ev/informationen/aktuelle-information/article/testhandbuch-fuer-die-physische-eignungsfeststellung/

5.14 Die Arbeitsprobe / Probearbeit (Assessment on the Job)

Arbeitsproben und Probearbeit werden im Rettungsdienst bisher überwiegend nicht systematisch und strukturiert als Methode der Bewerberauswahl eingesetzt. Es gibt jedoch zwei Sachverhalte, die sinngemäß als Arbeitsprobe bzw. Probearbeit gelten können. Hierbei handelt es sich um ...

- ein Praktikum vor Beginn der Ausbildung (sog. Schul-/Schüler bzw. Berufsorientierungspraktikum) oder im Rahmen der Ausbildung zum Rettungssanitäter/Notfallsanitäter (Rettungswachenpraktikum)
- die reguläre Probezeit, die Bestandteil (fast) aller Arbeits- und Ausbildungsverträge ist.

5.14.1 Praktika

Orientierungspraktikum

Beim sogenannten Schüler- bzw. „Schnupper-" oder (Berufs-)Orientierungspraktikum handelt es sich um ein freiwilliges Praktikum, welches auf (Eigen-) Initiative des Bewerbers/des Interessenten bzw. des zukünftigen Auszubildenden zustande kommt. Orientierungspraktika haben den Zweck, dass Sie das künftige Arbeitsumfeld besser kennenlernen und sich einen Eindruck von den Arbeitsaufgaben sowie den späteren Anforderungen verschaffen können. Solche Praktika sind jedoch nicht ganz unproblematisch. Zum einen bieten lediglich ca. 10 % aller Rettungsdienste diese überhaupt an, da die infrage kommenden Praktikanten (vor Beginn der Ausbildung) meist das 18. Lebensjahr noch nicht

Abb. 49: Bei einem Praktikum lernen Sie das künftige Arbeitsumfeld und die zu erwartenden Aufgaben kennen.

vollendet haben und damit noch nicht als volljährig gelten. Aus diesem Grund muss hier ein beträchtlicher Organisations-, Betreuungs- und Aufsichtsaufwand betrieben werden, der sich unter anderem aus dem Jugendarbeitsschutzgesetz (JArbSchG), dem Arbeitszeitgesetz (ArbZG), den Vorschriften der Sozialversicherungen, der Berufsgenossenschaften sowie der Unfallversicherungen ergibt. Hinzu kommt, dass es im Rettungsdienst und Krankentransport während der Einsätze kaum möglich ist, die Praktikanten im erforderlichen Umfang vollumfänglich zu beaufsichtigen.

Auch bedürfen solche Praktika einer gesonderten Genehmigung des Trägers des Rettungsdienstes. Da diese Genehmigungen meist nicht pauschal vergeben werden, sondern für jeden Einzelfall neu beantragt werden müssen, bedeutet dies für den Durchführenden des Rettungsdienstes einen erheblichen zusätzlichen organisatorischen Aufwand.

Neben diesen Faktoren gibt es jedoch noch einen weiteren Grund, weshalb solche Praktika kaum angeboten und durchgeführt werden. Da die Praktika meist einen zeitlichen Umfang von lediglich 14 Tagen haben, ist es dem Betrieb kaum möglich, das Praktikum strukturiert zu begleiten und daraus die notwendigen Erkenntnisse über die Eignung des Praktikanten für die eventuelle Vergabe eines Ausbildungsplatzes zu gewinnen. Insofern stehen der enorm hohe Organisationsaufwand und der nicht messbare Erkenntnisgewinn (Nutzen) für den Betrieb in erheblichem Widerspruch.

TIPP

Wir empfehlen jedem, der sich für eine Ausbildung im Rettungsdienst interessiert, ein solches orientierendes Praktikum zu machen, um sich einen realistischen Einblick in das Tagesgeschäft des Rettungsdienstes zu verschaffen. Auch wenn dies nicht einfach sein wird, so ermöglichen zumindest größere Rettungsdienste zunehmend ein solches Praktikum. Es lohnt sich, am Ball zu bleiben – und vielleicht auch etwas hartnäckiger zu sein.

Hospitation

Möglich ist auch eine Hospitation im Rahmen des Ausbildungsverfahrens, eine solche wird aufgrund des damit verbundenen Aufwands für den Arbeitgeber (s. o.) jedoch eher selten durchgeführt.

5.14.2 Sonderfälle von Probearbeit / Arbeitsproben

Wird die arbeitsvertraglich vereinbarte Probezeit als Instrument der Eignungsdiagnostik genutzt, so ergeben sich bestimmte Fragestellungen nicht, die bei den Sonderfällen von Probearbeit und Arbeitsproben zu berücksichtigen wären, da in diesem Fall bereits ein Ausbildungs- bzw. Arbeitsvertrag geschlossen wurde, der abschließend alle Sachverhalte wie z. B. versicherungsrechtliche Fragestellungen, Vergütung, Dauer der Probearbeit (Probezeit), gegenseitige Rechte und Pflichten usw. regelt.

INFO

Auch in einem Ausbildungsvertrag wird eine Probezeit vereinbart bzw. festgelegt (vgl. § 12 Abs. 2 Nr. 5 NotSanG).

Für Sonderfälle von Probearbeit und Arbeitsproben werden zudem auch abweichende Bezeichnungen wie z. B. „Einfühlungsverhältnis" verwendet, die durchaus rechtliche Relevanz für Sie als Arbeitnehmer oder Auszubildenden oder den Arbeitgeber im Hinblick auf die Begründung eines Arbeits- oder Ausbildungsverhältnisses besitzen.

Die signifikantesten Unterscheidungsmerkmale zwischen der arbeitsvertraglich vereinbarten Probezeit und den Sonderfällen sind:

Dauer der Arbeitsprobe

In der Regel wird im Rahmen der arbeits- bzw. ausbildungsvertraglich vereinbarten Probezeit ein Zeitraum von sechs Monaten festgelegt, nach dessen Ende der Arbeits-/Ausbildungsvertrag fortgeführt wird. Ebenso behalten sich für gewöhnlich auch beide Seiten das Recht vor, während dieser Zeit das Arbeits- bzw. Ausbildungsverhältnis ohne Angabe von Gründen beenden zu können.

Bei den Sonderfällen von Probearbeit und Arbeitsproben (außerhalb eines Arbeits- oder Ausbildungsvertrages) werden oft wesentlich kürzere Zeiträume vereinbart. Diese betragen in der Regel eine Zeitdauer von einigen Stunden/Tagen bis zu vier Wochen (vgl. Haufe Online-Redaktion 2014b). Nur in seltenen Fällen werden hier längere Zeiträume vereinbart.

Vergütung & Leistungspflicht

Während der arbeits-/ausbildungsvertraglich vereinbarten Probezeit erhalten Sie in der Regel bereits eine Vergütung, die für diese Tätigkeit tarifvertraglich vorgesehen ist. In einigen wenigen Fällen kann für den Zeitraum der Probezeit auch eine abweichende (geringere) Vergütung vereinbart werden. Dies ist im konkreten Fall davon abhängig, ob die jeweiligen tarifvertraglichen Regelungen eine andere Vergütung für den Zeitraum der Probezeit vorsehen oder nicht. Der Arbeitgeber verpflichtet sich zur Zahlung der Vergütung, und Sie verpflichten sich in vollem Umfang zur Erbringung der vertraglich geschuldeten Leistung im Sinne von Arbeitszeit und Arbeitsinhalt.

In den Sonderfällen von Probearbeit wird keine Vergütung gezahlt. In der Regel wird jedoch die Zahlung einer Aufwandsentschädigung für z. B. Fahrtkosten und sonstige Aufwendungen vereinbart. Im Gegenzug kann der Arbeitgeber jedoch auch keine Erbringung von konkreten Leistungen zu bestimmten Zeiten verlangen (LAG Baden-Württemberg, 25.4.2007, Az.: 13 Sa 129/05; LAG Düsseldorf, 6.7.2007, Az.: 9 Sa 598/07; LAG Baden-Württemberg, 25.4.2007, Az.: 13 Sa 129/05; LAG Schleswig-Holstein, 17.3.2005, Az.: 4 Sa 11/05), da sich hierdurch möglicherweise die Begründung eines echten Arbeitsverhältnisses ableiten ließe.

Versicherungen & Sozialleistungen

Auch bei Versicherungen und Sozialleistungen sind bei arbeits-/ausbildungsvertraglich begründeten Probezeiten alle Verpflichtungen des Arbeitgebers durch einschlägige Gesetzgebungen geregelt. So ist der Arbeitgeber in diesen Fällen u. a. zur Einbehaltung und Abführung von Lohn- und Kirchensteuer, Solidaritätszuschlag und sozialversicherungsrechtlichen Anteilen des Arbeitslohnes verpflichtet. Auch der Unfallschutz (Unfallversicherung) über die zuständigen Berufsgenossenschaften sowie die Haftpflicht ist in diesen Fällen vom Arbeitgeber zu gewährleisten.

In den Sonderfällen von Probearbeit ist lediglich der Unfallschutz durch den Arbeitgeber abgesichert. Sozialleistungen und Steuern sind nicht abzuführen, sofern lediglich eine Aufwandsentschädigung gezahlt wird. Ebenso wenig ist eine Haftpflicht über den Arbeitgeber abgedeckt. Hier müssen Sie im Fall eines Schadens Ihre private Haftpflichtversicherung in Anspruch nehmen (vgl. Haufe Online-Redaktion 2014b).

Schlusswort

Mit diesem Buch haben wir versucht, Ihnen als Bewerberin/Bewerber für eine Tätigkeit im Rettungsdienst einen Überblick über die derzeit gängigsten bzw. am häufigsten angewendeten Auswahlverfahren und -tests zu geben. Ziel dabei war es, Ihnen hilfreiche Hinweise darüber an die Hand zu geben, was Sie in Auswahlverfahren erwartet und wie Sie sich am besten auf diese vorbereiten können.

Zu beachten ist allerdings, dass die Tests nicht 1 : 1 wie hier beschrieben angewendet werden. Sowohl inhaltlich als auch im Umfang oder der Abfolge kann es unterschiedliche Umsetzungsformen geben. So sind beispielsweise bei den Rechenaufgaben oder den Fragen zum Allgemeinwissen selbstverständlich viele andere Aufgaben- und Fragestellungen möglich. Es ist daher immer ratsam, sich vor Antritt eines Auswahlverfahrens möglichst viele Informationen vom Arbeitgeber oder Ausbildungsbetrieb über den Inhalt und den Umfang des Auswahlverfahrens einzuholen, sofern sie nicht sowieso von vornherein bereitgestellt werden. In den einzelnen Abschnitten dieses Buches wurden dazu bereits verschiedene Hinweise gegeben. Sofern Sie diese Hinweise berücksichtigen und sich nicht allein mit den dargestellten Beispielen beschäftigen, sondern sich mit der Systematik der Aufgabenstellungen und Testverfahren auseinandersetzen und die notwendigen Informationen einholen, umso besser werden Sie sich vorbereiten können.

MERKE

Eine Grundvoraussetzung für die Tätigkeit im Rettungsdienst ist es, sich jederzeit auf unterschiedliche Situationen einstellen und diese beherrschen zu können. Kein Einsatz gleicht dem anderen. So ist es auch bei den Auswahlverfahren. Zwar gibt es, wie im Einsatz auch, bestimmte Regeln und Muster, nach denen zu verfahren ist, jedoch gibt es auch immer einen gewissen Handlungs- und Ermessensspielraum.

Nehmen Sie sich vor dem Auswahlverfahren mithilfe dieses Buches die Zeit, sich intensiv auf unterschiedliche Fragestellungen und Testverfahren vorzubereiten. Versuchen Sie dabei, ein ausgewogenes Gleichgewicht zwischen dem Lernen von theoretischen Grundlagen und sportlicher Betätigung zu erreichen.

Haben Sie keine Angst vor dem Auswahlverfahren! Wenn Sie sich geistig und körperlich gut vorbereitet haben, können Sie davon ausgehen, dass Sie realistische Chancen haben, das Auswahlverfahren zu bestehen. Versuchen Sie, dieses nicht als Prüfung, sondern als Wettkampf zu verstehen – einen Wettkampf, in dem es darum geht, einen der vorderen Plätze zu belegen. Mit dieser Einstellung und einer intensiven Vorbereitung wird Ihnen dies auch gelingen. Wir hoffen, Ihnen mit diesem Buch das nötige Wissen und Rüstzeug mit auf den Weg gegeben zu haben.

Wir wünschen Ihnen nunmehr viel Erfolg bei der Absolvierung des Auswahlverfahrens, dass Sie in der Ausbildung und der späteren Ausübung eines Berufs im Rettungsdienst das finden, was Sie sich erhofft haben, und dass Sie diesen Beruf mit Stolz, Gewissenhaftigkeit und Sorgfalt ausfüllen, um Menschen in schwierigen und schlimmen Situationen ihres Lebens hilfreich zur Seite stehen zu können.

Lösungen zu den Testverfahren

5.1 Biologie

1. **Welches Lebewesen ist für die Übertragung der Borreliose verantwortlich?**
   ☑ d) Zecke

2. **In welchem Organ befinden sich Zapfen und Stäbchen?**
   ☑ b) Auge

3. **Was ist der Golgi-Apparat?**
   ☑ b) ein membranumschlossenes Organell in einer Zelle, das an Aufgaben des Zellstoffwechsels beteiligt ist

4. **Viele Hormone werden in endokrinen Drüsen gebildet. Eine der endokrinen Drüsen ist ...**
   ☑ a) die Hypophyse.

5. **An welcher Stelle im menschlichen Körper findet man Hammer und Amboss?**
   ☑ b) im Ohr

6. **Aus wie vielen Chromosomen besteht das Genom, das menschliche Erbgut?**
   ☑ c) 46

7. **Wie viele Rippenpaare hat der Mensch?**
   ☑ b) 12 Paare

8. **Welches ist das größte Organ des Menschen?**
   ☑ b) die Haut

9. **Welcher ist der längste menschliche Knochen?**
   ☑ b) der Oberschenkelknochen

10. **Was ist Meiose?**
    ☑ a) Teilung des Zellkerns, dabei halbiert sich die Chromosomenzahl

11. **Was ist der Unterschied zwischen DNA und DNS?**
    ☑ a) Es gibt keinen – DNA ist die englische Entsprechung von DNS.

12. Wie nennt man den Vorgang, bei dem Moleküle durch Membranen (z. B. dünne Häutchen) fließen?

☑ a) Osmose

13. Mitochondrien sind (umgangssprachlich formuliert) ...

☑ c) Kraftwerke der Zelle.

14. Was sind die Langerhans'schen Inseln?

☑ c) Zellansammlungen in der Bauchspeicheldrüse, die Insulin ausschütten

15. Was ist der Steigbügel?

☑ a) ein winziger Knochen im Ohr

16. Wie viele Knochen besitzt der menschliche Körper?

☑ b) ca. 200

17. Welche Blutgefäße führen das Blut vom Herzen weg?

☑ c) Arterien

18. Was fließt im großen Blutkreislauf durch die Venen zum Herzen?

☑ b) sauerstoffarmes Blut

19. Wie heißt der wichtigste Atemmuskel?

☑ b) Zwerchfell

20. Was ist der „Larynx"?

☑ b) Kehlkopf

BEWERTUNG

Wenn Sie in der vorgegebenen Zeit 80 % der Fragen richtig beantworten konnten, haben Sie ein gutes Ergebnis erzielt. Wenn Sie weniger als 80 % der Fragen in der vorgegebenen Zeit richtig beantworten konnten, sollten Sie Ihre Biologiekenntnisse noch etwas auffrischen. Nutzen Sie hierzu Ihre Schulbücher und Unterlagen sowie unsere Literaturtipps.

5.2 Deutsch

5.2.1 Fremdwörtern die richtige Bedeutung zuordnen

Fremdwörter

1. **Was ist ein „Fauxpas"?**
   - [x] b) ein Fehltritt

2. **Was bedeutet „Emission"?**
   - [x] a) Ausgabe

3. **Was bedeutet „Prokura"?**
   - [x] d) Vollmacht

4. **Was ist ein „Adjektiv"?**
   - [x] c) Eigenschaftswort

5. **Was bedeutet das Wort „Konsonant"?**
   - [x] a) Mitlaut

6. **Was ist die „Konjunktur"?**
   - [x] a) Wirtschaftslage/Auslastungsgrad

7. **Was bedeutet das Wort „substanziell"?**
   - [x] c) wesentlich/materiell

8. **Was bedeutet „obsolet"?**
   - [x] c) veraltet

9. **Was bedeutet „Analogie"?**
   - [x] a) Ähnlichkeit

10. **Was ist ein „Antidot"?**
    - [x] c) ein Gegengift

5.2.2 Zusammenhänge erkennen (verbale Intelligenz)

Zusammenhänge erkennen

1. **Welche der folgenden Antworten passt nicht zu den Wörtern: Akquise, Marketing, kongruent, parallel?**
   - [x] b) unpassend

2. **Welche der folgenden Antworten passt nicht zu den Wörtern: global, Diagnose, Grafik, mobil?**

   ☑ e) kontinental

3. **Welche der folgenden Antworten passt nicht zu den Wörtern: nivellieren, konservativ, asozial, ökologisch?**

   ☑ e) in Bezug auf die Wirtschaft

4. **Welche der folgenden Antworten passt nicht zu den Wörtern: akribisch, Arthrose, kritisch, pädagogisch?**

   ☑ d) unordentlich

5. **Welche beiden Wörter passen nicht zusammen?**

   ☑ c) redigieren – reduzieren

6. **Ergänzen Sie das fehlende Wort: Fläche/Körper = Wand/?**

   ☑ a) Raum

7. **Ergänzen Sie das fehlende Wort: Buch/Autor = Oper/?**

   ☑ d) Komponist

8. **Ergänzen Sie das fehlende Wort: Linde/Eiche = Dackel/?**

   ☑ c) Pudel

9. **Welches Wort passt nicht zu den anderen?**

   ☑ c) Zentimeter

10. **Welches Wort passt nicht zu den anderen?**

    ☑ g) verschlüsseln

Recht-schreibung

5.2.3 Rechtschreibung

Welche Schreibweisen der folgenden Wörter und Sätze sind korrekt?

1. ☑ a) Xylofon
   ☑ e) Xylofone

2. ☑ d) Paläontologe

3. ☑ d) Appell

4. ☑ a) nichts sagend
   ☑ c) nichtssagend

5. ☑ c) endgültig

6. ☑ b) Die Zahl der allein erziehenden Mütter steigt.
☑ c) Die Zahl der alleinerziehenden Mütter steigt.

7. ☑ b) Sie hat meine Nerven aufs Äußerste strapaziert.

8. ☑ a) Der Brief kam heute Morgen.

9. ☑ c) Die Zahl der Allergiker steigt jährlich.

10. ☑ a) Im Großen und Ganzen ist das richtig.

5.2.4 Worttrennung

Wort-trennung

Welche Trennung ist in den folgenden Beispielen jeweils richtig?

1. ☑ b) Sa – xo – fon

2. ☑ a) Klaus – tropho – bie
☑ c) Klaustro – phobie
☑ d) Klaus – tro – pho – bie

3. ☑ a) Kas – sen – sturz
☑ d) Kassen – sturz

4. ☑ c) Um – wälzung
☑ d) Um – wäl – zung

5. ☑ a) Hyd – rant
☑ b) Hy – drant

6. **Wie trennt man „ck" in einem einfachen Wort, wie zum Beispiel „Zucker"?**
☑ d) es wird vor dem ck getrennt

Anmerkung: Wenn „ck" bei zusammengesetzten Wörtern an der Wortgrenze steht, wie in „Back-ofen", wird nach „ck" getrennt. Ansonsten bleiben die Konsonantenverbindungen ch, ck und sch ungetrennt, wenn sie für einen einfachen Laut stehen („Bü-cher", „Zu-cker", „ba-cken", „Fla-sche").

7. ☑ c) Über – ra – schungs – ei

8. ☑ b) Kat – zen – klo
☑ d) Katzen – klo

9. ☑ b) Ze – cken – bis – se

10. ☑ c) Buch – sta – ben – sa – lat

Wort-ergänzung

5.2.5 Wortergänzung

Ergänzen Sie die fehlenden Buchstaben, um die richtigen Wörter zu bilden.

1. Bundesrepublik
2. Rettungsdienst
3. Subtraktionsaufgabe
4. Zigarettenautomat
5. Gepäckausgabeschalter
6. Nervensystem
7. Herzinfarkt
8. Autobahnmeisterei
9. Streichholzschachtel
10. Fachzeitschrift

Sprachlicher Ausdruck

5.2.6 Sprachlicher Ausdruck

Welche Antworten sind sprachlich und stilistisch korrekt?

1. ☑ a) Ich erinnere mich an den Anruf.
   ☑ d) Ich erinnere mich des Anrufs.

2. ☑ a) Gib mir bitte den Radiergummi.
   ☑ b) Gib mir bitte das Radiergummi.

3. ☑ c) Am Nachmittag gehe ich zu meiner Oma.

4. ☑ b) In meiner Freizeit spiele ich gerne Fußball.

5. ☑ d) Ich lerne, damit ich eine gute Arbeit bekomme.

6. ☑ c) Mit dem Schnupfen würde ich zum Arzt gehen.

7. ☑ a) Ich muss morgen pünktlich aufstehen, um rechtzeitig an meinem Arbeitsplatz zu sein.

8. ☑ c) Das Kaspische Meer ist der größte See der Erde.

9. ☑ a) Die Berufswahl stellt eine substanzielle Entscheidung dar.
   ☑ b) Die Berufswahl stellt eine substantielle Entscheidung dar.

10. ☑ a) Dass das solche Ausmaße annimmt, hätte ich niemals gedacht.

BEWERTUNG

Sie sollten in der vorgegebenen Zeit mindestens 80 % der Aufgaben richtig gelöst haben. Brauchen Sie zur Bearbeitung deutlich länger oder haben Sie weniger als 70 % der Aufgaben richtig gelöst, müssen Sie weiter üben, um Ihre Deutschkenntnisse zu verbessern.

5.3 Englisch

5.3.3 Textübersetzung

Übungstext 1

Übung 1

Hello! My name is ... I am a paramedic. This is my colleague ... Please, stay calm! We are here to help you! Do you know, which day it is today? Do you know where you are right now? Have you been unconscious? If so, how long? Can you tell me what happened exactly? Do you feel pain? Where do you feel the pain precisely? How strong is the pain? Please tell me, on a scale from one to ten, how strong is the pain (1 is weak, 10 means very strong). Does the pain radiate? If so, where (in your shoulder? in your tummy? in your back? in the arm?)? What kind of pain is it? For a closer/detailed examination we need to undress you. Do you agree? I can give you a painkiller to reduce your pain. I've learned this procedure and cope it very well. You agree? We will take you to the ambulance now.

Übungstext 2

Übung 2

Good morning! My name is ... This is my colleague ... Please stay calm! We will help you! Do you know which day we have today? Do you know where you are right now? You had an accident und you lost a lot of blood. To help you I will need to place a needle in your arm und give you an infusion. This is needed to stabilize your circulation. I trained this method and can handle this technique very well. Do you agree that I'll do that? When did you eat or drink for the last time?

Übungstext 3

Übung 3

I have to ask some more questions to complete our patient data/documentation/ protocol. What's your name? How old are you? Where do you live? Are any diseases known? Do you need to take drugs/medicine regularly? If so, what kind of medicine? Do you know about any intolerance? Do you smoke? If so, how much? Do you drink alcohol regularly? If so, how often, how much? Do you take any hard drugs? If so, which drugs and how often? Are you pregnant? In which health insurance company are you? Please give me your insurance card. Do you have relatives we can/should inform? Thank you very much! We will take you to the hospital now. There they will take care of you very well.

Übungstext 4

Übung 4

Good afternoon! My name is ... This is my colleague ... Please, calm down! We are here to help you! What is the/your problem? Did you have this problem ever before? If so, when? How long do you have this problem already? When did it start exactly? Do you can breathe accurately? I will give you some oxygen. Please, go on breathing permanently/constantly. Are you cold? We will take you to the ambulance now.

5.4 Mathematik

5.4.1 Grundlagen

1.	7	+	8	–	3	=	12
	9	x	5	–	45	=	0
			12	–	0	=	**12**
2.	6	+	4	–	8	=	2
	12	x	2	–	22	=	2
			2	–	2	=	**0**
3.	8	+	6	+	9	=	23
	5	x	4	+	6	=	26
			26	–	23	=	**3**
4.	8	x	7	–	5	=	51
	5	+	5	–	9	=	1
			51	–	1	=	**50**
5.	3	+	3	+	4	=	10
	6	x	3	–	15	=	3
			10	–	3	=	**7**
6.	9	+	8	–	5	=	12
	6	x	8	–	23	=	25
			25	–	12	=	**13**
7.	5	+	9	–	7	=	7
	6	x	7	+	8	=	50
			50	–	7	=	**43**
8.	23	–	17	+	6	=	12
	63	–	12	+	5	=	56
			56	–	12	=	**44**
9.	8	x	8	+	5	=	69
	163	–	95	x	2	=	136
			136	–	69	=	**67**
10.	78	+	5	+	22	=	105
	6	x	9	+	123	=	177
			177	–	105	=	**72**
11.	5	+	9	–	3	=	11
	14	x	3	+	5	=	47
			47	–	11	=	**36**
12.	25	–	18	+	9	=	16
	6	x	6	–	30	=	6
			16	–	6	=	**10**
13.	28	x	3	+	5	=	89
	150	–	66	+	8	=	92
			92	–	89	=	**3**

14.	99	–	17	+	23	=	105
	8	x	6	+	9	=	57
			105	–	57	=	**48**
15.	45	+	17	–	9	=	53
	222	–	56	+	8	=	174
			174	–	53	=	**121**
16.	87	+	5	–	12	=	80
	9	x	9	–	16	=	65
			80	–	65	=	**15**
17.	7	+	9	x	3	=	48
	66	+	5	x	2	=	142
			142	–	48	=	**94**
18.	28	+	54	+	99	=	181
	42	x	3	+	11	=	137
			181	–	137	=	**44**
19.	98	–	55	+	78	=	121
	6	x	7	+	17	=	59
			121	–	59	=	**62**
20.	257	–	60	+	33	=	230
	61	x	3	–	68	=	115
			230	–	115	=	**115**

BEWERTUNG

Wenn Sie mindestens 80 % der Aufgaben richtig und in der vorgegebenen Zeit berechnen konnten, haben Sie ein sehr gutes Ergebnis erzielt. Wenn Sie weniger als 60 % der Aufgaben richtig gelöst haben und mit der Zeit nicht zurechtgekommen sind, sollten Sie mit ähnlichen Aufgaben solange üben, bis Sie die Vorgaben erfüllen. Hierzu können Sie sich selbst ähnliche Aufgaben ausdenken oder auf einschlägige (Schul-)Bücher zurückgreifen.

5.4.2 Fachrechnen

Aufgabe 1: Berechnung von Medikamenten und Dosierungen I

Aufgabe 1

Die Aufgabe ist mit dem einfachen proportionalen Dreisatz zu lösen. Zunächst müssen die bekannten Werte (mg und ml) zueinander in Beziehung gesetzt werden:

- 1. Schritt: Bekannte Werte festlegen
  Wirkstoff auf 6 ml Flüssigkeit: 300 mg (2 Ampullen = 6 ml = 300 mg)
  Flüssigkeit: 50 ml (6 ml aus den Ampullen und 44 ml der anderen Flüssigkeit zum Verdünnen)
- 2. Schritt: Unbekannten Wert der Wirkstoffmenge für 1 ml ermitteln

  Rechnung: $\frac{300 \text{ mg}}{50 \text{ ml}} = 6 \text{ mg pro ml}$

  Zwischenergebnis: 6 mg
- 3. Schritt: Unbekannten Wert der Flüssigkeit für 10 mg ermitteln
  Der Patient benötigt 10 mg des Wirkstoffs. Wir wissen, in 1 ml Lösung befinden sich 5,36 mg des Wirkstoffs.
  Man kann annehmen: 1 ml verhält sich zur Wirkstoffmenge 5,36 mg wie die gesuchte Menge des Medikaments (Variable X) zu 10 mg. Also:

  $$\frac{1 \text{ ml}}{5 \text{ mg}} = \frac{X}{10 \text{ mg}}$$

  $$\frac{1 \text{ ml}}{5 \text{ mg}} \times 10 \text{ mg} = X$$

  X = 2 ml

  Endergebnis: Um 10 mg Wirkstoff zu erhalten, müssen dem Patienten 2 ml verabreicht werden.

BEWERTUNG

Sie müssen in der vorgegebenen Zeit (vier Minuten) sowohl die richtige Lösung als auch den richtigen Rechenweg vorlegen. Hierfür erhalten Sie jeweils einen Punkt (also insgesamt 2 Punkte).
Die erreichten Punkte werden in der Gesamtbewertung mit dem Faktor 5 gewichtet, somit können Sie durch die richtige Lösung und den richtigen Rechenweg 10 Punkte erreichen.

Aufgabe 2

Aufgabe 2: Berechnung von Medikamenten und Dosierungen II

Zunächst setzen wir wieder die bekannten Größen zueinander ins Verhältnis:

- 1. Schritt: Bekannte Werte festlegen

  Wirkstoff auf 1 ml Medikament: 15 mg

- 2. Schritt: Unbekannte Wirkstoffmenge ermitteln

  Wir multiplizieren das Gewicht des Patienten (84 kg) mit der Wirkstoffmenge, die er pro Kilogramm Körpergewicht erhalten soll (0,3 mg/kg):

  Rechnung: 84 kg × 0,3 mg/kg = 25,2 mg

  Zwischenergebnis: Der Patient muss also 25,20 mg des Wirkstoffes erhalten.

- 3. Schritt: Unbekannte Medikamentendosis ermitteln

  Nun können wir mithilfe des einfachen proportionalen Dreisatzes die benötigte Milliliterzahl berechnen.

  Man kann annehmen: 1 ml verhält sich zu 15 mg Wirkstoffmenge wie die gesuchte Menge des Medikaments (Variable X) zu 25,2 mg des Wirkstoffs. Also:

$$\frac{1\text{ ml}}{15\text{ mg}} = \frac{X}{25{,}2\text{ mg}}$$

$$\frac{1\text{ ml}}{15\text{ mg}} \times 25{,}2\text{ mg} = X$$

$$X = 1{,}68\text{ ml}$$

Endergebnis: Der Patient erhält 1,68 ml des Medikaments. Da eine Ampulle 1 ml enthält, benötigen wir insgesamt zwei Ampullen, um die notwendige Dosis verabreichen zu können.

BEWERTUNG

Sie müssen in der vorgegebenen Zeit (vier Minuten) sowohl die richtige Lösung als auch den richtigen Rechenweg vorlegen. Hierfür erhalten Sie jeweils einen Punkt (also insgesamt 2 Punkte).

Die erreichten Punkte werden in der Gesamtbewertung mit dem Faktor 5 gewichtet, somit können Sie durch die richtige Lösung und den richtigen Rechenweg 10 Punkte erreichen.

Aufgabe 3

Aufgabe 3: Berechnung der benötigten Menge Sauerstoff I

Zur Berechnung der Gesamtmenge des Sauerstoffs, die Ihnen zur Verfügung steht, brauchen Sie lediglich die Literzahl jeder einzelnen Flasche mit dem vorhandenen Druck zu multiplizieren:

10 l × 200 bar = 2 000 l

10 l × 140 bar = 1 400 l

2 000 l + 1 400 l = 3 400 l

Ergebnis: Die richtige Lösung lautet also: Es stehen insgesamt 3 400 l Sauerstoff zur Verfügung.

BEWERTUNG

Sie müssen in der vorgegebenen Zeit (zwei Minuten) sowohl die richtige Lösung als auch den richtigen Rechenweg vorlegen. Hierfür erhalten Sie jeweils einen Punkt (also insgesamt 2 Punkte).
Die erreichten Punkte werden in der Gesamtbewertung mit dem Faktor 5 gewichtet, somit können Sie für die richtige Lösung und den richtigen Rechenweg 10 Punkte erreichen.

Aufgabe 4: Berechnung der benötigten Menge Sauerstoff II

Aufgabe 4

- 1. Schritt: Berechnung der zur Verfügung stehenden Gesamtmenge
  Wie in der ersten Textaufgabe beschrieben, errechnen wir anhand der angegebenen Daten zuerst die Gesamtmenge, die an Sauerstoff zur Verfügung steht.

  10 l × 180 bar = 1 800 l
  10 l × 150 bar = 1 500 l

  1800 l + 1500 l = 3 300 l

  Ergebnis: Die Antwort auf die erste Frage lautet also: Der Gesamtvorrat an Sauerstoff beträgt 3 300 l.

- 2. Schritt: Berechnung der Beatmungszeit – Teil 1
  Nun müssen wir noch berechnen, wie lange wir mit diesem Vorrat auskommen. Hierzu wird die errechnete Literzahl durch das angegebene Beatmungsvolumen (8 Liter pro Minute) geteilt.

  Rechnung: $\frac{3\,300\text{ l}}{8\text{ l/min}} = 412{,}5\text{ min}$

  Zwischenergebnis: Der vorhandene Vorrat würde also 412,5 Minuten reichen.

- 3. Schritt: Berechnung der Beatmungszeit – Teil 2
  Danach wird das errechnete Zwischenergebnis durch 60 geteilt (1 Stunde = 60 Minuten), um eine Angabe in Stunden und Minuten zu erhalten.

  Rechnung: $\frac{412{,}5\text{ min}}{60\text{ min}} = 6{,}88$

  Zwischenergebnis: 6,88 Stunden ist noch nicht die endgültige Antwort, da wir eine Angabe in Stunden und Minuten brauchen. Da eine Stunde keine 100 Minuten hat, müssen wir weiter umformen. 6 Stunden sind zunächst korrekt. Es bleiben noch 0,88 Stunden, die in Minuten „übersetzt“ werden müssen:

Rechnung: 0,88 h × 60 min/h = 52,8 min

Ergebnis: Die richtige Antwort auf die zweite Frage lautet demnach: Der errechnete Sauerstoffvorrat reicht bei einem Beatmungsvolumen von 8 l/min für 6 Stunden und 53 Minuten.

BEWERTUNG

Sie müssen in der vorgegebenen Zeit (sechs Minuten) sowohl die richtige Lösung als auch den richtigen Rechenweg vorlegen. Hierfür erhalten Sie jeweils einen Punkt (also insgesamt 2 Punkte).
Die erreichten Punkte werden in der Gesamtbewertung mit dem Faktor 5 gewichtet, somit können Sie für die richtige Lösung und den richtigen Rechenweg 10 Punkte erreichen.

Aufgabe 5

Aufgabe 5: Berechnung von (Desinfektions-)Lösungen I

Prozentangaben werden verwendet, um den Anteil von etwas Ganzem anzugeben. Das Ganze sind in diesem Fall 1 000 ml einer 1%igen Lösung.

Um die gesuchten Angaben zu berechnen, setzen Sie die in einer Aufgabe verfügbaren Informationen in eine Gleichung ein. Je nachdem, welcher Wert gesucht wird, kommen folgende Formeln zur Anwendung:

- Prozentwert = (Prozentzahl × Grundwert) / 100
- Prozentsatz = Prozentwert / Grundwert
- Prozentzahl = (100 × Prozentwert) / Grundwert
- Grundwert = (100 × Prozentwert) / Prozentzahl

In unserer Aufgabe wird der Prozentwert gesucht (Wie viel ml sind 1 % von 1 000 ml?).
Als Ausgangswerte haben wir also:

- 1 000 ml = Grundwert
- 1 % = Prozentzahl
- X = Prozentwert

Zur Lösung der gestellten Aufgabe verwenden wir also die Formel:
(Prozentzahl × Grundwert) / 100 = Prozentwert

$$\frac{1\,\% \times 1\,000 \text{ ml}}{100} = \text{Prozentwert}$$

Prozentwert = 10 ml

Die errechneten 10 ml müssen nun von der Gesamtmenge abgezogen werden, denn wir wollen nicht 1 010 ml einer Lösung herstellen, sondern genau 1 000 ml Gesamtmenge: 1 000 ml – 10 ml = 990 ml

Endergebnis: Die Antworten lauten also:

a) Zur Herstellung von 1 000 ml einer 1%igen Lösung benötigen wir 10 ml Konzentrat.
b) Zur Herstellung von 1 000 ml einer 1%igen Lösung benötigen wir 990 ml Wasser, denn 990 ml Wasser + 10 ml Konzentrat ergeben (=) 1 000 ml einer 1%igen Lösung.

BEWERTUNG

Sie müssen in der vorgegebenen Zeit (sechs Minuten) sowohl die richtige Lösung als auch den richtigen Rechenweg vorlegen. Hierfür erhalten Sie jeweils einen Punkt (also insgesamt 2 Punkte).
Die erreichten Punkte werden in der Gesamtbewertung mit dem Faktor 5 gewichtet, somit können Sie für die richtige Lösung und den richtigen Rechenweg 10 Punkte erreichen.

Aufgabe 6: Berechnung von (Desinfektions-)Lösungen II

Aufgabe 6

- 1. Schritt: Rechnen Sie die Literangabe in Milliliter um
  5 l = 5 000 ml

- 2. Schritt: Rechen Sie 2,5 % von 5 000 ml aus

$$\frac{2{,}5\,\% \times 5\,000 \text{ ml}}{100} = 125 \text{ ml}$$

- 3. Schritt: Errechnen Sie die benötigte Wassermenge
  5 000 ml – 125 ml = 4 875 ml
  (für den Rechenweg siehe die Lösung und Erklärung zu Aufgabe 5)

Endergebnis: Die Antworten lauten also:

a) Zur Herstellung von 5 l einer 2,5%igen Lösung benötigen wir 125 ml Konzentrat.
b) Zur Herstellung von 5 l einer 2,5%igen Lösung benötigen wir 4 875 ml Wasser, denn 4 875 ml Wasser + 125 ml Lösung ergeben 5 l einer 2,5%igen Lösung.

BEWERTUNG

Sie müssen in der vorgegebenen Zeit (vier Minuten) sowohl die richtige Lösung als auch den richtigen Rechenweg vorlegen. Hierfür erhalten Sie jeweils einen Punkt (also insgesamt 2 Punkte).
Die erreichten Punkte werden in der Gesamtbewertung mit dem Faktor 5 gewichtet, somit können Sie für die richtige Lösung und den richtigen Rechenweg 10 Punkte erreichen.

5.5 Geschichte und Naturwissenschaften

1. **Auf welchem Forschungsgebiet machte Marie Curie bahnbrechende Entdeckungen?**

   ☑ c) Radioaktivität

2. **Welchen Eid schwören Ärzte im Hinblick auf die Grundsätze ihres Berufs? Es ist der Eid des …**

   ☑ b) Hippokrates.

3. **Schon im Altertum wurde der Wirkstoff Acetylsalicylsäure (bekannt als ASS und enthalten in Aspirin®) als Schmerzstiller genutzt. Woraus wurde er gewonnen?**

   ☑ a) Weidenrinde

4. **Wer entdeckte das Penicillin?**

   ☑ a) Alexander Fleming

5. **Wer entdeckte das Tuberkulosebakterium?**

   ☑ b) Robert Koch

6. **Wer gilt als der „Vater“ der Evolutionstheorie?**

   ☑ c) Charles Darwin

7. **Wann wurde die erste Herztransplantation an einem Menschen durchgeführt?**

   ☑ c) 1967

8. **Was sind die Keplerschen Gesetze?**

   ☑ a) Gesetze über die Planeten und deren Laufbahn

9. **Welche Entdeckungen sind Robert Koch zuzuordnen?**

   ☑ a) die Entdeckung des Tuberkulosebakteriums
   ☑ b) die Entdeckung des Milzbranderregers
   ☑ c) die Entdeckung des Phänomens der erworbenen Immunität

10. **Wer entdeckte das AB0-Blutgruppen-System?**

    ☑ a) Karl Landsteiner

11. **Wer gehört zu den Entdeckern des Aids-Virus (HIV)?**

    ☑ c) Robert Gallo
    ☑ d) Luc Montagnier

12. **Wer gilt als der Erfinder des Buchdrucks?**
   - [x] d) Johannes Gutenberg

13. **Wer gilt als der „Vater“ der Atombombe?**
   - [x] b) Robert Oppenheimer

14. **Welche der genannten Personen war nie Präsident der USA?**
   - [x] c) William T. Sherman

15. **Wer gilt als einer der Erfinder des Telefons?**
   - [x] d) Alexander Graham Bell

16. **Wer gilt als Erfinder des Dynamits?**
   - [x] c) Alfred Nobel

17. **Wer machte das Prinzip des Gleichstroms nutzbar?**
   - [x] b) Thomas Alva Edison

18. **Wer machte das Prinzip des Wechselstroms nutzbar?**
   - [x] d) Nikola Tesla

19. **Wer gilt als der Erfinder des Fließbandes/der Fließbandproduktion?**
   - [x] b) Henry Ford

20. **Wer erfand den Phonographen bzw. wer machte die Aufnahme und Wiedergabe von Tönen möglich?**
   - [x] b) Thomas Alva Edison

BEWERTUNG

In der vorgegebenen Zeit sollten Sie mindestens 80 % der Fragen richtig beantwortet haben. Bei schlechteren Ergebnissen sollten Sie noch etwas Ihre Schulbücher oder das Internet bemühen.
Die Gewichtung der Fragen zum Allgemeinwissen im Bereich Geschichte/ Naturwissenschaften erfolgt meist einfach, das heißt, dass sich Ihre erreichte Punktzahl 1 : 1 im Gesamtergebnis widerspiegelt und i. d. R. nicht durch Gewichtung, wie dies z. B. im Bereich Erste Hilfe der Fall ist, hochgerechnet wird.
Konkret heißt das: Ein schlechtes Ergebnis bei den Fragen zu Geschichte/ Naturwissenschaften ist durchaus mit einem hervorragenden Ergebnis im Bereich EH wettzumachen. Das soll aber kein Freibrief sein! Bemühen Sie sich immer, in allen Bereichen das bestmögliche Ergebnis zu erzielen, nur so können Sie sicher sein, dass Sie am Ende eine akzeptable Gesamtpunktzahl erreichen, und sich damit einen Arbeits- bzw. Ausbildungsplatz sichern.

5.6 Religion

1. **Wie viele große Weltreligionen gibt es?**

   ☑ c) fünf

2. **Nennen Sie alle großen Weltreligionen.**

   Christentum
   Hinduismus
   Islam
   Buddhismus
   Judentum

3. **Was feiern Christen mit dem Osterfest?**

   ☑ c) die Auferstehung Jesu Christi

4. **Was war das Geheimzeichen der ersten Christen?**

   ☑ b) Fisch

5. **Wie hießen die Eltern von Jesus Christus?**

   ☑ b) Josef und Maria

6. **Was bedeutet „Konfession"?**

   ☑ b) Bekenntnis

7. **In welchen Sprachen wurde die Bibel ursprünglich geschrieben?**

   ☑ c) Hebräisch und Griechisch

8. **Wer empfing die Zehn Gebote auf dem Berg Sinai?**

   ☑ a) Moses

9. **Wie heißt die Heilige Schrift der Juden?**

   ☑ a) Tanach

10. **Welches ist das Symbol der jüdischen Religion?**

    ☑ c) Davidstern

11. **Wie ist der alttestamentliche/hebräische Name Gottes?**

    ☑ b) Jahwe

12. **Was versteht man unter „Sabbat"?**

    ☑ d) jüdischer Ruhetag mit bestimmten Ritualen

13. Das Passahfest ist ein fester Bestandteil der jüdischen Tradition. Was feiern Juden an diesem Tag?

- [x] d) Auszug ihres Volkes aus Ägypten (Exodus)

14. Was ist „Bar Mitzwa"?

- [x] b) religiöse Mündigkeit eines jüdischen Jungen mit 13 Jahren
- [x] c) Feier zur religiösen Mündigkeit jüdischer Jungen

15. Wie nennt man eine Person, die dem Islam angehört?

- [x] c) Moslem

16. Wer gilt als Begründer des Islam?

- [x] b) Mohammed

17. Wie heißt die Heilige Schrift des Islam?

- [x] b) Koran

18. Was ist Muslimen aufgrund ihres Glaubens untersagt?

- [x] b) Verzehr von Lebensmitteln, die als „haram" gelten
- [x] d) Verzehr von Schweinefleisch und Alkohol

19. Das muslimische Gotteshaus hat einen bestimmten Namen. Welchen?

- [x] b) Moschee

20. Wodurch unterscheidet sich der Hinduismus grundlegend von vielen anderen Religionen?

- [x] c) ist polytheistisch (Verehrung mehrerer Götter)

21. Wie lauten die vier Ziele, nach denen Hindus streben?

- [x] a) Lebensfreude, Wohlstand, Erlösung, Tugend

22. Was ist ein zentrales Element des Hinduismus?

- [x] c) Glaube an Reinkarnation

23. Welche der folgenden Schriften ist die unter den Hindus mehrheitlich als heilig betrachtete?

- [x] c) Veden

24. In welchem Land hat der Hinduismus seinen Ursprung?

- [x] c) Indien

25. Wer gilt als Begründer des Buddhismus?

☑ a) Siddhartha Gautama

26. Was geschieht nach Ansicht der Buddhisten nach ihrem Tod?

☑ b) Sie werden wiedergeboren.

27. Wie nennt man die wichtigste religiöse Übung im Buddhismus?

☑ c) Meditation

28. In welchem Land ist der Buddhismus entstanden?

☑ a) Indien

BEWERTUNG

Wenn Sie mehr als die Hälfte der Fragen auf Anhieb richtig beantworten können, sind Sie gut aufgestellt. Sollten Sie weniger als di e Hälfte der Fragen beantworten können, so sollten Sie Ihr Allgemeinwissen etwas aufbessern.

5.7 Organisationsspezifische Fragen

5.7.1 Deutsches Rotes Kreuz (DRK)

1. **Wer gilt als Begründer der Internationalen Rotkreuz- und Rothalbmond-Bewegung?**

   ☑ e) Henry Dunant

2. **Welches Ereignis gilt als Auslöser für die weltweite Rotkreuz- und Rothalbmond-Bewegung?**

   ☑ a) Schlacht bei Solferino

3. **Was wird allgemein als der Grundstein des heute gültigen humanitären Völkerrechts angesehen?**

   ☑ b) erste Genfer Konvention

4. **Was sind (u. a.) die erklärten Grundsätze des DRK?**

   ☑ b) Menschlichkeit, Unparteilichkeit, Neutralität, Unabhängigkeit

5. **Was regelt das DRK-Gesetz?**

   ☑ a) Aufgaben und Rechtsstellung des DRK
   ☑ b) Schutz des Zeichens und der Bezeichnung

6. **Wann wurde das Rote Kreuz in Deutschland gegründet?**

   ☑ c) 1921

7. **Welches Jahr gilt als die Geburtsstunde der Internationalen Rotkreuz- und Rothalbmond-Bewegung?**

   ☑ b) 1859

8. **Wie viele hauptamtliche Mitarbeiter hat das DRK in Deutschland?**

   ☑ c) ca. 160 000

9. **Wie viele Freiwillige engagieren sich ehrenamtlich im DRK in Deutschland?**

   ☑ c) ca. 400 000

10. **Wo befindet sich der Sitz des DRK?**

    ☑ c) Berlin

11. **Welche erklärten Schwerpunkte beinhaltet die Arbeit des DRK?**

    ☑ b) humanitäre Hilfe, humanitäres Völkerrecht, Sozialarbeit

5.7.2 Johanniter-Unfall-Hilfe (JUH)

1. **Was ist der Johanniterorden?**

   ☑ c) Ritterorden

2. **Wann und wo wurde die Gründung der Johanniter-Unfall-Hilfe in Deutschland beschlossen?**

   ☑ c) 1952 in Hannover

3. **Was beinhaltet die Ordensregel des Johanniterordens?**

   ☑ a) Bekenntnis zu Jesus Christus und der Evangelischen Kirche sowie den Dienst am Nächsten

4. **Wie hieß der Johanniterorden ursprünglich?**

   ☑ d) Orden vom Spital des heiligen St. Johannis zu Jerusalem

5. **Was ist die Johanniter-Unfall-Hilfe?**

   ☑ b) Ordenswerk des Johanniterordens
   ☑ d) Rettungsdienst

6. **Wann wurde der heutige Johanniterorden in etwa gegründet?**

   ☑ c) um 1500

7. **Wie viele hauptamtliche Mitarbeiter sind derzeit in der Johanniter-Unfall-Hilfe in Deutschland beschäftigt?**

   ☑ c) ca. 20 000

8. **Wie viele Ehrenamtliche engagieren sich in der Johanniter-Unfall-Hilfe in Deutschland?**

   ☑ c) ca. 35 000

5.7.3 Arbeiter-Samariter-Bund (ASB)

1. **Auf was ist die Entstehung des ASB zurückzuführen?**

   ☑ b) auf die Initiativen von Arbeitern und Handwerkern zur Selbsthilfe im Bereich der Notfallrettung und der Ausbildung in Erster Hilfe

2. **Wann wurde der ASB in Deutschland in etwa gegründet?**

   ☑ d) um 1900

3. **Wer ist seit 2013 Präsident des ASB in Deutschland?**

   ☑ c) Franz Müntefering

4. **Welche Aufgaben nimmt der ASB u. a. wahr?**
   - ☑ a) Rettungsdienst, Katastrophenschutz
   - ☑ c) Sozialarbeit, Altenheime, Essen auf Rädern
   - ☑ d) Rückholdienste, Flüchtlingsbetreuung

5. **Wie viele hauptamtliche Mitarbeiter beschäftigt der ASB in Deutschland?**
   - ☑ c) ca. 40 000

6. **Wie viele Ehrenamtliche engagieren sich im ASB in Deutschland?**
   - ☑ b) ca. 20 000

5.7.4 Malteser Hilfsdienst (MHD)

Malteser ...weil Nähe zählt.

1. **Seit wann gibt es den Malteser Hilfsdienst in Deutschland?**
   - ☑ d) 1953

2. **Wie lautet der Leitsatz des Malteserordens?**
   - ☑ c) „Bezeugung des Glaubens und Hilfe den Bedürftigen"

3. **Was ist das höchste Zentralorgan der Malteser?**
   - ☑ c) Präsidium

4. **Welche Haupttätigkeitsbereiche hat der Malteser Hilfsdienst?**
   - ☑ d) Ausbildung, Notfallvorsorge, Jugendarbeit, soziale Dienste

5. **Wie viele hauptamtliche Mitarbeiter arbeiten beim Malteser Hilfsdienst in Deutschland?**
   - ☑ c) ca. 31 000

6. **Wie viele Ehrenamtliche engagieren sich im Malteser Hilfsdienst in Deutschland?**
   - ☑ c) ca. 50 000

BEWERTUNG

Wenn Sie mehr als die Hälfte der Fragen auf Anhieb richtig beantworten können, sind Sie gut aufgestellt. Sollten Sie weniger als die Hälfte der Fragen beantworten können, sollten Sie Ihr Wissen über die Hilfsorganisation, bei der Sie Ihre Ausbildung beginnen wollen, noch etwas aufbessern/vertiefen.

5.8 Erste Hilfe

5.8.2 Theoretischer Test

1. **Womit steht der Name „Rautek“ in Verbindung?**

   ☑ b) mit einem speziellen Rettungsgriff

2. **Mit welcher Frequenz sollte der Brustkorb bei der Herzdruckmassage gedrückt werden?**

   ☑ d) etwa 100- bis 120-mal pro Minute

3. **Wie lautet die Faustregel für Herzdruckmassage und Beatmung?**

   ☑ a) 30-mal drücken, 2-mal beatmen

4. **Was ist der erste Schritt bei der Versorgung einer blutenden Wunde?**

   ☑ d) die Wunde wie vorgefunden keimfrei abdecken

5. **Wie gehen Sie vor, wenn eine hilfsbedürftige Person zwar bewusstlos ist, aber noch atmet?**

   ☑ c) in stabile Seitenlage bringen und Notruf wählen

6. **Sonnenstich – was ist als Erstes zu tun?**

   ☑ c) Patienten sofort aus der Sonne holen und an einen kühlen Ort bringen.

7. **Das Unfallopfer hat eine stark blutende Wunde, in der ein Fremdkörper steckt. Sie wollen einen Druckverband anlegen. Was müssen Sie dabei beachten?**

   ☑ a) Laien sollten den Fremdkörper möglichst nicht entfernen. Die Blutung könnte noch schlimmer werden, oder das Objekt könnte abbrechen.

8. **Wie ist die Gesichtsfarbe von Patienten mit Schock?**

   ☑ b) sehr blass

9. **Wie lange müssen Sie Herzdruckmassage und Beatmung bei einer Herz-Lungen-Wiederbelebung durchführen?**

   ☑ a) Bis der Betroffene wieder normal zu atmen beginnt oder der Notarzt bzw. Rettungsdienst eintrifft und die Maßnahmen fortführt.

10. Nach einigen Minuten Herz-Lungen-Wiederbelebung setzt die Atmung wieder ein. Was nun?

☑ c) Bei ausreichender Atmung wird der Bewusstlose in die stabile Seitenlage gebracht.

11. Unter welcher Telefonnummer erreicht man europaweit den Notruf?

☑ b) 112

12. Bei Motorradunfällen darf der Helm des Verletzten …

☑ b) nur abgenommen werden, wenn mindestens zwei Helfer zur Verfügung stehen.

13. Was sollte man bei einem Verletzten zuerst machen?

☑ d) Bewusstsein überprüfen

14. Warum sollen Bewusstlose in die stabile Seitenlage gebracht werden?

☑ a) Damit der Mund des Bewusstlosen zum tiefsten Punkt des Körpers wird und keine Erstickungsgefahr durch z. B. Blut oder Erbrochenes droht.

15. Wie funktioniert die Wiederbelebung bei Säuglingen und Kleinkindern?

☑ c) erst beatmen, dann Herzdruckmassage

16. Ein kleines Kind hat von einem Spülmittel getrunken. Was sollte man in diesem Fall *nicht* tun?

☑ a) Erbrechen auslösen

17. Was unternehmen Sie als Sofortmaßnahme, um plötzliches Nasenbluten zu stoppen?

☑ b) Ich beuge meinen Kopf nach vorn, damit das Blut aus der Nase fließen kann, und kühle Nacken und Stirn.

18. Nach einer Verstauchung sollte man nach einer bestimmten Regel vorgehen. Wie heißt diese Regel?

☑ c) PECH-Regel (P wie Pause, E wie Eis, C wie Compression, H wie Hochlagerung)

19. Jemandem ist ein winziges Stück Glas ins Auge geraten. Wie leisten Sie am besten Erste Hilfe?

☑ b) Ich lege einen Schutzverband über das Auge und fahre den Betroffenen zum Augenarzt oder in ein Krankenhaus.

20. Was tun Sie, wenn eine Person einen epileptischen Anfall hat?

☑ b) Ich räume Gegenstände beiseite, damit sich die Person nicht verletzen kann.

BEWERTUNG

Bei Fragen der Ersten Hilfe sollten Sie mindestens 80 % richtige Antworten erreichen, denn schließlich handelt es sich hier um das Fachgebiet Ihres zukünftigen Berufs.
Auch bei den Tests zu praktischen Maßnahmen der Ersten Hilfe, wie z. B. Durchführung der stabilen Seitenlage oder von Wiederbelebungsmaßnahmen (s. Kap. 5.8.1), sollten Sie so fehlerfrei wie möglich arbeiten.

5.10 Tests zur Beurteilung einzelner Fähigkeiten und Fertigkeiten

5.10.2 Merkfähigkeitstest

Wie heißt der Patient?

Werner Pawlik

Welche Verletzung hat der Patient?

keine

Welche Beschwerden hat der Patient aktuell?

Herzbeschwerden, Stechen in der Brust, Unwohlsein, Kopfschmerzen, leichtes Fieber

Wie viel wiegt der Patient?

86 kg

Wie groß ist der Patient?

193 cm

Welche Medikamente nimmt der Patient ein?

Aspirin® und ein Mittel gegen Übelkeit

Welche Vorerkrankungen hat der Patient?

keine bekannt

Wer ist Frau Maurer?

Die Schwester des Patienten

Bei welcher Krankenkasse ist der Patient versichert?

DAK

Welchen Beruf übt der Patient aus?

Journalist

BEWERTUNG

9 – 10 Fragen richtig beantwortet = sehr gut
7 – 8 Fragen richtig beantwortet = gut
5 – 6 Fragen richtig beantwortet = befriedigend
Konnten Sie weniger als fünf Fragen richtig beantworten, haben Sie nicht bestanden und sollten unbedingt üben, um Ihre Merkfähigkeit zu verbessern.

Anhang

Materialien und Arbeitshilfen

Muster: Bewerbungs-anschreiben

Daniel Mustermann
Dammstraße 10 • 70174 Stuttgart
Telefon: +49711 XXXXXX • Mobil: +49175 XXXXXX
E-Mail: Daniel.Mustermann@gmx.de

Deutsches Rotes Kreuz e.V.
Uehllendahl 5
70439 Stuttgart

Stuttgart, 23. Februar 2018

Bewerbung auf einen Ausbildungsplatz als NOTFALLSANITÄTER

Sehr geehrte Frau Hellmann,

bereits ab meinem zehnten Lebensjahr konnte ich Erfahrungen beim Jugendrotkreuz und im Schulsanitätsdienst sammeln. In beiden engagiere ich mich auch heute noch. Vor allem im Schulsanitätsdienst habe ich im Rahmen von echten Einsätzen Kontakt zum Rettungsdienst gehabt. Hier konnten wir die von uns vorversorgten Mitschülerinnen und Mitschüler an den Rettungsdienst übergeben. Auch waren Mitarbeiter des Rettungsdienstes regelmäßig mit ihrem Rettungswagen bei uns und haben mit uns trainiert. Dabei haben sie auch viel über ihren beruflichen Alltag berichtet.
All das hat mich sehr neugierig gemacht, und ich habe mich daraufhin intensiv über dieses Arbeitsfeld informiert. Für mich steht daher schon seit ein paar Jahren fest, dass ich auch beruflich einer Tätigkeit im Rettungsdienst nachgehen möchte. Großes Interesse hat bei mir das neue Berufsbild des Notfallsanitäters geweckt, denn dieser kann in vielen Fällen eine professionelle Patientenversorgung sicherstellen, gerade auch in Situationen, in denen kein Notarzt zur Verfügung steht.
Ich bin mir der besonderen Herausforderungen dieses Berufs bewusst, etwa dass die Tätigkeit als Notfallsanitäter auch mit persönlichen Einschränkungen, wie z. B. Schichtdienst oder Wochenend- und Feiertagsarbeit, verbunden ist. Klar ist mir auch, dass man als Notfallsanitäter mit viel menschlichem Leid konfrontiert wird. Dennoch habe ich mich für diesen Beruf entschieden, da ich mir sicher bin, dass es mir durch professionelles Handeln möglich sein wird, vielen Menschen in Not zu helfen.
Auf der Suche nach einem geeigneten Ausbildungsplatz bin ich auf Ihre Ausschreibung für das Jahr 2018 gestoßen. Da ich durch die zahlreichen persönlichen Kontakte zu Ihren Mitarbeitern sowie die Besuche in Ihrem Rettungsdienst im Rahmen des JRK und des Schulsanitätsdienstes einen sehr guten und professionellen Eindruck von Ihrem Rettungsdienst gewonnen habe, habe ich mich dazu entschlossen, mich auf einen Ihrer ausgeschriebenen Ausbildungsplätze zu bewerben. Hinzu kommt, dass ich mich voll und ganz mit den Werten und Grundsätzen des DRK identifizieren kann. Ich würde mich daher sehr freuen, wenn Sie mir die Möglichkeit einer persönlichen Vorstellung und der Teilnahme am Auswahlverfahren einräumen würden.

In der Anlage übersende ich Ihnen meine vollständigen Bewerbungsunterlagen. Sollten Sie noch Fragen haben oder weitere Unterlagen benötigen, so stehe ich Ihnen gern jederzeit zur Verfügung.
Für Ihre Bemühungen bedanke ich mich ganz herzlich im Voraus und verbleibe

mit freundlichen Grüßen

Daniel Mustermann

Daniel Mustermann

Anlagen: Motivationsschreiben
Lebenslauf
Zeugnisse

Muster: Motivations-schreiben

Stuttgart, 23. Februar 2018

Motivationsschreiben für die Bewerbung auf einen Ausbildungsplatz als

Seit meinem zehnten Lebensjahr bin ich im Jugendrotkreuz und im Schulsanitätsdienst tätig. Hier konnte ich Einblicke in die Erste Hilfe und die Versorgung verletzter und erkrankter Menschen gewinnen und in vielen Übungen praktisch anwenden. Außerdem konnte ich in den zurückliegenden Jahren einigen Mitschülern bei kleineren Verletzungen in der Schule und beim Sportunterricht konkret Erste Hilfe leisten. Auch außerhalb der Schule konnte ich mein Wissen und meine rettungsdienstlichen Fähigkeiten bei zwei Fahrradunfällen und einem Wanderunfall einsetzen und durch die Anwendung von Erstmaßnahmen den Verletzten bis zum Eintreffen des Rettungsdienstes gute Dienste leisten. Die Dankbarkeit, die ich in diesen Situationen erfahren durfte, hat mich darin bestärkt, mein Wissen und Können in der Ersten Hilfe stets zu vertiefen und weiter auszubauen.

Im Frühsommer dieses Jahres mache ich meinen Schulabschluss, daher beschäftige ich mich bereits seit längerer Zeit mit der Planung meiner beruflichen Zukunft. Ich habe mich daher, unter anderem auf Bildungsmessen, im Internet und in vielen Gesprächen mit meinen Eltern und Freunden, über verschiedene Berufe und Studienrichtungen informiert. Insbesondere habe ich mich mit dem Beruf des Notfallsanitäters sehr intensiv auseinandergesetzt und weiß daher, dass dieser Beruf die Möglichkeit bietet, Menschen in Not professionell helfen zu können. Neben der deutlichen Verbesserung der Ausbildung zum Notfallsanitäter, im Vergleich zur Rettungsassistentenausbildung, spricht mich insbesondere die Möglichkeit an, einen akademischen Abschluss als Notfallsanitäter absolvieren zu können, da ich mir sehr gut vorstellen kann, nach meiner Ausbildung Verantwortung in Funktions- oder Führungspositionen für den Rettungsdienst zu übernehmen und diesen weiterzuentwickeln.

Mir ist aber auch bewusst, dass dieser Beruf mit vielen persönlichen Einschränkungen, wie z. B. Schichtdienst sowie Wochenend- und Feiertagsarbeit, verbunden ist. Bewusst ist mir auch, dass ich mit viel menschlichem Leid konfrontiert werde. Dennoch habe ich mich für diesen Beruf entschieden und möchte daher die Berufsausbildung zum Notfallsanitäter in Ihrem Rettungsdienst absolvieren.
Für die Bewerbung in Ihrem Rettungsdienst habe ich mich bewusst entschieden, da ich mit einigen Ihrer Mitarbeiter und Ausbilder gesprochen habe und daher weiß, dass Sie neben guten Ausbildungsbedingungen auch gute Arbeitsbedingungen für Ihre Mitarbeiter sicherstellen und die Berufsausbildung sehr ernst nehmen.

Daniel Mustermann

Muster: Lebenslauf 1 (Europass)

europass Lebenslauf

ANGABEN ZUR PERSON

Daniel Mustermann

Dammstraße 10, 70439 Stuttgart (Deutschland)

(+49) 711 XXXXXX (+49) 175 XXXXXX

Daniel.Mustermann@gmx.de

Geschlecht Männlich | Geburtsdatum 19.10.2000 | Staatsangehörigkeit Deutsch

ANGESTREBTE STELLE

Ausbildung zum Notfallsanitäter

SCHUL- UND BERUFSBILDUNG

9/10–7/18

angestrebter Abschluss: Abitur

Robert-Einstein-Gymnasium, Stuttgart

– Englisch (Leistungskurs)
– Mathematik (Leistungskurs)
– Physik
– Chemie
– Informatik

9/06–7/10

Uehllendahl-Grundschule, Stuttgart

PERSÖNLICHE FÄHIGKEITEN

Muttersprache(n): Deutsch

Weitere Sprache(n):

	VERSTEHEN		SPRECHEN		SCHREIBEN
	Hören	Lesen	An Gesprächen teilnehmen	Zusammenhängendes Sprechen	
Englisch	C2	C2	C2	C2	C2
Französisch	B1	B1	B1	B1	B1

Niveaus: A1 und A2: Elementar - B1 und B2: Selbstständig - C1 und C2: Kompetent
Gemeinsamer Europäischer Referenzrahmen für Sprachen

Kommunikative Fähigkeiten: Ich bin seit drei Jahren Klassensprecher und bringe mich in Gespräche und Diskussionen gern konstruktiv ein.

Organisations- und Führungstalent: Seit 2014 bin ich im Rahmen des Schulsanitätsdienstes für die Organisation der Aus- und Weiterbildungsveranstaltungen verantwortlich und koordiniere diese in den verschiedenen Gruppen und Altersstufen.

Digitale Fähigkeiten:

SELBSTBEURTEILUNG				
Daten-verarbeitung	Kommunikation	Erstellung von Inhalten	Sicherheit	Problemlösung

Muster: Lebenslauf 2

Lebenslauf

Angaben zur Person

Marie Reincke

geb. am 05. Oktober 2001 in Oldenburg

Am Friesenplatz 78
26121 Oldenburg

Tel.:	+49441 XXXXXX
Mobil:	+49176 XXXXXX
E-Mail:	ichbins@mariereincke.de

Angestrebte Stelle

Ausbildung zur Notfallsanitäterin

Berufserfahrung

Juli – August 2017:	vierwöchiges Praktikum bei der Oldenburger Rettungsdienst GmbH, Oldenburg

Schulbildung

August 2010 – vorauss. Juni 2018:	Otto-Wels-Gymnasium, Oldenburg angestrebter Abschluss: Abitur
August 2006 – Juni 2010:	Otfried-Preußler-Grundschule

Sprachkenntnisse

Muttersprache Deutsch

Sehr gute Englisch-Kenntnisse in Wort und Schrift

Gute Französisch-Kenntnisse in Wort und Schrift

PC-Kenntnisse

Sicherer Umgang mit MS-Produkten Word, Excel und PowerPoint

Oldenburg, 14. März 2018

M. Reincke

Marie Reincke

Muster: Deckblatt 1

Bewerbung

als Auszubildender zum
Notfallsanitäter

Deutsches Rotes Kreuz e.V.
Uehllendahl 5
70439 Stuttgart

Daniel Mustermann

Dammstraße 10
70174 Stuttgart

Telefon: +49711 XXXXXX
Mobil: +49175 XXXXXX
E-Mail: Daniel.Mustermann@gmx.de

Muster: Deckblatt 2

Bewerbung

um einen Ausbildungsplatz als
Notfallsanitäterin

bei der
Oldenburger Rettungsdienst GmbH
Emder Straße 55
26135 Oldenburg

Marie Reincke

Am Friesenplatz 78
26121 Oldenburg

Telefon: +49441 XXXXXX
Mobil: +49176 XXXXXX
E-Mail: ichbins@mariereincke.de

Bewertungsbogen zur Beurteilung von Auszubildenden und / oder neuen Mitarbeitern zum Ende der Probezeit (vertrauliches Dokument)

Bewertungsbogen

Name:	geboren am:
Vorname:	geboren in:
Arbeits- / Ausbildungsplatz:	
Probezeit (von – bis) / Ausbildungszeitraum (von – bis):	
Beurteilungszeitraum:	
Betreuender Ausbilder / direkter Vorgesetzter:	
Beurteiler 1:	
Beurteiler 2:	

Bewertungsskala

1 = hervorragend; 2 = gut; 3 = befriedigend; 4 = ausreichend; 5 = mangelhaft; 0 = Beurteilung nicht möglich

1. Fachkompetenz

Unter den Begriff Fachkompetenz werden Fachkenntnisse, Fertigkeiten und Methoden sowie deren Anwendung, die zur Bewältigung fachspezifischer Aufgaben in der Praxis erforderlich sind, zusammengefasst. Darüber hinaus soll die Fähigkeit, sich theoretisches Wissen sowie praktische Fertigkeiten anzueignen, beurteilt werden.

1.1 Lernfähigkeit und Auffassungsgabe

Beurteilt wird die Fähigkeit, Sachverhalte und Zusammenhänge zu erfassen, folgerichtig zu analysieren und Schlussfolgerungen zu ziehen, Arbeitsabläufe zu verstehen sowie erworbene Kenntnisse und Fertigkeiten anzuwenden.

1	2	3	4	5	0
☐	☐	☐	☐	☐	☐

1.2 Fachwissen

Beurteilt wird die Fähigkeit, berufstypische Aufgaben und Sachverhalte auf der Grundlage des erworbenen theoretischen Wissens selbstständig und eigenverantwortlich zu bewältigen bzw. in die Praxis umzusetzen und dort anzuwenden (Theorie-Praxis-Transfer).

1	2	3	4	5	0
☐	☐	☐	☐	☐	☐

1.3 Praktische Arbeiten / Arbeitsqualität

Beurteilt wird die Fähigkeit, Aufgaben unter Berücksichtigung des Ausbildungs- bzw. Einarbeitungsstandes zu priorisieren und eigenständig, fehlerfrei und vollständig in angemessener Zeit konzentriert sowie ausdauernd zu erledigen.

1	2	3	4	5	0
☐	☐	☐	☐	☐	☐

2. Methodenkompetenz

Umfasst die Fähigkeit, geplant und zielgerichtet zu handeln. Dies beinhaltet die Fähigkeit zum Erkennen von Zusammenhängen, zum systematischen und vernetzten Denken, die Fähigkeit, Schwerpunkte zu setzen, sowie Entscheidungs- und Problemlösungsfähigkeiten.

2.1 Eigeninitiative / Lerntempo

Beurteilt wird die Fähigkeit, Eigeninitiative zu zeigen, Aufgaben in angemessener Zeit zu lösen, den eigenen Ausbildungs- bzw. Einarbeitungsverlauf in fachlicher wie in verhaltensbezogener Hinsicht aktiv zu steuern.

1	2	3	4	5	0
☐	☐	☐	☐	☐	☐

2.2 Arbeitsorganisation

Beurteilt wird die Fähigkeit, Arbeitsabläufe vollständig zu koordinieren und diese eigenständig und vorausschauend anzupassen. Dazu gehört auch die Fähigkeit, den Gesundheitszustand von Patienten zu erfassen, Zusammenhänge zu erkennen, wesentliche Informationen weiterzugeben und zielgerichtet mit anderen Berufsgruppen zusammenzuarbeiten.

1	2	3	4	5	0
☐	☐	☐	☐	☐	☐

2.3 Fähigkeit zum selbstständigen Lernen

Beurteilt wird die Lernbereitschaft, fehlendes fachliches und methodisches Wissen unaufgefordert, engagiert und selbstorganisiert zu erwerben, um die kontinuierlich wechselnden Anforderungen im Praxisalltag angemessen zu bewältigen.

1	2	3	4	5	0
☐	☐	☐	☐	☐	☐

3. Sozialkompetenz

Umfasst die Kenntnisse, Fähigkeiten und Fertigkeiten des Individuums, sich angemessen, kooperativ und konstruktiv im Kontext mit anderen zu verhalten, angemessen zu handeln sowie individuelle und gemeinsame Ziele zu realisieren.

3.1 Kritik- und Konfliktfähigkeit

Beurteilt werden die Fähigkeiten, mit positiver wie negativer Kritik umzugehen, diese anzunehmen, und das Verhalten in Konfliktsituationen sowie die Beteiligung an gemeinsamen, konstruktiven Lösungen.

1	2	3	4	5	0
☐	☐	☐	☐	☐	☐

3.2 Teamfähigkeit und Zusammenarbeit

Beurteilt wird das Verhalten gegenüber Kollegen und Vorgesetzten, die Teamfähigkeit und die Qualität kooperativen Verhaltens im Arbeitsalltag.

1	2	3	4	5	0
☐	☐	☐	☐	☐	☐

3.3 Patientenumgang

Beurteilt werden die Wahrnehmung von physischen/psychischen Bedürfnissen, das Erkennen bzw. Erhalten der Ressourcen bei Patienten und ein wertschätzender Umgang (Anrede, Information, Umgangston).

1	2	3	4	5	0
☐	☐	☐	☐	☐	☐

4. Personale Kompetenz

Umfasst die Fähigkeit und Bereitschaft, sich selbst zu entwickeln und eigene Begabung, Motivation und Leistungsbereitschaft zu entfalten, sowie die Entwicklung von spezifischen Einstellungen und einer individuellen Persönlichkeit.

4.1 Arbeits- und Ausbildungsinteresse, Motivation

Beurteilt wird das Interesse an der Einarbeitung/Berufsausbildung sowie die Bereitschaft, Erlerntes umzusetzen und mit Fleiß und Einsatz die tägliche Arbeit zu verrichten.

1	2	3	4	5	0
☐	☐	☐	☐	☐	☐

4.2 Belastbarkeit

Beurteilt wird die Fähigkeit, mit Stresssituationen umzugehen und die mit der Arbeit einhergehende emotionale und körperliche Belastung zu bewältigen.

1	2	3	4	5	0
☐	☐	☐	☐	☐	☐

4.3 Leistungsvermögen

Beurteilt werden die Energie, die Ausdauer und das physische Vermögen, die anfallenden Arbeiten zu bewältigen und Schwierigkeiten zu überwinden.

1	2	3	4	5	0
☐	☐	☐	☐	☐	☐

4.4 Zuverlässigkeit

Beurteilt werden die Pünktlichkeit, das Einlösen von vereinbarten Zielen und das Einhalten gemachter Zusagen/Versprechen.

1	2	3	4	5	0
☐	☐	☐	☐	☐	☐

4.5 Selbstreflexion

Beurteilt werden die Fähigkeiten, das eigene Handeln/die eigene Rolle und Lernstand/-fortschritt selbst einzuschätzen, persönliche Grenzen wahrzunehmen bzw. in schwierigen/belastenden Situationen geeignete Unterstützung anzufordern.

1	2	3	4	5	0
☐	☐	☐	☐	☐	☐

Quelle:

In Anlehnung an den Bewertungsbogen des Instituts für Notfall- und Rettungsmedizin des Universitätsklinikums Schleswig-Holstein, Netzwerkgruppe NotSan, Stand 23.10.2016, (Modifikationen, Änderungen und Anpassungen durch die Autoren).

Online-Angebote

- www.asb.de
  Internetauftritt des Arbeiter-Samariter-Bundes Deutschland
- www.berufsfeuerwehr-einstellungstest.de
  Umfangreiche Informationen zur Bewerbung für verschiedene Laufbahnen bei der Berufsfeuerwehr sowie zu den Auswahlverfahren
- www.bundeswehr-einstellungstest.de
  Online-Testpaket als Vorbereitung auf den Bundeswehreignungstest (kostenpflichtig)
- www.bundeswehrkarriere.de
  Bewerbungsportal der Bundeswehr für die Ausbildung im militärischen, aber auch zahlreichen zivilen Bereichen
- www.di-uni.de
  Internetseite der Dresden International University (DIU); diese Hochschule bietet einen ausbildungsbegleitenden Bachelor-Studiengang „Notfallsanitäter“ an (neun Semester)
- www.drk.de
  Internetseite des Deutschen Roten Kreuzes
- www.eah-jena.de
  Internetseite der Ernst Abbe-Hochschule Jena; studieren können Sie dort u. a. den Bachelor-Studiengang „Rettungswesen/Notfallversorgung“ (acht Semester)
- www.europass-info.de
  Einfache Erstellung europaweit standardisierter Europass-Dokumente wie Lebensläufe
- www.falck.de
  Internetauftritt des privaten Rettungsdienstes und Ausbildungsbetriebs Falck
- www.feuerwehr-ausbildung.com
  Portal des Ausbildungspark Verlags zur Bewerbung bei der Feuerwehr, inklusive Tipps und Online-Tests
- www.hensche.de
  Online-Angebot der Fachanwaltskanzlei Hensche Rechtsanwälte mit umfangreichen und aktuellen Informationen zum Thema Arbeitsrecht
- www.hesseschrader.com
  U. a. umfangreiche Tipps zur Erstellung von Bewerbungsunterlagen sowie buchbare Seminare und Coachings von den Experten in Sachen Bewerbung und Karriere Jürgen Hesse und Hans Christian Schrader
- www.ib-hochschule.de
  Internetseite der IB Hochschule in Berlin; angeboten wird dort der ausbildungsbegleitende Bachelor-Studiengang „Notfallhilfe und Rettungsmanagement“ (neun Semester)

- www.johanniter.de
  Internetseite der Johanniter-Unfall-Hilfe
- www.malteser.de
  Internetseite des Malteser Hilfsdienstes
- www.sporttest-polizei.de
  Überblick über die Inhalte der Sporttests für den Polizeidienst der verschiedenen Bundesländer mit Beschreibungen verschiedener Disziplinen wie Bankdrücken oder Klimmzüge; durchaus hilfreich auch für Auswahlverfahren im Rettungsdienst
- www.karriereakademie.de
  Online-Angebot der Karriereexperten und Fachautoren Christian Püttjer und Uwe Schnierda mit vielen kostenlosen Tipps sowie kostenpflichtigen Beratungs- und E-Learning-Angeboten
- www.vfdb.de
  Internetauftritt der Vereinigung zur Förderung des Deutschen Brandschutzes; offizielles Test- und Trainingshandbuch „Physische Eignungsfeststellung für die Berufsfeuerwehr in Deutschland" sowie weitere nützliche Dokumente wie Richtlinien oder Merkblätter zum Download
- https://weltreligionen.lexas.org/
  Plattform, die grundlegend über die Religionen Christentum, Islam, Hinduismus, Buddhismus, Judentum informiert
- www.wiwi-treff.de
  Plattform, die vorrangig auf (angehende) Wirtschaftswissenschaftler ausgerichtet ist, aber auch für angehende Notfallsanitäter interessante Informationen zu Aspekten wie Bewerbungsverfahren oder dem AC bietet

Literaturverzeichnis

- Achouri C (2015) Human Resources Management. Eine praxisbasierte Einführung. 2. Aufl., Wiesbaden: Springer Gabler.
- Andresen B (2015) Mythos Big Five. Neue Basisdimensionen der Persönlichkeit. Norderstedt: BoD.
- BAG (2003) Urteil vom 06.02.2003, Az.: 2 AZR 621/01. In: NZA (15/2003): 848.
- Bayerisches Staatsministerium des Innern, für Bau und Verkehr (Hrsg.) (2015) Der Sporttest der Bayerischen Polizei. Online unter: http://www.mit-sicherheit-anders.de/deine-bewerbung/pruefungs-und-auswahlverfahren/sportpruefung/.
- Becker S et al. (2007) „Ein aktives Leben leben" – Sport, Bewegung und Gesundheit im mittleren und höheren Erwachsenenalter. In: Gesundheitswesen 69 (7): 401 – 407.
- Björkman F et al. (2016) Validity of the Revised Ekblom Bak Cycle Ergometer Test in Adults. In: Eur J Appl Physiol 116 (9): 1627 – 1638.
- Bleyer T et al. (2004) Hebe- und Tragehilfen im Rettungsdienst. Zusammenstellung und Betrachtung wesentlicher Schnittstellen (Schriftenreihe der Bundesanstalt für Arbeitsschutz und Arbeitsmedizin). Dortmund, Berlin, Dresden: Bundesanstalt für Arbeitsschutz und Arbeitsmedizin. Online unter: http://www.baua.de/de/Publikationen/Schriftenreihe/Forschungsberichte/2004/Fb1032.pdf?__blob=publicationFile.
- Brück J (2007) Allgemeinbildung aktuell. Das Wissen unserer Zeit. München: Compact.
- Bundespolizei (Hrsg.) (o. J.) Feststellung der körperlichen Leistungsfähigkeit im Eignungsauswahlverfahren für den Polizeivollzugsdienst der Bundespolizei. Online unter: https://www.komm-zur-bundespolizei.de/mediathek/pdf/download/50.
- Coombes J, Skinner T (2014) ESSA's Student Manual for Health, Exercise & Sport Assessment. Chatswood (NSW): Mosby bei Elsevier Australia.
- Cooper K-H (1984) Dr. Coopers Gesundheitsprogramm. Bewegung, Ernährung, Seelisches Gleichgewicht. München: Droemer Knaur.
- Darwin CR (2003) On the Origin of Species (Faksimile der Erstausgabe). Cambridge: Harvard University.
- Deutsche Gesetzliche Unfallversicherung (DGUV) (Hrsg.) (2014) DGUV-Grundsätze für arbeitsmedizinische Untersuchungen. 6. Aufl., Stuttgart: Gentner.
- Deutsches Institut für Normung (Hrsg.) (2016) DIN 33430:2016-07 Anforderungen an berufsbezogene Eignungsdiagnostik. Berlin: Beuth.
- Deutsches Institut für Normung (Hrsg.) (2012) DIN 66399-1:2012-10. Büro- und Datentechnik – Vernichten von Datenträgern Berlin: Beuth.
- Dudenredaktion (2017) Basiswissen Schule – Mathematik 5. – 10. Klasse: Das Standardwerk für Schüler. 6. Aufl., Berlin: Dudenverlag.
- Dudenredaktion (Hrsg.) (2015) Das große Buch der Allgemeinbildung. Was jeder wissen muss. 3. Aufl., Berlin: Dudenverlag.

- Eckelt WK (2016): Kandidaten lesen. Mit dem Headhunter-Schlüssel zur treffsicheren Personalauswahl. Wiesbaden: Springer-Gabler.
- Enke K, Flemming A, Hündorf H-P, Knacke PG, Lipp R, Rupp P (Hrsg.) (2015) LPN. Lehrbuch für präklinische Notfallmedizin. 3 Bd., 5. Aufl., Edewecht: Stumpf + Kossendey.
- Felfe J (Hrsg.) (2015) Trends der psychologischen Führungsforschung. Neue Konzepte, Methoden und Erkenntnisse. Göttingen u. a.: Hogrefe.
- Friedrich W (2010) Fit im Schulsport. Basiswissen und Trainingstipps. Balingen: Spitta.
- Frintrup A, Flubacher B (2014) Diversity Management in der Personalauswahl. Kulturelle Vielfalt in Unternehmen und Behörden ermöglichen. 3. Aufl., Berlin, Heidelberg: Springer.
- Fürst C (o. J.) Pendellauf bei der Bundeswehr – so bereiten Sie sich vor. Online unter: http://www.helpster.de/pendellauf-bei-der-bundeswehr-so-bereiten-sie-sich-vor_34923.
- Gesetz über den Beruf der Notfallsanitäterin und des Notfallsanitäters sowie zur Änderung weiterer Vorschriften (Notfallsanitätergesetz – NotSanG). Vom 22. Mai 2013. In: BGBl. 2013 I (25): 1348 – 1357.
- Gesetz über den Beruf der Rettungsassistentin und des Rettungsassistenten (Rettungsassistentengesetz – RettAssG). G. v. 10.07.1989. In: BGBl. 1989 I: 1384.
- Haufe Online-Redaktion (2014a) Probearbeit, Schnuppertage – Was Arbeitgeber beachten müssen. Online unter: http://www.haufe.de/personal/hr-management/probearbeit-schnuppertage-was-arbeitgeber-beachten-muessen_80_258070.html.
- Haufe Online-Redaktion (2014b) SV-Pflicht bei Probearbeit und Schnuppertagen. Online unter: http://www.haufe.de/personal/hr-management/sv-pflicht-bei-probearbeit-und-schnuppertagen_80_258536.html.
- Hesse J, Schrader HC (2015a) Die 100 wichtigsten Tipps zum Assessment Center. Für eine optimale Vorbereitung in kürzester Zeit. Halbergmoos: Stark.
- Hesse J, Schrader HC (2015b) Testtraining 2000plus. Einstellungs- und Eignungstests erfolgreich bestehen. Halbergmoos: Stark.
- Hesse J, Schrader HC (2014) Testtraining Polizei und Feuerwehr. Einstellungs- und Eignungstests erfolgreich bestehen. Halbergmoos: Stark.
- Hesse J, Schrader HC (2012) Körpersprache. Wie man sie im Beruf erfolgreich liest, versteht und gezielt anwendet. Halbergmoos: Stark.
- Hirsch M (2015) Gesundheitsschutz. In: Enke K et al. (Hrsg.) (2015) LPN. Lehrbuch für präklinische Notfallmedizin. S. 324 – 331.
- Hönsch U (Hrsg.) (2013) Der große Brockhaus – das Lexikon in einem Band. 6. Aufl., Gütersloh, München: Brockhaus.
- Hündorf H-P (2016) Umfrage zu Auswahlverfahren im Auftrag des DRK-Landesverbandes Hessen. Unveröffentlicht.
- Hündorf H-P, Lipp R, Lipp S, Veith J (Hrsg.) (2018) LPN-San. Lehrbuch für Rettungssanitäter, Betriebssanitäter und Rettungshelfer. 4. Aufl., Edewecht: Stumpf + Kossendey.

- Hündorf H-P, Kill C (2007) Wie gut ist die RettAss-Ausbildung? Eine Untersuchung mit überraschenden Ergebnissen. In Rettungsdienst 30 (8): 832 – 837.
- Hutter M (2016) Die Weltreligionen. 5. Aufl., München: C. H. Beck.
- Huxley TH (1860) Darwin on the Origin of Species. In: Westminster Review 17: 541 – 570.
- Jungermann H, Pfister H-R, Fischer K (2005) Die Psychologie der Entscheidung. Eine Einführung. 2. Aufl., München: Spektrum bei Elsevier.
- Kanning UP (2015a) Sichtung von Bewerbungsunterlagen. In: Peus C et al. (Hrsg.) Personalauswahl in der Wissenschaft. Evidenzbasierte Methoden und Impulse für die Praxis. Berlin, Heidelberg: Springer. S. 83 – 99.
- Kanning UP (2015b) Personalauswahl zwischen Anspruch und Wirklichkeit. Eine wirtschaftspsychologische Analyse. Berlin, Heidelberg: Springer.
- Karmasin M, Ribing R (2014) Die Gestaltung wissenschaftlicher Arbeiten. Ein Leitfaden für Seminararbeiten, Bachelor-, Master, Magister- und Diplomarbeiten sowie Dissertationen. 8. Aufl., Wien: Facultas.
- Karutz H (2016) Hinweise zum Umgang mit Prüfungsangst. In: Hündorf H-P, Lipp R (Hrsg.) Der Praxisanleiter. Lehrbuch für Ausbilder im Rettungsdienst. Edewecht: Stumpf + Kossendey, S. 297 – 312.
- Karutz H, Buttlar M von (2017) Kursbuch Erste Hilfe. 4. Aufl., München: dtv.
- Kleebaur C (2007) Personalauswahl zwischen Anspruch und Wirklichkeit. Wissenschaftliche Personaldiagnostik vs. erfahrungsbasiert-intuitive Urteilsfindung. Mering: Hampp.
- Kleinöder H et al. (o. J.) Testhandbuch. Physische Eignungsfeststellung für die Berufsfeuerwehr in Deutschland. Online unter: https://www.vfdb.de/vfdb-ev/informationen/aktuelle-information/article/testhandbuch-fuer-die-physische-eignungsfeststellung/.
- Knigge-Illner H (2010) Prüfungsangst besiegen. Wie Sie Herausforderungen souverän meistern. Frankfurt a. M., New York: Campus.
- Koch R (2011) Vorstellungsgespräch beim neuen Arbeitgeber: Flunkern erlaubt? Online unter: http://www.kapital-rechtinfo.de/kapital-rechtinfo/arbeitrechtinfo/arbeitsrecht-arti-kel/Vorstellungsgespra__776_ch_beim_neuen_Arbeitgeber_Flunkern_erlaubt.pdf.
- Köbler R (2009) Neue Wege im Recruiting. Mehr Effektivität mit Gravesmodell und Metaprogrammen. Ein praxisorientiertes Handbuch. Paderborn: Junfermann.
- Kolle, Stefan (2013) Die beste Motivation ist Identifikation, Handelsblatt, 05. Oktober 2013.
- Krahe B, Herrmann J (2003) Verfälschungstendenzen im NEO-FFI: Eine experimentelle Überprüfung. In: Zeitschrift für Differentielle und Diagnostische Psychologie 24 (2): 105 – 117.
- Krause DE (2011) Trends in der internationalen Personalauswahl. Göttingen u. a.: Hogrefe.
- Kreß S (2016) Notfallsanitäter gesucht … und gefunden: Das Assessment Center der DRK-Landesschule Nordrhein. In: Rettungsdienst 39 (7): 628 – 631.

- Krieger C (2012) Anforderungen des Grundgesetzes an Personalauswahlverfahren im öffentlichen Dienst. Diss. Online unter: https://publications.ub.uni-mainz.de/theses/volltexte/2013/3315/pdf/3315.pdf.
- Kuzmanovic A (2004) Geschlechtsrollenstereotype in der Personalauswahl. Eine quasi-experimentelle Studie. Hamburg: Diplomica.
- Lademann J, Kolip P (2005) Schwerpunktbericht der Gesundheitsberichterstattung des Bundes. Gesundheit von Frauen und Männern im mittleren Lebensalter. Berlin: Robert Koch-Institut.
- Lang D (2009): Soziale Kompetenz und Persönlichkeit. Zusammenhänge zwischen sozialer Kompetenz und den Big Five der Persönlichkeit bei jungen Erwachsenen. Landau: Empirische Pädagogik.
- Lehner JM, Fahrthofer A (2012) Evidenzbasiertes Management. Methoden und Kompetenzen der Organisationsanalyse. Wien: Linde.
- Litzcke SM, Krems B (2003) Prüfungsangst. Online unter: http://psydok.psycharchives.de/jspui/bitstream/20.500.11780/105/1/Litzcke_PrAngst.pdf.
- Lorenz M, Rohrschneider U (2015) Erfolgreiche Personalauswahl. Sicher, schnell, durchdacht. 2. Aufl., Wiesbaden: Springer Gabler.
- Lüther S (2006) Gesundheitsschutz in Zahlen 2004. 1. Aufl., Dortmund: Bundesanstalt für Arbeitsschutz und Arbeitsmedizin.
- Malteser Hilfsdienst (MHD) (Übers./Bearb.) (2016) Erste-Hilfe-Handbuch. Wissen – Ratschläge – Selbsthilfe. Akt. Neuausg., München: Dorling Kindersley.
- Matschnig M (2012) Körpersprache im Beruf. Wie Sie andere überzeugen und begeistern. München: Gräfe & Unzer.
- Menche N (Hrsg.) (2016) Biologie Anatomie Physiologie. 8. Aufl., München: Urban & Fischer bei Elsevier.
- Mühlen A zur, Heese B, Haupt S (2005) Arbeits- und Gesundheitsschutz für Beschäftigte im Rettungsdienst. In: ErgoMed 6/2005: 169 – 177.
- o. A. (2013) Das große Buch der Allgemeinbildung. Allgemeinbildung in Frage und Antwort. München: Compact.
- Peus C et al. (Hrsg.) (2015) Personalauswahl in der Wissenschaft. Evidenzbasierte Methoden und Impulse für die Praxis. Berlin, Heidelberg: Springer.
- Plate T (2007) Personalauswahl in Unternehmensberatungen. Validität und Nutzen der Eignungsdiagnostik. Wiesbaden: Deutscher Universitäts-Verlag.
- Püttjer C, Schnierda U (2014) Das große Bewerbungshandbuch. 9. Aufl., Frankfurt a. M., New York: Campus.
- Püttjer C, Schnierda U (2012) Perfekte Bewerbungsunterlagen für Ausbildungsplatzsuchende. 3. Aufl., Frankfurt a. M., New York: Campus.
- Reich K (Hrsg.) (2008) Rollenspiele. In: Unterrichtsmethoden im konstruktiven und systemischen Methodenpool [Online-Angebot zu: Reich K (Hrsg.) (2012) Konstruktivistische Didaktik. Das Lehr- und Studienbuch mit Online-Methodenpool. 5. Aufl., Weinheim und Basel: Beltz]. Online unter http://www.uni-koeln.de/hf/konstrukt/didaktik/rollenspiel/frameset_rollenspiel.html.
- Reiß C (2007) Der Psychologische Integritätstest (PIT). Interview mit Dr. Hoffmann. Online unter: http://www.personaler-online.de/typo3/nc/personalthe-

men/suche-in-artikeln/detailansicht/artikel/der-psychologische-integritaets-test-pit-interview-mit-dr-hoffmann.html.
- Runggaldier K, Lippay C (2016) Was erwarten künftige Notfallsanitäter? Ergebnisse einer Befragung. In: Rettungsdienst 39 (9): 844 – 847.
- Sarnowsky J (2011) Die Johanniter. Ein geistlicher Ritterorden in Mittelalter und Neuzeit. München: C. H. Beck.
- Schnelle R (2011) Startklar für Rettungsdienst und Krankentransport. 2. Aufl., Edewecht: Stumpf + Kossendey.
- Schomann S (2013) Im Zeichen der Menschlichkeit. Geschichte und Gegenwart des Deutschen Roten Kreuzes. München: DVA.
- Schwarb TM (1996) Die wissenschaftliche Konstruktion der Personalauswahl. München, Mering: Hampp.
- Schuler H (2014) Psychologische Personalauswahl. Eignungsdiagnostik für Personalentscheidungen und Berufsberatung. 4. Aufl., Göttingen u. a.: Hogrefe.
- Silbernagel P (o. J. a) Bankdrücken. Online unter: http://www.sporttest-polizei.de/disziplinen-a-z/bankdruecken/.
- Silbernagel P (o. J. b) Pendellauf. Online unter: http://www.sporttest-polizei.de/disziplinen-a-z/pendellauf/.
- Spitznagel E (2014) 150 Rechtschreibübungen. Regeln und Texte zum Üben. 5. bis 10. Klasse. 3. Aufl., Berlin: Duden/Bibliographisches Institut.
- Staaden S (2016) Rechtschreibung und Zeichensetzung endlich beherrschen: Regeln und Übungen. 2. Aufl., Paderborn: Schöningh.
- Staehle E (2002) Geschichte der Johanniter und Malteser. 3 Bd., Gnas: Weishaupt.
- Stangl W (2016) Das NASA-Spiel – Die Notlandung auf dem Mond. Online unter: http://arbeitsblaetter.stangl-taller.at/KOMMUNIKATION/NASASpiel.shtml.
- Tiefenbacher A (2011) Gedächtnis trainieren. Lerntechniken anwenden, Merkfähigkeit verbessern. Die erfolgreichsten Tipps, Methoden und Strategien. 10. Aufl., München: Compact.
- Tiefenbacher A, Neuburger R (2010) Das große Buch der Gedächtnistechniken. Merkfähigkeit verbessern – Konzentration fördern – Lerntechniken anwenden – Gedächtnis trainieren. 2. Aufl., München: Compact.
- Wedekind EL (2008): Geschichte des Johanniter-Ordens. Die Ritter und die Ordensgeschichte unter besonderer Berücksichtigung des Heermeistertums Sonnenburg oder der Ballei Brandenburg. Leipzig: Bohmeier.
- Weuster A (2012a) Personalauswahl I. Internationale Forschungsergebnisse zu Anforderungsprofil, Bewerbersuche, Vorauswahl, Vorstellungsgespräch und Referenzen. 3. Aufl., Wiesbaden: Springer Gabler.
- Weuster A (2012b) Personalauswahl II. Internationale Forschungsergebnisse zum Verhalten und zu Merkmalen von Interviewern und Bewerbern. 3. Aufl., Wiesbaden: Springer Gabler.
- World Health Organization (WHO) (Hrsg.) (2006) BMI Classification. Online unter: http://apps.who.int/bmi/index.jsp?introPage=intro_3.html.

Abbildungsverzeichnis

Alle Abbildungen und Grafiken, die im Folgenden nicht aufgeführt sind, stammen von den Autoren selbst oder wurden nach den Vorgaben der Autoren vom Verlag angefertigt.

Dr. med. Peer G. Knacke, Eutin
Einleitung Abb. 2

Detlef Kraut, Limburg
Kap. 2 Abb. 5

Steffen Lipp, Nackenheim
Kap. 1 Abb. 4

Ralf Nickut / DRK-Bildungszentrum Düsseldorf, Düsseldorf
Kap. 1 Abb. 2

Alexander Nikendei, Friedrichshafen
Kap. 5 Abb. 30

Retungsdienst-Kooperation in Schleswig-Holstein gGmbH (RKiSH), Heide
Kap. 5 Abb. 37

Carsten Roelecke, Bremen
Kap. 5 Abb. 18

Dr. med. Ralf Schnelle, Stuttgart
Kap. 5 Abb. 29

Stefan Schnitker, Osnabrück
Kap. 5 Abb. 8

Mike Schönitz, Hildesheim
Kap. 5 Abb. 38

Taylor Smith / Unsplash
Kap. 4 Abb. 2

Annie Spratt / Unsplash
Kap. 5 Abb. 33

Klaus von Frieling, Edewecht
Kap. 1 Abb. 8; Kap. 5 Abb. 11

Mathias Wosczyna, Unkel
Kap. 5 Abb. 3

Autoren

Hans-Peter Hündorf
Master of Science, Fachkrankenpfleger Anästhesie und Intensivmedizin, Notfallsanitäter, Praxisanleiter, Qualitätsmanager und Auditor
Eisenberger Str. 10
07639 Weißenborn

Luisa Hündorf
Logopädin / Praxisleitung
Eisenberger Str. 10
07639 Weißenborn

Unter Mitarbeit von:
Dr. phil. Justin Bender
Rettungsassistent
RTH Christoph 4
Medizinische Hochschule Hannover
Carl-Neuberg-Straße 1
30623 Hannover
Kap. 5.3 Englisch

Danksagung

Wir möchten uns bei all denjenigen ganz herzlich bedanken, die bei der Erstellung dieses Buches mitgewirkt und uns unterstützt haben. Ganz besonderer Dank gilt Justin Bender für sein Mitwirken am Kapitel zum Englisch-Sprachtest. Herzlich danken wir auch den folgenden Personen:

- Linda und Toni Riedel,
- Andre Fethke,
- Emili und Robert Maßmann,
- Petra Daßler sowie
- dem Team von active Fitness- und Gesundheitszentrum Hermsdorf.

Hans-Peter & Luisa Hündorf

Index

C

D

E

F

G

Raum für eigene Gedanken & Notizen

Raum für eigene Gedanken & Notizen